Deutsch als Zweitsprache

Sprachförderung

- Grundlagen
- Übungsideen
- Kopiervorlagen

Schroedel

Deutsch als Zweitsprache
Grundlagen, Übungsideen, Kopiervorlagen zur Sprachförderung

Erarbeitet von
Heidi Rösch (Hg.)
Ruth Ahrens
İnci Dirim
Hans-Eberhard Piepho
Karla Röhner-Münch
Uta Tschachmann

Dieses Werk folgt der reformierten Rechtschreibung und Zeichensetzung 2006.
Ausnahmen bilden Texte, bei denen künstlerische, philologische
oder lizenzrechtliche Gründe einer Änderung entgegenstehen.

Druck A[8] / Jahr 2010
Alle Drucke der Serie A sind im Unterricht parallel verwendbar.

Redaktion: Uta Kural, Sarah Meier
Herstellung: Petra Thunig
Illustrationen: Gabi Dors-Mager, Lila L. Leiber
Grafische Gestaltung: Böhm Druckvorstufe, Ronnenberg
Umschlaggestaltung: Jürgen Kochinke
Satz und technische Umsetzung: Böhm Druckvorstufe, Ronnenberg
Druck und Bindung: Westermann Druck GmbH, Zwickau

ISBN 978-3-507-**41295**-8

Vorwort

Berlin, im Februar 2003

Die Grundschule hat die Aufgabe allen Kindern eine grundlegende Bildung sowie Schlüsselqualifikationen zu vermitteln. Dies ist die Basis für ihre persönliche und berufliche Zukunft, für Chancengleichheit und eine gleichberechtigte Teilhabe am gesellschaftlichen Leben. Sprache ist hierbei eine unabdingbare Voraussetzung, ist sie doch sowohl Medium als auch Gegenstand des schulischen Lernprozesses.

Für Migrantenkinder ist es eine große Herausforderung in einer Sprache zu lernen, die sie zeitlich parallel erst erwerben. Und nicht zuletzt die PISA-Studie belegt, in welch hohem Maße der Bildungserfolg von einer gefestigten Kompetenz in der Unterrichtssprache abhängt.

Die Bundesrepublik als Einwanderungsland zieht daraus den Schluss, dass die Förderung von Kindern anderer Herkunftssprachen ausgeweitet und systematisiert werden muss. Denn nur der problemlose Umgang mit dem Deutschen als „lingua franca" ermöglicht Schülerinnen und Schülern, Lernangebote effizient und motiviert zu nutzen. Und nur wer sich versteht, entwickelt auch Verständnis für den anderen. In diesem Sinne ist Sprachförderung auch ein Baustein für Toleranz, interkulturelle Kompetenz und das friedliche Zusammenleben in unserer Gesellschaft.

Sprachförderung von Migranten-Kindern verknüpft Wissen über die Prozesse des Spracherwerbs mit Interkultureller Pädagogik und mit differenzierten Unterrichtskonzepten. Diese Aspekte bereitet der vorliegende Band interessant und praxisgerecht auf: linguistische, didaktische, methodische und pädagogische Grundlagen werden von Übungsideen und direkt einsetzbaren Materialien begleitet. Das Fach Deutsch als Zweitsprache wird so komplett entfaltet; Darüber hinaus werden auch die Ausgangssprachen der Kinder einbezogen und ihre mehrsprachige Kompetenz im Lernprozess berücksichtigt.

Dieses Handbuch empfiehlt sich allen, die Kinder anderer Herkunftssprachen unterrichten, als wissenschaftlich fundierte Quelle und Ideenbox für den Berufsalltag. Ich denke, dass es seinen Leserinnen und Lesern interessante Anregungen gibt und sie bei ihrer Arbeit umfassend unterstützen kann.

Viel Freude dabei wünscht

M. Beck

Marieluise Beck
Die Beauftragte der Bundesregierung für Migration,
Flüchtlinge und Integration

Inhalt

Übungsideen

Kopiervorlagen

Anhang

1. Deutsch als Zweitsprache (DaZ) in der Schule

1.1. DaZ-SchülerInnen: eine Minderheit?

Zuwanderungsland Deutschland

Deutschland ist – schon durch seine geographische Lage – Zentrum von Wanderungsbewegungen. Insgesamt leben zur Zeit ca. 7,3 Millionen Menschen nichtdeutscher Staatsangehörigkeit in der Bundesrepublik Deutschland. Das sind knapp 10% der Bevölkerung. Die Salden der Zuwanderung aus dem Ausland betragen seit den 90er-Jahren jährlich etwa 50 – 100 000 AusländerInnen. Mit dieser Dimension ist auch in Zukunft zu rechnen.

Die höchsten Ausländeranteile haben die Stadtstaaten Hamburg, Bremen und Berlin sowie die Bundesländer Hessen, Baden-Württemberg und Nordrhein-Westfalen. In den Neuen Bundesländern leben nur ca. 2,3% aller in Deutschland wohnenden AusländerInnen.

Multiethnische und multilinguale Schülerschaft

Diese multiethnische Bevölkerungsstruktur zeigt sich auch in der Schule, wobei der Großteil der SchülerInnen mit einer nichtdeutschen Staatsangehörigkeit aus Europa (81%, davon 16% aus EU-Ländern und 65% aus anderen europäischen Ländern) und 12% aus Asien kommt. Die größte Gruppe bilden SchülerInnen aus der Türkei (knapp 45%), gefolgt von Jugoslawien (7,5%), Italien (7,4%), Griechenland (3,5%), Kroatien (2,2%), Bosnien-Herzegowina (2,1%), Polen und der Russischen Föderation (je 2%).[1] Für die Schulen bedeutet das, dass etwa jeder 10. Schüler an deutschen Schulen eine nichtdeutsche Staatsangehörigkeit hat, hinzu kommen Kinder und Jugendliche aus Aussiedlerfamilien und eingebürgerte Kinder, sodass der Anteil der SchülerInnen mit Migrationshintergrund insgesamt erheblich höher liegt.

Kulturelle Vielfalt und multilinguale Sprachkompetenzen

Diese SchülerInnen wachsen in aller Regel mit zwei oder mehr Sprachen auf. Sie kommen mit – unterschiedlich ausgeprägten – multilingualen Sprachkompetenzen in die Schule. Damit besitzen sie Schlüsselkompetenzen, die in einer globalisierten Welt und in einem vereinten Europa eine große Rolle spielen. Dazu gehören:

- → Die Fähigkeit, sich in mehr als einer Sprache ausdrücken zu können.
- → Die Fähigkeit, ihre Sprachen je nach Anforderung der Situation sinnvoll miteinander zu kombinieren.
- → Die Fähigkeit über Sprache nachzudenken.

Aufgabe einer zukunftsorientierten schulischen Bildung ist es daher, den Kindern zu einer größtmöglichen Kompetenz in all ihren Sprachen zu verhelfen. Die systematische Förderung konzentriert sich dabei in der Regel auf die deutsche Sprache, denn unbestritten ist die Qualität der deutschen Sprachkenntnisse für den erfolgreichen Schulbesuch ausschlaggebend.

Heterogene DaZ-Kompetenzen

Die Gruppe der SchülerInnen nichtdeutscher Erstsprache ist äußerst heterogen: Sie reicht von SchülerInnen ohne Deutschkenntnisse (so genannte Sei-

1 Quelle: Statistisches Bundesamt Deutschland 2002; die Angaben beziehen sich auf die Schuljahre 1999/2000 und 2000/2001.

teneinsteiger, Neueingereiste) über SchülerInnen mit Schwierigkeiten in der Zweitsprache Deutsch bis zu SchülerInnen mit hervorragender Beherrschung der deutschen Sprache. Mit DaZ-SchülerInnen sind im Folgenden nur diejenigen SchülerInnen nichtdeutscher Erstsprache gemeint, die keine bzw. unzureichende Deutschkenntnisse für den schulischen Unterricht haben.

Häufig äußern sich Probleme in DaZ durch eine nicht altersentsprechende Ausbildung des Leseverstehens, des Schriftspracherwerbs und einen mangelnden Umgang mit unterrichtsüblichen Arbeitstechniken. Selbstverständlich zeigen sich solche Probleme auch bei einem Teil der einsprachigen Kinder bzw. Erstsprachlernenden, doch bei DaZ-Kindern haben diese Erscheinungsformen in der Regel andere Ursachen und fordern deshalb auch eine andere Form der Bearbeitung.

Erschwerte Ausgangsbedingungen für Daz-Kinder

Dabei sollte bewusst bleiben, dass sich auch mit systematischer DaZ-Förderung nicht alle Probleme der DaZ-SchülerInnen lösen lassen: Bildungsferne, mangelnde Lesekultur des Elternhauses sowie allgemein schwierige Lernvoraussetzungen und psychosoziale Probleme wirken auf DaZ-Kinder genauso behindernd wie auf SchülerInnen deutscher Erstsprache.

Zu solchen erschwerten Ausgangsbedingungen kommt dann noch die besondere Lernsituation „Zweitspracherwerb“ hinzu. Eine Folge: Während Schwierigkeiten mit komplexeren Strukturen auch bei Kindern mit Deutsch als Erstsprache auftreten, stellen sich DaZ-Kindern auch schon einfache Strukturen als problematisch dar.

Voraussetzung für einen erfolgreichen Schulbesuch ist nicht nur eine gezielte Förderung der Kinder, sondern auch die ständige Überprüfung der Schule und Lehrerschaft in Bezug auf ausgrenzende Tendenzen sowie die konstruktive Bekämpfung des „heimlichen Lehrplans der Diskriminierung“ (Auerheimer 1992).

1.2. Schulsituation für DaZ-SchülerInnen

PISA -Ergebnisse

Deutsch ist auch für DaZ-Kinder in der Regel die einzige Unterrichtssprache. Diese Kinder erfahren – anders als einsprachige oder Kinder in zweisprachigen Schulen (vgl. Siebert-Ott 2001) – keine systematische Förderung in ihrer Erstsprache. Darüber hinaus müssen sie den gesamten schulischen Lernprozess in einer Sprache bewältigen, die sie nicht altersentsprechend beherrschen. Dass sich sprachliche Defizite auf Leistungen in allen Fächern auswirken, belegt die PISA-Studie, die zu dem Ergebnis kommt, dass sich bei Jugendlichen aus Migrantenfamilien „sprachliche Defizite kumulativ in Sachfächern auswirken“ (Baumert u.a. 2001, S. 376).

„2. Bildungskatastrophe“

Dies schlägt sich auch in den Zahlen der Schulabgänger ohne Hauptschulabschluss nieder: Bundesweit verlassen immer noch ca. 18% der ausländischen SchülerInnen die Schule ohne Hauptschulabschluss (gegenüber ca. 8% der deutschen, vgl. Klemm 2001, S. 10). Auch wenn die Zahl der ausländischen SchülerInnen ohne Schulabschluss seit 1992 deutlich gesunken ist, während sie insgesamt etwas angestiegen ist, deutet sich hier eine „zweite deutsche Bildungskatastrophe“ (Nové/Weil 2000) an, von der Jungen in deutlich höherem Maße betroffen sind als Mädchen: Statt katholischer Mädchen aus ländlichen Regionen (wie in den 60er-Jahren) macht unser Bildungssystem heute v.a. Jungen aus Einwandererfamilien in Ballungsräumen zu Benachteiligten. Dafür nennen Michael Nové und Gerhard Weil folgende Gründe:

→ schlechte soziale Lebensbedingungen; bildungsferne Elternhäuser
→ fehlende DaZ-Förderung; unzureichender DaZ-Unterricht
→ mangelnde individuelle Zuwendung, mangelnde Berücksichtigung der Interkulturalität, unterlassene Persönlichkeitsstärkung
→ mangelnde Stärkung der mentalen Grundlagen des Lernens: Sicherheit, Zugehörigkeit/Identität, Respekt
→ geschlechtsrollenspezifische Erziehung: dominante Männlichkeitsrolle und daraus resultierend: mangelnde Selbstständigkeit, gering ausgeprägte Leistungsbereitschaft, geringe Frustrationstoleranz

Dabei muss allerdings gesehen werden, dass Minderheitenkindern solche Eigenschaften oft nur zugeschrieben werden. Sie dienen dann als Beleg für Schwierigkeiten im Umgang mit diesen Kindern und manchmal sogar als Rechtfertigung für eine mangelnde Zuwendung und Stärkung der betroffenen Kinder.

DaZ-Kinder im internationalen Vergleich der PISA-Studie

Im internationalen Vergleich zeigt sich, dass in Deutschland der Anteil von SchülerInnen mit gering und extrem gering ausgebildeten Kompetenzen (in den Bereichen Lesen, Mathematik und Naturwissenschaften) sehr hoch ist und diese Gruppe vorwiegend aus (männlichen) Jugendlichen aus Familien mit niedriger Sozialschicht, geringem Bildungsniveau und Migrationshintergrund besteht.

Der Vergleich mit anderen deutschsprachigen Ländern ergibt, dass DaZ-SchülerInnen in Deutschlands Schulen deutlich geringere Chancen haben als Kinder mit den gleichen Herkunftssprachen in Österreich und der Schweiz. In Norwegen und Schweden hingegen ist der Status von Zuwanderern ein anderer: Dort gleichen Unterstützungsprogramme für Zuwanderer die soziale und sprachliche Benachteiligung der betroffenen SchülerInnen offensichtlich sehr viel effektiver aus als in Deutschland (Baumert u.a. 2001, S. 397).

Maßnahmen zur Sprachförderung

Auch in Deutschland wird gefordert, folgende Maßnahmen zur Sprachförderung von Kindern aus Migrantenfamilien zu ergreifen bzw. zu verstärken:

→ Förderung des Zweitspracherwerbs möglichst bereits im Kindergarten, vor allem in der Phase des Übergangs zur Schule, während der Grundschulzeit und wenn nötig auch danach
→ Unterstützung des bi- oder multilingualen Spracherwerbs von Migrantenkindern bereits im Kindergartenalter, besonders in der Grundschule und wenn nötig in der Sekundarstufe I
→ Angebote zur zweisprachigen Erziehung in Erziehungs- und Bildungseinrichtungen
→ Deutschkurse auch für Mütter (bzw. Eltern) in Erziehungs- und Bildungseinrichtungen
→ Wirksame Bekämpfung von Tendenzen zu einer institutionalisierten Diskriminierung

Kooperation zwischen Vorschule und Schule

Auch die Kultusministerkonferenz (vgl. 2002) unterstützt die Weiterentwicklung solcher Fördermaßnahmen in den verschiedenen schulischen Bereichen, aber auch in der vorschulischen Erziehung, beim Übergang von der Schule in das Berufsleben sowie der Zusammenarbeit mit den Eltern und außerschulischen Einrichtungen. Deshalb sei an dieser Stelle auf die Bedeutung einer Kooperation zwischen Vorschule und Schule hingewiesen: Eine enge Kooperation zwischen den VorklassenleiterInnen und Lehrkräften innerhalb der Schule, aber auch zwischen dem Kindergarten und der Schule erleichtert den Kindern den Übergang in die Schule, da sie erleben, dass sich ErzieherInnen und Lehrkräfte gleichermaßen für sie interessieren, und Verständnis für ihre Situation erfahren.

Der Austausch über die Persönlichkeit, Lebenssituation, den Sprachstand des Kindes und bereits erfolgte Förderung (inklusive der angewandten Methoden und Materialien) bilden die Basis für weitere Fördermaßnahmen und ermöglichen, dass die Kinder in der Schule vertraute Strukturen wiederfinden.

Schule als Ort für den Erwerb der Zweitsprache

Der vorliegende Band konzentriert sich in Anlehnung an die DaZ-Materialien der Kultusministerien (Rahmen- und Lehrpläne bzw. Handreichungen) auf den Aspekt der möglichst frühen und gezielten Förderung des Deutschen als Zweitsprache in der Grundschule. Denn die Schule ist für viele Kinder nichtdeutscher Herkunftssprache der wichtigste Ort für den Erwerb der Zweitsprache. Aktuelle Untersuchungen (vgl. Uçar 2000) zeigen, dass eine Vielzahl dieser Kinder mit geringsten Kenntnissen der deutschen Sprache in die Schule kommt. Darauf muss Schule in umfassender Weise reagieren, doch sind die Möglichkeiten in diesem Bereich immer auch begrenzt:

Grenzen der Förderung

- → Wenn der Erwerb der deutschen Sprache für einzelne Bevölkerungsgruppen nichtdeutscher Herkunft keine ausreichend große Bedeutung hat, können schulische Angebote zur Sprachförderung nicht wirklich greifen. Gründe dafür können z.B. sein: soziale Problematiken, zu geringe Bildungsorientierung, zu starke Orientierung auf die Kultur des Herkunftslandes. Erst wenn sich Lernende aktiv, neugierig und mit Interesse einer Sache zuwenden, kann es zu Lernerfolgen kommen.
- → Wenn Kinder in ihrer sozial-emotionalen und kognitiven Entwicklung beeinträchtigt sind, verlangsamen sich Lernprozesse oder müssen gar Entwicklungsstufen zum Teil mühsam nachgeholt werden.

Dies zeigt, wie wichtig es ist, den Kindern so früh wie möglich immer wieder inhaltlich überlegte und organisatorisch effektive Förderangebote für den Zweitspracherwerb zu machen. Es ist die große Herausforderung, auch den SchülerInnen mit ungünstigen Startbedingungen die deutsche Sprache zu vermitteln und sie ihnen in ihrer Relevanz für ihre Entwicklung deutlich werden zu lassen.

DaZ als Fördermaßnahme

Gesonderte Fördermaßnahmen allein können aber in vielen Fällen die Sprachrückstände der Schüler nicht ausgleichen. Vielmehr brauchen die Kinder für ihre Zweitsprachentwicklung darüber hinaus sprachliche Förderung im Regelunterricht selbst. Diese Unterstützung benötigen sie in allen Unterrichtsfächern, insbesondere natürlich im Deutschunterricht, aber ebenso in Sachunterricht und Mathematik.

DaZ als Unterrichtsprinzip

DaZ als Unterrichtsprinzip bedeutet, dass die sprachlichen Probleme der Kinder bei jeder Unterrichtsplanung bedacht und bei der Durchführung berücksichtigt werden. Dabei lassen sich folgende Prinzipien festhalten:

- → Ein Nichtverstehen kann immer auch durch eine nicht angemessene, z.B. wenig anschauliche, komplexe Lehrersprache bedingt sein. Deshalb sollten Lehrkräfte ihre Sprache reflektieren.
- → Die sprachlichen Angebote sollten sich an den Möglichkeiten der Kinder orientieren und ihnen so prinzipiell ein Verstehen ermöglichen.
- → Sprachliche Strukturen, die für die unterschiedlichen Sprachhandlungen (z.B. begründen, erklären, beschreiben usw.) benötigt werden, müssen in allen Fächern explizit vermittelt und sollten in Übungsschleifen auch gefestigt werden.
- → Bei Hilfen und Lernbrücken darf nicht auf ein deutsches Sprachgefühl zurückgegriffen werden, das diese Kinder nicht haben (können).

Während Fremdsprachenunterricht von entsprechend ausgebildeten Lehrkräften erteilt wird, haben nur wenige Lehrkräfte eine entsprechende DaZ-didaktische Qualifikation. Nicht immer sind sie für den Prozess des Zweitspracherwerbs sensibilisiert.

Verantwortung aller Lehrkräfte

Nur wenn sich jede Lehrkraft im Unterricht mit Kindern nichtdeutscher Herkunftssprache für deren sprachliche Förderung verantwortlich fühlt (und diese Verantwortung nicht auf den DaZ-Förderunterricht abschiebt), haben diese Kinder überhaupt eine Chance, eine angemessene Kompetenz in ihrer Zweitsprache zu erwerben.

Um dies zu gewährleisten sind DaZ-Fortbildungsmaßnahmen und die Verankerung von DaZ in der Ausbildung von Lehrkräften und ErzieherInnen dringend notwendig.

1.3. Deutsch als Zweitsprache = Deutsch als Fremdsprache?

Sprachumgebung

Deutsch als Zweitsprache (DaZ) bezieht sich auf Erwerb, Gebrauch und Vermittlung der deutschen Sprache in deutschsprachiger Umgebung; Deutsch als Fremdsprache (DaF) dagegen auf die entsprechende Situation im Ausland, d.h. in nicht-deutschsprachiger Umgebung.

Fremdspracherwerb findet vorwiegend gesteuert und in Lerngruppen statt, die in der Regel über eine gemeinsame Erstsprache verfügen und diese im Unterricht auch verwenden.

Lerngruppe

Zweitspracherwerb verläuft hingegen vorwiegend ungesteuert. Der DaZ-Unterricht übernimmt die Aufgabe der Synchronisation ungesteuerter und gesteuerter Erwerbsprozesse. Er findet zumeist in heterogenen Lerngruppen statt: Die Kinder sprechen Deutsch auf stark differierenden Niveaus und vertreten viele unterschiedliche Erstsprachen, die daher in der Regel nicht zur direkten und metasprachlichen Verständigung genutzt werden können.

Meist ist DaZ-Unterricht (im Unterschied zum Fremdsprachenunterricht) zielsprachlicher Unterricht. Hinzu kommt, dass die betroffenen SchülerInnen nicht nur DaZ-Unterricht haben, um Deutsch zu lernen, sondern von Anfang an in allen Fächern in dieser Sprache unterrichtet werden. Dadurch muss DaZ eine enge Verbindung von Sprach- und Sachlernen eingehen, die idealerweise in zwei Richtungen zu realisieren ist: Der spezifische DaZ-Unterricht sollte mit fachlichen Inhalten verzahnt werden; gleichzeitig sollte der allgemeine Unterricht DaZ-didaktische Elemente beinhalten.

Zielsprache = Unterrichtssprache

	DaZ – Deutsch als Zweitsprache[2]	**DaF – Deutsch als Fremdsprache**	**DaM – Deutsch als Muttersprache**
Funktion des Deutschen	Deutsch ist die Kommunikations- und Unterrichtssprache in allen Fächern. Deutsch ist obligatorisch. Der Zweitspracherwerb ist Voraussetzung für eine erfolgreiche Schullaufbahn und gesellschaftliche Integration.	Die Umgebung ist nicht deutschsprachig; Deutsch wird primär nur im Fremdsprachenunterricht gesprochen. Deutsch ist in aller Regel ein gewähltes Fach. Der Fremdspracherwerb verbessert die Berufschancen, ermöglicht frei gewählte Kommunikation im Kontext von Reisen etc.	Die Erstsprache entspricht der Amts-, Kommunikations- und Unterrichtssprache.
Spracherwerbssituation	Der Sprachstand in der Erstsprache ist sozialisationsbedingt (abhängig von Familie, Umgebung etc.) und nicht immer altersgemäß ausgebildet. Prozess und Stand des Zweitspracherwerbs sind ebenfalls sozialisationsbedingt; „Sprachbad" als Erwerbskontext. DaZ ist auch Sozialisationssprache. Der Zweitspracherwerb beginnt in der Regel bereits im Vorschulalter. Z.T. schwieriges Verhältnis zur Zweitsprache	Der Sprachstand in der Erstsprache ist altersgemäß (und sozialisationsbedingt) ausgebildet. Prozess und Stand des Fremdspracherwerbs sind unterrichtsabhängig; gesteuerte Erwerbssituation. DaF ist nur eine Unterrichtssprache. Beginn des Fremdspracherwerbs in der Regel erst im Alter von 8-10 Jahren. I.A. Interesse an der Fremdsprache	Der Sprachstand ist altersgemäß (und sozialisationsbedingt) ausgebildet. Der Spracherwerb wird durch die Hinführung zur Schriftsprache und den Fachsprachen alters- und lehrplangemäß entfaltet.
Lernsituation	Lernerschwernisse aufgrund psychosozialer Bedingungen v.a. bei Seiteneinsteigern Die Erstsprachen werden in der Schule nicht als Unterrichtssprache genutzt	Weitgehende Übereinstimmung zwischen häuslichem und schulischem Umfeld Die Erstsprache steht auch im DaF-Unterricht zur Verfügung und ist i.d.R. auch Unterrichtssprache.	Weitgehende Übereinstimmung zwischen häuslichem und schulischem Umfeld Die Erstsprache ist Unterrichtssprache
Rahmenbedingungen	Keine verbindliche Ausbildung der Lehrkräfte Bislang kaum Berücksichtigung der DaZ-Lernenden in den Rahmenplänen und Lehrwerken; DaZ-Rahmenpläne und -Lehrwerke sind i.d.R. nicht auf den Fachunterricht abgestimmt.	Fundierte Ausbildung der Lehrkräfte Rahmenpläne und Lehrwerke sind angepasst an das Alter und den Erwerbsprozess.	Fundierte Lehrerausbildung Spracherwerb ist die Grundlage für die Rahmenpläne und Lehrwerke in allen Fächern.

2 Als Grundlage diente die Übersicht *DaF – DaM – DaZ – oder was?* von Michael Nové, in: Schilfblatt 10/2000, S. 113.

DaZ ist kein Nachhilfeunterricht

Es ist nicht Aufgabe des DaZ-Unterrichts, Kenntnisse, Fähigkeiten und Fertigkeiten des allgemeinen Unterrichts in einer Art Nachhilfeunterricht zu sichern. Vielmehr geht es darum, DaZ als Lernbereich für DaZ-Kinder in Kooperation mit Inhalten, Zielen und Methoden des allgemeinen Unterrichts zu etablieren (wobei die Kooperation zwischen DaZ und anderem Unterricht im Idealfall wechselseitig verläuft).

DaZ in der Schule – (in deutschsprachiger Umgebung)		DaF in der Schule (in nichtdeutschsprachiger Umgebung)
Ungesteuerter/halbgesteuerter Spracherwerb	Halbgesteuerter/ungesteuerter Spracherwerb	Gesteuerter Spracherwerb
Regelklassen mit heterogenem Sprachbestand in Deutsch	Förderklassen: z. T. sprachstandsdifferenziert	Bezogen auf Fremdsprachkenntnisse: homogene Lerngruppen
Intuitives Sprachwissen wird entfaltet	Anfänger: Grundstrukturen, Grundwortschatz	Systematische Progression (bezogen auf Wortschatz, Syntax, Kommunikation)
Fachinhalte, Schriftsprache, Fachsprache	Fortgeschrittene: (vorbereitende) fach- und projektbezogene Sprachlernsequenzen	Lehrwerksorientierung

1.4. Schlüsselqualifikation Deutsch als Zweitsprache

Für die DaZ-Kinder ist ihr Zweitspracherwerb die wesentliche Voraussetzung für einen erfolgreichen Schulbesuch und für einen Schulabschluss, der ihrem Leistungsvermögen entspricht. Das Ziel eines jeden Sprachunterrichts ist nicht abstraktes Wissen über grammatische Phänomene, sondern der kompetente Umgang mit der Sprache. Innerhalb dieses Rahmens geht es zunächst um die Entwicklung einer Sachkompetenz.

Lerngegenstand ist Deutsch als Zweitsprache

Ziel des DaZ-Unterrichts ist es also, Kompetenzen im Bereich Deutsch als Zweitsprache zu erwerben. Diese an sich banale Aussage wird hier explizit erwähnt, weil immer noch die Vorstellung existiert, dass DaZ sogar im DaZ-Unterricht nur ein Mittel zum Zweck, d.h. zur Bearbeitung bestimmter inhaltlicher Themen oder fachlicher Kompetenzen ist. Hingegen ist der DaZ-Unterricht der Ort, der das Kommunikationsmittel selbst zum Unterrichtsgegenstand macht.

DaZ-Kompetenz

DaZ-Sachkompetenz zielt auf einen altersentsprechenden, kompetenten Sprachgebrauch im Unterricht aller Fächer. Um dies zu erreichen, sind die Kontexte, in denen DaZ vermittelt wird, nicht an beliebige Kommunikationssituationen anzubinden (wie häufig im Fremdsprachenunterricht), sondern mit dem Alltag der Kinder zu verknüpfen – zu dem nicht zuletzt die Schule und der allgemeine Unterricht gehören.

Sozialkompetenz

Sozialkompetenz meint neben den allgemeinen Sozialkompetenzen (wie Kooperationsfähigkeit oder dem Einbringen eigener Ideen) die Fähigkeit, sich in der Zweitsprache auszudrücken, die Welt zu erschließen, zu kommunizieren und Informationen zu verarbeiten. Und sie bildet den Übergang zur Selbstkompetenz, d.h. das selbstständige Durchdringen des Unterrichtsangebots und die selbstbestimmte Organisation des Lernprozesses.

Methodenkompetenz

Methodenkompetenz in DaZ entspricht der Methodenkompetenz der sprachlichen Fächer: Anwendung von sprachlichen Lerntechniken, kognitiven Lernstrategien, Kommunikationsstrategien, Ausbildung von Sprachbewusstheit und die aktive Teilnahme am Unterrichtsgespräch. Sie lässt sich allerdings dahingehend konkretisieren, dass DaZ-Lernende Methoden erwerben sollen:

- → zur kontextuellen Ermittlung von Schlüsselbegriffen, um so das Verständnis zu erleichtern
- → zum Erkennen und Überwinden von Normverstößen, also von „Fehlern“
- → zur Nutzung von Zweitspracherwerbs-Strategien
- → zur Bildung von Hypothesen hinsichtlich sprachlich korrekter Formen
- → zur Bewältigung von schulischen und außerschulischen Kommunikationssituationen (auch bereits in frühen Phasen des Zweitspracherwerbsprozesses.

Ein erfolgreicher DaZ-Unterricht erhöht den Standard jeder Schule mit mehrsprachiger Schülerschaft. Voraussetzung hierfür ist, dass der gemeinsame Unterricht auf einem sprachlich angemessenen Niveau realisiert werden kann und dass gerade auch die DaZ-Kinder ihre sprachlichen und metasprachlichen Kenntnisse einbringen können.

DaZ als Beitrag zur Schulentwicklung

Darüber hinaus kann ein qualitativ anspruchsvoller DaZ-Unterricht auch eine programmatisch-orientierende Funktion für die Planung einer Schule übernehmen: Schulen mit einem hohen Anteil an DaZ-SchülerInnen haben die Chance, DaZ nicht nur in ihre Planung aufzunehmen, sondern daran mitzuwirken, DaZ zu etablieren und attraktiv zu gestalten. Gelingt dies, kann der DaZ-Unterricht in Kooperation mit dem allgemeinen Unterricht auch zur Schulentwicklung beitragen. Das Resultat wäre eine Schule, in der Schulalltag und Unterricht zunächst aus der Perspektive von DaZ-Lernenden gesehen und in ihrem Interesse (um-) gestaltet werden. Darüber hinaus könnte eine Öffnung zu mehr Sprache und Mehrsprachigkeit in der Schule stattfinden.

Chancen der Ganztagsbetreuung

Am besten lässt sich dies in einer Ganztagsschule realisieren, in der die Kinder nicht nur gemeinsam lernen, sondern auch andere Aktivitäten (Hausaufgabenbetreuung, Projekte, Sport-, Theater- oder Mediengruppen, Freizeitaktivitäten etc.) gemeinsam erleben. Da Ganztagsbetreuung bislang in der Regel durch den Besuch eines Horts oder vergleichbarer Einrichtungen für GrundschülerInnen angeboten wird, bietet sich eine Kooperation zwischen Schule und sozialpädagogischen Schülereinrichtungen an. Oftmals lernen ErzieherInnen oder SozialpädagogInnen die Kinder anders kennen als Lehrkräfte, sodass ein Austausch über die Kinder die Arbeit wechselseitig befruchten kann. Daraus kann auch ein gemeinsam entwickelter DaZ-Förderplan für einzelne Kinder resultieren.

Elternarbeit

Ähnliches gilt für die Elternarbeit: Eltern können die allgemeine Familiengeschichte und Lebenssituation der Kinder erhellen und Auskunft über Sprachgeschichte und Sprachkultur in der Familie geben. Sie können den Sprachstand der Kinder in der Herkunftssprache bzw. ihren anderen Sprachen einschätzen und signalisieren, welche Bedeutung aus ihrer Sicht die Kompetenz in den einzelnen Sprachen hat.

Im Gespräch mit den Eltern können Vorstellungen von Erziehung, Bildung und Lernen ausgetauscht werden. Dabei können gemeinsame Ziele herausgearbeitet, aber auch potenzielle Konflikte von Anfang an benannt und besprochen werden. Eine wichtige Bedeutung wird dabei auch das Thema Zwei- und Mehrsprachigkeit haben. Vorstellungen oder gar Ängste, dass die anderen Sprachen des Kindes zugunsten von Deutsch zurückgedrängt werden sollen, sollten ausgeräumt werden. Gleichermaßen sollte aber auch über die Bedeutung von DaZ und mögliche Fördermaßnahmen informiert werden, sodass das Sprachlernen für die Eltern transparent wird und die Eltern dieser Maßnahme aufgeschlossen und interessiert gegenüberstehen können.

Um den Kontakt zu den Eltern zu intensivieren bieten sich an: Einschulungsgespräche (vgl. Aufnahmebogen, KV 35–37) und Elterngespräche, Eltern- und Informationsabende zu den genannten Themen, aber auch Schul- oder Klassenfeste mit den Eltern sowie das Angebot zur Hospitation im Unterricht, zur Begleitung von Klassenausflügen oder zur Mitarbeit in Projekten.

2. Zweitspracherwerb theoretisch gesehen

Wie verläuft der Zweitspracherwerb? Welche Faktoren beeinflussen ihn, und welche Phasen sind während dieses Prozesses auszumachen?

Interlanguage-hypothese (Selinker 1992)

Der Zweitspracherwerb basiert auf der Ausbildung von Lernersprachen. Diese sind nicht einfach eine Teilmenge der Zielsprache, sondern enthalten auch Sprachformen, die weder in der Zielsprache noch in der Erstsprache vorkommen. Im Verlauf des Zweitspracherwerbs entsteht eine immer größere Deckung zwischen Lernersprache und Zielsprache.

Dieser charakteristische Verlauf des Spracherwerbs legt eine wohlwollende, offene Haltung seitens der Lehrkräfte nahe, so zum Beispiel eine gewisse Toleranz gegenüber Normverstößen, von „Fehlern“, die auf dem Weg zur Zielsprache unvermeidbar auftreten. Oder auch Sensibilität für „schweigende“ Lernende, die sich in einer rezeptiven Phase des Zweitspracherwerbs befinden, um „in Ruhe“ neue Erkenntnisse über die Zielsprache zu sammeln.

Grundgrößen des Zweitspracherwerbs (vgl. Klein 1984, S. 43ff.)

Der Erfolg des Zweitspracherwerbs hängt von internen und externen Faktoren ab: die Lernmotivation wird bestimmt durch die soziale und schulische Integration, durch kommunikative Bedürfnisse und Notwendigkeiten, ggf. auch durch den Aufenthaltsstatus, die kulturelle Disposition und Erziehung in der Familie, aber auch durch die besuchten Erziehungs- und Bildungseinrichtungen.

Von besonderer Bedeutung sind:

Lernmotivation

- → Einstellungen zur Zielsprache
- → Einstellung zur deutschsprachigen Umgebung und zur deutschen Schule
- → Einstellung zur Erstsprache und zur Mehrsprachigkeit von Minderheitenangehörigen

Dies schließt die Frage des Sozialprestiges der Erstsprache und der kulturellen Akzeptanz von Minderheitenangehörigen ein.

Zugang

Der Zugang hängt von dem Kontakt zur Zweitsprache und den kommunikativen Möglichkeiten ab. Besondere Bedeutung haben demzufolge das Wohnumfeld, das schulische Umfeld, die Freizeit- und Begegnungsmöglichkeiten sowie die Mediennutzung. Ist diese Sprachumgebung erstsprachlich geprägt, so wirkt dies hemmend auf den Zweitspracherwerb. Entscheidend ist allerdings nicht nur die Menge, sondern auch die Qualität des zweitsprachlichen Inputs und die Qualität der Interaktion mit Sprechern des Deutschen.

Tempo

Das Tempo des Zweitspracherwerbs hängt v.a. von den genannten externen Faktoren (Antrieb und Zugang) ab. DaZ-Förderung sollte daher versuchen, ungünstige Bedingungen für den Zweitspracherwerb auszugleichen. So wirkt es unterstützend, wenn den Kindern über die Schule hinaus zusätzliche Kontakte in der Zweitsprache eröffnet werden. Denn erweiterte Kommunikationsmöglichkeiten bedeuten nicht nur sprachliches Training, sondern können auch das emotionale Verhältnis der Kinder zu ihrer Zweitsprache positiv beeinflussen.

Sprachvermögen

Sprachvermögen bezieht sich auf das verfügbare Wissen über Sprache/n und hängt von der Lernerbiografie ab. Dabei spielt der erreichte Stand – v.a. die Begriffsbildung – in der Erstsprache und der Grad des Schriftspracherwerbs in der Erst- ggf. auch in der Zweitsprache eine große Rolle. Das Alter, in dem Lernende der Zweitsprache zum ersten Mal begegnen, sowie die bereits gemachten Spracherwerbserfahrungen prägen Sprachlernstrategien, welche zum Erwerb der Zweitsprache genutzt werden können. Während diese psychogenen Faktoren für alle Kinder gleich sind, bestimmen die externen Faktoren, wie gut und eventuell auch wie schnell diese Sprache gelernt wird. Daher kann der Zweitspracherwerb individuell sehr verschieden ablaufen.

Erwerbsphasen

Nach dem derzeitigen Stand der Forschung lassen sich hinsichtlich der sprachlichen Strukturen folgende Erwerbsphasen festhalten:

→ Relativ schnell wird die **Grundwortstellung** (Subjekt-Verb-Objekt) erworben. Dies liest sich in Grundschulaufsätzen[3] dann so: *Er ruft hilfer, hilfer. Er grigt noch eine rot* (gemeint ist: einen Topf mit roter Farbe, H.R.).

→ Anschließend werden **Adverbien** vorangestellt wie in folgenden Schülersätzen:
Jetzt mus er noch einmal ins ..., Da halfen im der junge. Dann ferbte er die Ostereier.
Die Beispiele zeigen, dass die SchülerInnen bereits die **Inversion** anwenden (Umkehrung des Schemas Subjekt-Verb in Verb-Subjekt durch die vorangestellte Zeitangabe).
Sie berücksichtigen, dass das Verb im deutschen Aussagesatz an zweiter Stelle steht. Die Inversionsregeln werden häufig zunächst bei Fragen – *Wollen wier Freunde sein? Was makst du?* – angewendet, bevor sie dann auch in Aussagesätzen vorkommen.

3 Die Beispielsätze stammen aus Aufsätzen 8-jähriger SchülerInnen (vgl. Rupp 1988).

- Ähnliches gilt für die **Satz- bzw. Verbklammer:** Sie kommt zunächst in sehr kurzen Sätzen vor: *Ich hab zur Gabi gesackt... Ich hab mich so gefroit.*, später auch in komplexeren Sätzen wie: *Ich muss mich mall in Spiegel sehn.*
- Die **Verbendstellung in Nebensätzen** wird von vielen Lernenden relativ spät erworben. Noch nicht normgerechte Versuche in diese Richtung sind Sätze wie: *Dann habis die rote farbe ich bin reingeflogen.* (gemeint ist: Dann habe ich die rote Farbe, in die ich reingeflogen bin, ... H.R.) Der Schüler versucht einen eingeschobenen Nebensatz zu formulieren, ohne Konjunktion und ohne die Verbendstellungsregel zu beachten. Vielleicht vollendet er den Satz nicht, weil er ihn für seinen Sprachstand zu komplex angelegt hat. Für DaZ-Lernende ist es ein weiter Weg, bis sie Nebensätze inklusive der Verbendstellung *(..., weil er in den Eimer gefallen ist.)* formulieren können.

Unabhängig vom Sprachwissen (und der Art des Sprachunterrichts) dauert es insbesondere bei den letzten drei Wortstellungsregeln sehr lange, bis DaZ-Lernende diese in der freien Sprachproduktion sicher anwenden. Bezogen auf die Förderung des Zweitspracherwerbs können die genannten Erwerbsphasen einen groben Rahmen für die Beurteilung des erreichten Sprachstandes geben (vgl. Ideenteil KV 35–41) und dabei helfen, den ungesteuerten und gesteuerten Zweitspracherwerb zu synchronisieren.

Endzustand

Der Endzustand variiert: Es kann eine Sprachkompetenz erreicht werden, die der von Kindern deutscher Herkunftssprache vergleichbar ist. Dies kann bei Kindern und Jugendlichen unter Umständen mit einem Wechsel von der Erst- zur Zweitsprache als dominanter oder auch einziger Sprache einhergehen.

Gefahr der Stagnation und Rückentwicklung

Eine Gefahr im Verlauf des Spracherwerbsprozesses stellt die mögliche Fossilierung dar: Der Zweitspracherwerb versteinert, stagniert oder entwickelt sich sogar in frühere Stadien des eigenen Zweitspracherwerbs zurück. Um diesem durchaus natürlichen Prozess entgegenzuwirken, ist eine spiralcurriculare Förderung des Deutschen als Zweitsprache sinnvoll. Die Vorstellung eines schlichten Input-Output-Modells, nach dem das im Unterricht Behandelte oder das einmal Gelernte bei den Lernenden für immer vorhanden sei, ist auch für den Zweitspracherwerb nicht haltbar. Daher sind auch automatisierende Übungen eine gute Basis für ein sicheres und korrektes Sprechen.

2.1. Strategien im Zweitspracherwerb: Zwischen Sprachwachstum und Fossilierung

Probleme mit Wortschatz und Begriffsbildung

Folgende Probleme zeigen sich bei DaZ-Lernenden mit erschwerten Erwerbsbedingungen in der Zweitsprache: Die Kinder haben im Vergleich zu Gleichaltrigen einen begrenzten Wortschatz und Probleme in der Begriffsbildung. Hierbei entwickeln die Lernenden Strategien, die einerseits zu Normverstößen führen, andererseits aber auch zeigen, welche Kompetenzen die Lernenden bereits ausgebildet haben: So deuten Überdehnungen (wenn z.B. *Becher* für alle Trinkgefäße oder die Präposition *in* für alle möglichen und unmöglichen Situationen verwendet wird), Paraphrasierungen und Sprachschöpfungen (wenn z.B. *Kopfhose* auf eine Kopfbedeckung hinweist) auf kreative Lernleistungen.

Übergeneralisierung

Übergeneralisierungen (wenn z.B. die Partizipbildung schwacher Verben auf starke übertragen wird und es zu Formulierungen kommt wie *ich habe geesst*) signalisieren, dass die Lernenden diese Vergangenheitsform bereits erworben haben, sie aber noch nicht ausdifferenziert anwenden können. Ähnliches kann sich in dem schon genannten Gebrauch der einen Präposition *in* oder des Artikels *die* für alle Sprachsituationen, in denen ein Artikel gebraucht wird, zeigen.

Interferenzen

Interferenzen finden sich, wenn Strukturen der Erstsprache auf die Zweitsprache übertragen werden; sie können zu einem positiven Transfer oder auch zu Fehlern führen.

Tilgungen

Tilgungen sind nur im Kontext des individuellen Spracherwerbs als solche zu erkennen. In dem Satz *Dann gehn in der Wasser* fehlt das Subjekt, obwohl das Kind längst weiß, dass Sätze ein Subjekt brauchen, und auch in der Lage ist Aussagesätze nach dem Muster Subjekt-Verb-Objekt – z.B. *Wir gehen ins Wasser.* – zu bilden. Das vorangestellte Adverb fordert die Anwendung der Inversionsregel, die das Kind noch nicht oder noch nicht sicher beherrscht. Offensichtlich ist es nicht sicher, wohin das Subjekt in diesem Satz genau gehört, und lässt es deshalb weg. DaZ-Lernende tilgen in einer solchen Situation das, was ihnen Schwierigkeiten bereitet, weil sie im Umgang mit dieser für sie noch neuen Struktur noch unsicher sind und/oder gerade dabei sind, diese zu erwerben.

Vermeidungsstrategien

Neben solchen eher unbewussten Strategien zeigen sich auch bewusst(er) eingesetzte Vermeidungsstrategien gegenüber schwierig zu nutzenden Formen.

Fossilierung

Grammatikalische Probleme fallen v.a. in schriftlichen Texten auf, während sich in der mündlichen Kommunikation bei vielen eine hohe umgangssprachliche Kompetenz entwickelt. Diese gut ausgebildete umgangssprachliche Kompetenz verschleiert allerdings ggf. auch Tendenzen zur Fossilierung: Das Kind macht sich problemlos verständlich und spricht fließend, dieser Eindruck lässt die Aufmerksamkeit für strukturelle Fehler sinken (und zwar nicht nur bei den SchülerInnen selbst, sondern häufig auch bei ihren LehrerInnen).

Umgangs- und Schulsprache

Probleme im Verstehen und Gebrauchen der Schulsprache werden verstärkt ab der 3. Klasse auch bei Kindern mit guter umgangssprachlicher Kompetenz sichtbar – ein Hinweis darauf, dass nur bestimmte Register ausgebildet sind. Diese zu erkennen, fällt nicht immer leicht, wie die Reaktion einer Lehrerin auf die Äußerung eines türkischen Mädchens zeigt: *Gib Heft, schnell!* (vgl. Belke 1999, S. 175). Die Lehrkraft hält Funda für sprachlich kompetent, kritisiert sie aber als unhöflich. Eine solche Deutung verweist auf ein Problem, das bezogen auf eine entsprechende Äußerung deutscher Schüler durchaus zuträfe. In Fundas Fall greift die Deutung zu kurz; Sie ignoriert, dass das Kind noch nicht über die situationsangemessene Äußerung verfügt, die von der Lehrerin als selbstverständlich vorausgesetzt wurde.

In der Schule werden Probleme bei der Sprachproduktion sehr viel stärker beachtet als solche bei der Rezeption. Des Weiteren zeigt sich, dass Normverstöße in der mündlichen Kommunikation selten, in der schriftlichen Kommunikation sehr wohl wahrgenommen werden. Hierbei handelt es sich z.B. um morphologische Abweichungen wie den Gebrauch der Deklination und Konjugation, die viele DaZ-Kinder beim Schuleintritt noch nicht beherrschen, oder auch um mangelnde Segmentierungsfähigkeit *(Da hatter geduscht.)*.

Zur Unterstützung des Zweitspracherwerbs ist es jedoch von entscheidender Bedeutung, dass die Bereiche der Sprachproduktion und der Rezeption sowie die mündliche und die schriftliche Kommunikation jeweils angemessen beachtet und gefördert werden.

2.2. Welche Bedeutung hat die Erstsprache?

Erstsprache als Sozialisationssprache

Die Erstsprache hat eine wichtige Sozialisationsfunktion und ist meist die Sprache, in der metasprachliche Fähigkeiten ausgebildet werden. Deshalb sind die Erstsprachen der DaZ-Kinder auch in der Schule zu akzeptieren und positiv zu unterstützen. Sie haben im Rahmen der zweisprachigen Erziehung einen eigenständigen Stellenwert und sollten nicht auf die Funktion von Hilfssprachen für den Erwerb der Zweitsprache reduziert werden. Auch im DaZ-Unterricht dürfen die Kinder nicht auf ihre Zweitsprache reduziert werden, sondern sind als Kinder mit zwei Sprachen ernst zu nehmen.

Frühzeitiger Doppelspracherwerb

Betrachtet man die Bedeutung der Erstsprache im Hinblick auf den Erwerb einer Zweitsprache, so gibt es durchaus unterschiedliche Auffassungen, und zwar erstens in Bezug auf den Einfluss der Erstsprache auf den Prozess des Zweitspracherwerbs generell, zweitens hinsichtlich der optimalen Organisation der Förderung beider Sprachen. Aussagen über die Relevanz der Erstsprache für den Erwerb einer Zweitsprache führen in der Debatte um die Spracherziehung von DaZ-Kindern immer wieder dazu, bildungspolitische Entscheidungen für den Erhalt und die schulische Förderung der Erstsprache zu begründen. So wurde lange Zeit davon ausgegangen, dass die Erstsprache stabilisiert werden muss, bevor der Erwerb einer Zweitsprache einsetzen kann (vgl. z.B. Steinmüller 1981). Mittlerweile wird dagegen ein möglichst früh beginnender Doppelspracherwerb empfohlen (vgl. Stölting 2001).

Zweisprachige Erziehung

Auch Linguisten, die der Ansicht sind, dass die altersentsprechende Ausbildung der Erstsprache keine Voraussetzung für den Erwerb einer Zweitsprache darstellt, sind nicht zwangsläufig gegen eine zweisprachige Erziehung. Allerdings plädieren sie für eine Sprachentrennung, d.h. dass die Kinder nur in bestimmten Situationen oder mit bestimmten Personen konsequent die eine oder die andere Sprache sprechen. Sie legen keinen Wert auf eine verzahnte Vermittlung beider Sprachen, sondern plädieren für eine nebeneinander verlaufende zweisprachige Erziehung. Das Prinzip der koordinierten zweisprachigen Erziehung wird in vielen Kindergärten und Schulen mit bilingualen Gruppen und dem Ziel einer zweisprachigen Erziehung für alle Kinder erfolgreich angewendet. Wichtig ist in diesem Konzept, beiden Sprachen ihren eigenen Stellenwert einzuräumen und sie gleichberechtigt zu fördern (vgl. Rösch 2001).

In Konzepten zweisprachiger Erziehung werden sinnvollerweise je eigene Unterrichtskonzepte für die Erst- und Zweitsprache entwickelt (z.B. an der Staatlichen Europa-Schule Berlin oder der Bilingualen Grundschule in Hamburg). Dort kommt der DaZ- bzw. der partnersprachliche Unterricht in Deutsch für DaZ-Kinder nicht in Verdacht, die Erstsprache zu ignorieren oder darauf hinzuwirken, dass die Kinder sie „verlieren“. Idealerweise ist DaZ-Unterricht also ein Teil zweisprachiger Erziehung, denn eines muss klar benannt werden: Kinder in einer Sprache zu beschulen, die sie nicht altersentsprechend ausgebildet haben, ist eine Form von Benachteiligung, die nur unzureichend ausgeglichen werden kann. Genau diese Aufgabe wird dem DaZ-Unterricht aber immer wieder abverlangt.

DaZ-Kinder: Kinder mit mindestens zwei Sprachen

Für einen Großteil der DaZ-Kinder ist die Förderung in der Kindertagesstätte, im Kindergarten oder der Grundschule der einzige Raum, in dem ihrer besonderen Sprachentwicklung Beachtung geschenkt und diese gefördert wird. Deshalb sollte dort die Erstsprache nicht vollständig ausgeklammert, sondern als Teil ihrer sprachlichen Sozialisation akzeptiert werden. Gerade für diese Form des DaZ-Unterrichts gilt, die Zweisprachigkeit der DaZ-Kinder wahrzunehmen, d.h. ihre allgemeinsprachliche Kompetenz nicht auf ihre Zweitsprache zu reduzieren, sondern die in der Erstsprache entwickelten Kenntnisse (im Bereich der Begriffsbildung, des Umgangs mit Strukturen, der Anwendung von Kommunikationskonventionen, des sprachlichen und lebensweltlichen Vorwissens etc.) einzubeziehen und auch in der Zweitsprache zu entfalten.

Nähe beider Sprachen

Je weiter der Erwerb der Erstsprache fortgeschritten ist, bevor der Zweitspracherwerb einsetzt, desto stärker kann die Erstsprache den Erwerb der Zweitsprache v.a. in der Anfangsphase beeinflussen (hemmend oder auch positiv. Dabei spielt die Frage der Nähe beider Sprachen ein Rolle:

→ **Phonetische Nähe:** Jede Erstsprache baut ein Filtersystem auf, das strukturbedingt die Phoneme der zu erlernenden Sprache durchlässt oder verfälscht. Es ist anzunehmen, dass Sprachen mit Akzentrhythmus (Englisch, slawische Sprachen) deutschsprachige Laute originalgetreu durchlassen, während Sprecher von Sprachen mit Silbenrhythmus (romanische Sprachen, Türkisch) sich damit schwer tun.

→ **Semantische Nähe:** Falls die Erstsprache deutschen Ausdrücken (z.B. *bestehen auf*) vergleichbare Muster bereithält, wird das Kind im Zweitspracherwerb diesen Ausdruck leicht erschließen und in den bereits vorhanden Sprachschatz integrieren.

→ **Strukturelle Nähe:** Es wird angenommen, dass strukturelle Unterschiede der Erst- und Zweitsprache (im Bereich der Satzbaupläne, Genusdifferenzierung, Deklination etc.) Lernenden größere Schwierigkeiten bereiten und demzufolge einen höheren Lernaufwand erforderlich machen.

Sprachvergleich: Deutsch-Türkisch-Russisch

Ein Vergleich zwischen Türkisch und Russisch[4], verbreiteten Erstsprachen von DaZ-Kindern, ergibt folgendes Bild:

	Deutsch	**Türkisch**	**Russisch**
Phonetik	Akzentrhythmus	-	+
	der Laut h	+	-
	ich- und ach-Laute	-	+
	Zäpfchen-R + Vokalisierung	-	-
	Assimilation (stimmlos) wie bei ts in Zahn	+	-
Buchstabenebene	Vokale ö und ü	+	-
	Konsonantenhäufung[5]	+	+
Wortebene	Artikelwörter	-	-
	Genusdifferenzierung	-	+
	komplizierte Pluralformen	-	+
	Verbvorsilben	-	+
	Präpositionen	-	+
	Adjektivdeklination	-	+
	unregelmäßige Verben	-	+
	Partikelvielfalt	+	-
Satzebene	SVO-Struktur der Sätze	-	+
	verschiedene Nebensatzstrukturen	+	+
	doppelte Markierung	+	-
Zeitformen	verschiedene Vergangenheitsformen	+	-
	differenzierte Zeitformen	+	+

Kontrastive Materialien

Einige Bundesländer haben kontrastive Materialien zu relevanten Erstsprachen zusammengestellt (vgl. Anhang). Diese Sprachvergleiche verweisen auf Bereiche des Deutschen, die je nach Herkunftssprache besondere Beachtung verdienen. Sie dienen als Hintergrundinformation zu Sprachschwierigkeiten von DaZ-Kindern. Darüber hinaus regen sie Sprachvergleiche im Unterricht an, die bei den Kindern die sprachliche Reflexionsfähigkeit und die Ausbildung einer grammatischen Terminologie unterstützen.

Allerdings lassen sich nicht alle Lernschwierigkeiten auf Sprachunterschiede zurückführen, und sie müssen auch nicht zwingend durch einen Grammatikübersetzungs- bzw. kontrastiven Unterricht bearbeitet werden. DaZ-Lernende auch unterschiedlicher Ausgangssprachen haben immer wieder ähnliche Lernschwierigkeiten, die sich aus den Besonderheiten der deutschen Sprache und des Zweitspracherwerbs ergeben (vgl. dazu insbesondere Kapitel 3.3.).

Sprachkenntnisse der Lehrkräfte

Es ist von Vorteil, wenn DaZ-Lehrkräfte die Erstsprache ihrer SchülerInnen sprechen oder zumindest Grundwissen über diese Sprache haben. Allerdings ist diese Kompetenz keineswegs Voraussetzung für einen erfolgreichen DaZ-Unter-

4 Russisch steht hierbei auch für Polnisch, Serbisch und Kroatisch, da die strukturellen Unterschiede zwischen slawischen Sprachen relativ gering sind.

5 Konsonantenhäufungen finden sich entgegen weit verbreiteter Auffassung auch im Türkischen, wenn auch nur innerhalb von gängigen Fremdwörtern: ekstra, psikoloji, spastik etc.

richt, zumal in einigen Klassen so viele unterschiedliche Erstsprachen vertreten sind, dass kaum Kenntnisse in all diesen Ausgangssprachen zu erwarten sind. Doch auch wenn die Lehrkraft selbst keine Sprach-Vergleiche vornehmen kann, ist es sinnvoll, die Kinder dazu anzuregen, Bezüge zu ihren Erstsprachen herzustellen. Für den Lernerfolg der Kinder dürften kontrastive Betrachtungen jedoch weniger entscheidend sein als die methodisch-didaktische DaZ-Kompetenz ihrer LehrerIn und deren authentisches Interesse für die Erstsprache(n) und Kultur(en) ihrer SchülerInnen.

2.3. Bedeutung von Sprachmischungen

DaZ-Kinder verwenden die Sprachen, mit denen sie aufwachsen, in Gesprächen unter sich häufig gemischt. Dieses Hin- und Herschalten zwischen den Sprachen ist im Allgemeinen charakteristisch für eine zweisprachige Interaktion. So ist es auch als Außenstehender möglich, in Ballungsgebieten, in denen verschiedene Sprachen gesprochen werden, zu hören, dass Sprachmischungen verwendet werden, z.B. in öffentlichen Verkehrsmitteln.

Sprachmischung

Häufig wird angenommen, dass Sprachen deshalb gemischt werden, weil sie nicht gut genug beherrscht werden; dass Sprachmischungen also aus einer Art Sprachnot geboren werden. Es ist in manchen Fällen sicher auch zutreffend, dass DaZ-Kinder in eine andere Sprache umschalten, weil ihnen Mittel der gerade verwendeten Sprache fehlen. Untersuchungen haben gezeigt, dass Sprachmischungen zumeist aus sprechstrategischen Gründen entstehen und somit eine interaktive Leistung der Gesprächsteilnehmer darstellen (vgl. z.B. Auer 1980, Dirim 1997).

Beispielausschnitt „Bist du Türkin?"[6]

Ein Beispiel zur abwechselnden Verwendung von zwei Sprachen enthält die folgende Tonbandsequenz, die in einer Hamburger Einrichtung für Grundschulkinder aufgezeichnet wurde:

Beteiligte:	Cevdet und Murtaza: türkisch-deutschsprachige Kinder im Vorschulalter
Beobachterin:	türkisch-deutschsprachig, erwachsen (Cevdet hat mitbekommen, dass die Erwachsene, die am Rande die Interaktionen unter den Kindern beobachtet und protokolliert, Türkisch kann und wendet sich im Folgenden mit einer diesbezüglichen Frage an sie.)
Cevdet:	(zur Beobachterin) *Türk müsün?* (Bist du Türkin?)
Beobachterin:	(abweisend) *Hm.*
Cevdet:	(zu Murtaza) *Ist sie Türkin?*
Beobachterin:	(zu Cevdet) *Mein Vater ist Türke – habe ich doch eben gesagt.*

Cevdet fragt die Beobachterin also auf Türkisch, ob sie Türkin sei. Die Beobachterin gibt ihm keine eindeutige Antwort. Daraufhin wendet sich Cevdet an Murtaza und fragt ihn, diesmal auf Deutsch, ob die Beobachterin Türkin sei.

6 Das Beispiel entstammt dem Datenmaterial des DFG-geförderten Forschungsprojekts „Bilinguale Kinder in monolingualen Schulen", das in Hamburg unter Leitung von Ursula Neumann und Ingrid Gogolin 1991-1994 durchgeführt wurde; zu den Ergebnissen der Untersuchung siehe Gogolin/Neumann 1997.

Funktionen von Sprachmischungen

Cevdet spricht Murtaza also nicht auch auf Türkisch an, sondern auf Deutsch. Dass zweisprachige Kinder sich nacheinander an unterschiedliche Personen wenden und dabei die Sprache wechseln, in der sie diese Personen ansprechen, geschieht häufig. Dieser Sprachwechsel ermöglicht ihnen eine Betonung des Adressatenwechsels.

Sprachmischungen entstehen aus vielerlei Gründen. So greifen zweisprachige Personen zum Beispiel manchmal auch deshalb zur anderen Sprache, um einen Themenwechsel zu betonen oder um ein Zitat hervorzuheben.

Überdies erfüllt der abwechselnde Gebrauch von Sprachen für Kinder und Jugendliche auch eine gruppenbildende Funktion, d.h. dass die Kinder und Jugendlichen mit dem Gebrauch von Sprachmischungen symbolisch ausdrücken, dass sie zu einer bestimmten Gruppe gehören. So stellen manche Jugendliche deutscher Herkunft ihren Freunden die Frage *„Hast du ateş?“* – nicht weil sie das deutsche Wort *Feuer* nicht kennen und deshalb zur türkischen Entsprechung *ateş* greifen müssen, sondern um zu zeigen, dass sie Teil einer sprachlich-kulturell gemischten Gruppe sind (vgl. Auer/Dirim 2002).

Das Hin- und Herschalten zwischen den Sprachen geschieht also nur zu einem sehr geringen Teil aus sprachlicher Not; Vielmehr handelt es sich um einen strategisch geschickten Umgang mit den Mitteln verschiedener Sprachen.

Kinder als Sprachmanager

Die Sorge, dass Sprachmischungen sich auf die sprachliche Entwicklung von DaZ-Kindern negativ auswirken könnten, ist unbegründet, weil es sich hierbei um einen kontextgebundenen Sprachgebrauch handelt, der nur unter bestimmten, geeigneten Rahmenbedingungen aktiviert wird. Der Mensch eignet sich ja nicht nur sprachliche Elemente im engeren Sinne an (z.B. Wörter und syntaktische Regeln), sondern erwirbt darüber hinaus die Fähigkeit zur adäquaten Anwendung dieser Sprachkompetenz in einer bestimmten sozialen Situation. Das heißt auf DaZ-Kinder bezogen, dass sie im Laufe ihres multilingualen Spracherwerbs im Alltag lernen, in welchen Situationen sie die Sprachen miteinander mischen dürfen und in welchen Situationen es angebracht ist, die Sprachen getrennt zu verwenden. Die Kinder entwickeln also eine Sprachmanagementkompetenz (Jessner/Herdina 1999) für die Auswahl und Verwendung von geeigneten sprachlichen Mitteln in unterschiedlichen Kommunikationssituationen.

Arten von Sprachmischungen

Ausgehend von den Untersuchungen, die nach den sozialen Gründen des abwechselnden Gebrauchs von Sprachen fragen, lassen sich folgende Arten der Sprachalternation beschreiben:

- → **Code-Switching:** Das Code-Switching stellt eine sehr vielfältige Möglichkeit des abwechselnden Sprachgebrauchs dar, von der Daz-Kinder rege Gebrauch machen. Es handelt sich um einzelne funktionale Wechsel von einer Sprache in die andere, wobei die Sprecher die verschiedenen Sprachen im Sinne ihrer kommunikativen Ziele kontrastieren. Beim Code-Switching werden die Sprachen teils innerhalb einzelner Äußerungen gewechselt; teils werden einzelne Äußerungen als Ganzes in verschiedenen Sprachen formuliert, wie der obige Transkriptausschnitt es zeigt.
- → **Code-Mixing:** Hierbei handelt es sich um ein sehr dichtes Code-Switching, indem ein häufiger Wechsel zwischen den Sprachen stattfindet. Aus der

Außenperspektive des Betrachters entsteht der Eindruck, es handele sich um eine organische Einheit beider Sprachen.
Es ist nicht immer leicht, Code-Switching von Code-Mixing zu trennen. Der qualitative Unterschied zwischen diesen beiden Möglichkeiten der Mischung liegt darin, dass beim Code-Mixing mit den einzelnen Sprachwechseln keine voneinander unterscheidbaren Sprechstrategien verfolgt werden, sondern dass das dichte Sprachengemisch selbst eine Strategie (der sozialen Abgrenzung) darstellt. Es ist möglich, dass innerhalb eines Gesprächs sowohl Code-Switching als auch Code-Mixing verwendet werden.

→ **Transfer:** Häufig werden in mehrsprachigen Interaktionen einzelne Wörter bzw. größere Äußerungseinheiten aus einer anderen Sprache in die gerade verwendete Sprache integriert. Auch hierfür gibt es viele Gründe; so werden zum Beispiel aus der anderen Sprache Wörter und Begriffe übernommen, die ein besonderes kulturelles Konzept repräsentieren und in der gerade verwendeten Sprache nur mühselig umschrieben werden können. Solche Transfers erfüllen über das Ziel des Gebrauchs besonders passender Ausdrücke hinaus den Zweck der Sprechökonomie.

Sprachstrategisches Handeln im Unterricht

Die verschiedenen Formen des gemischten Gebrauchs von Sprachen werden von Mehrsprachigen in der gemeinsamen Interaktion entwickelt und in unterschiedlichen Kontexten intensiv verwendet. Der alternierende Gebrauch der Sprachen stellt als Möglichkeit sprechstrategischen Handelns und als gruppenunterscheidendes Merkmal eine bedeutsame kommunikative Ressource dar. Aus diesem Grund ist es ratsam, Sprachmischungen bei DaZ-Kindern nur dann zu unterbinden, wenn sie in einer Situation gebraucht werden, in der monolinguales Deutsch benutzt werden muss. Hier müssen dem jeweiligen Kind Hilfestellungen für die Formulierung einsprachig deutscher Äußerungen gegeben werden. Darüber hinaus wäre es wünschenswert, DaZ-Kindern in der Klasse Sprachräume einzurichten, in denen sie unter sich auch Sprachmischungen verwenden können, sodass sie bei der Bearbeitung des jeweiligen Unterrichtsstoffes ihr gesamtes Sprachrepertoire ausschöpfen können.

Ethnolekt

Bei der Bewertung der deutschsprachigen Äußerungen von DaZ-Kindern ist weiterhin zu berücksichtigen, dass diese Kinder möglicherweise zu den SprecherInnen eines Ethnolekts gehören, der sich nach den Erkenntnissen neuerer soziolinguistischer Untersuchungen neben anderen europäischen Ländern auch in deutschen Großstädten etabliert (vgl. Auer 2002, Androutsopoulos 2001). Es handelt sich dabei – auf Deutschland bezogen – um einen deutschen Sprechstil, der systematische Veränderungen im Bereich von Grammatik, Lexik und Intonation aufweist, die auf einen Einfluss von Migrantensprachen zurückzuführen sind. Ein Beispiel für eine Veränderung im grammatikalisch-syntaktischen Bereich ist der Wegfall des unbestimmten Artikels im Akkusativ, wie in der Äußerung *Hast du Taschentuch?*. Lexikalische Besonderheiten dieses Sprechstils sind vor allem die Übernahmen aus dem Türkischen wie in dem obigen Beispiel *Hast du ateş?*. Dieser Sprechstil wird mehrheitlich mit (männlichen) Jugendlichen türkischer Herkunft assoziiert; daher könnte er als ein Ethnolekt des Deutschen angesehen werden; andererseits gibt es vielfältige Nachweise für die Übernahme dieses Sprechstils durch Jugendliche anderer Herkunft, zum Beispiel durch Jugendliche aus monolingual deutschsprachigen Elternhäusern, sodass sich nach Meinung von Peter Auer (2002) der Ethnolekt möglicherweise in einen Soziolekt verwandeln könnte.

Dieser von Migrantensprachen beeinflusste deutsche Sprechstil wird vor allem von Jugendlichen gebraucht und in letzter Zeit immer wieder in den Print- und Hörfunkmedien thematisiert, zum Beispiel von dem Schriftsteller Feridun Zaimoğlu (vgl. den Erzählband „Kanak Sprak“, ersch. 1995 und den Roman „Abschaum“, ersch. 1997). Die Verbreitung dieses Sprechstils, der verschiedenartig bezeichnet wird (z.B. als „Balkanslang“ oder „Dönerdeutsch“) geschieht also möglicherweise nicht nur durch Jugendliche, sondern auch durch die Medien (vgl. Androutsopoulos, a.a.O.).

„Kanak Sprak“ in den Medien

Dieser Sprechstil weist aus der Sicht des Standarddeutschen gesehen Defizite auf; besitzt allerdings eine eigene, in sich schlüssige Struktur und ist insgesamt eine (jugend-)sprachliche Innovation. Auch aus diesem Grund ist es sehr wichtig, DaZ-Kindern ihren spezifischen Deutschgebrauch nicht abzusprechen. Er kann Elemente eines gemeinsamen Sprechstils beinhalten und für die Kinder eine emotional positive Bedeutung besitzen – auch wenn es sich im Einzelnen aus Sicht der Standardsprache um Fehler handelt. Wichtig ist es, den Kindern die gesellschaftliche Bedeutung des Standarddeutschen klarzumachen und ihnen zu verdeutlichen, dass es in bestimmten Situationen unerlässlich ist, das Standarddeutsch richtig zu verwenden. Wünschenswert wäre es, besonders bei älteren DaZ-Kindern, ihnen eine Auseinandersetzung mit unterschiedlichen Registern des Deutschen zu ermöglichen, um ihr Sprachbewusstsein diesbezüglich zu schärfen.

3. Lernbereiche der DaZ-Förderung[7]

Lerngegenstand der DaZ-Förderung ist die deutsche Sprache

DaZ-Förderung ist Sprachförderung. Allgemeines Ziel ist der kompetente Umgang der DaZ-Kinder mit der Sprache Deutsch als ihrer Zweitsprache. Darum ist in der DaZ-Förderung die deutsche Sprache in erster Linie der Lerngegenstand und nicht ein Mittel zur Bearbeitung verschiedener unterrichtlicher Themen oder fachlicher Inhalte.

Sprachförderung findet jedoch nicht im inhaltsleeren Raum statt, da Sprache immer auch eine inhaltliche Seite hat. Die Thematisierung eines sprachlichen Phänomens ist darum mit Inhalten zu verknüpfen, die einen Bezug zu den Interessen der Kinder und den Themen des allgemeinen Unterrichts haben und sich möglichst sprachhandlungsorientiert umsetzen lassen. Es muss jedoch darauf geachtet werden, dass das sprachliche Thema (des DaZ-Unterrichts) nicht von dem inhaltlichen Thema (des Sach- und Fachunterrichts) dominiert und in den Hintergrund gedrängt wird.

Sprache realisiert sich im gesprochenen und geschriebenen Wort. Sie kann rezipiert und produziert werden. Dementsprechend lassen sich vier sprachliche Fertigkeiten/Lernbereiche unterscheiden.

7 In dieses Kapitel, v.a. in 3., 3.1. und 3.2., sind Texte von Mathias Thimm aus der Berliner Handreichung (2001) eingearbeitet.

	rezeptiv	produktiv
mündlich realisierte Sprache	HÖRVERSTEHEN	SPRECHEN
schriftlich realisierte Sprache	LESEVERSTEHEN	SCHREIBEN

Diese vier sprachlichen Fertigkeiten ergeben die volle Sprachkompetenz. Wenngleich anfangs das Hören und Sprechen im Zentrum der Förderung stehen, müssen im Anschluss an den Schriftspracherwerb alle sprachlichen Fertigkeiten explizit und adäquat geübt werden. Die Konzentration auf nur eine oder zwei der Fertigkeiten ist wenig effektiv, da man nicht davon ausgehen kann, dass das Können automatisch von einem auf einen anderen Bereich übertragen wird.

Rezeptive und produktive Fertigkeiten

Rezeptive und produktive Fertigkeiten können in spezifischen Übungen miteinander verknüpft werden. So erfordert beispielsweise das Nachsprechen zunächst ein Hören einer Sprachvorgabe und anschließend das Sprechen derselben. Bei dieser eher reproduktiven Übung kann das Hören prinzipiell ohne ein inhaltliches Sprachverstehen erfolgen. Beim Nacherzählen hingegen ist das Hörverstehen viel stärker erforderlich.

Auch Diktatschreiben, Abschreiben und Vorlesen erfolgen ggf., ohne dass die jeweiligen Inhalte der Texte verstanden werden. Jedoch steigt z.B. die Qualität des Vorlesens mit dem Verstehen der Vorlage.

Insgesamt können reproduktive Fertigkeiten sicherlich für unterschiedliche Übungszwecke sinnvoll eingesetzt werden. Es ist jedoch darauf zu achten, inwieweit die Kinder auch verstehen, was sie reproduzieren.

Sprachspezifische Lautkombinationen

DaZ-Kinder haben in ihrer Erstsprache bereits vielfältige Erfahrungen mit dem Sprechen und dem Hören gesammelt und spezifische Gewohnheiten entwickelt. Diese müssen im Hinblick auf einzelne Laute oder Lautkombinationen des Deutschen erweitert werden. Das ist zentral für den weiteren Spracherwerbsprozess, da das Kind schließlich nur die Laute und Lautkombinationen hören und sprechen kann, die es auch kennt. Gewohnheiten spielen dabei eine wichtige, die Wahrnehmung strukturierende Rolle. Als Beispiel sei hier das Phänomen des Sprossvokals bei türkischen Muttersprachlern erwähnt (*Borot* statt *Brot*, *Filim* statt *Film*).

Mündliche Fertigkeiten

Im Bereich der mündlichen Fertigkeiten müssen die Kinder zum einen gesprochene Beiträge (ggf. auch ohne Einbindung in einen situativen Kontext) verstehen können, sodass sie dem deutschsprachigen Unterricht sprachlich problemlos folgen können. Zum anderen müssen sie eigene Intentionen und Sachverhalte in kommunikativ angemessener und inhaltlich verständlicher Form zur Sprache bringen können, um am Unterrichtsgespräch aktiv und gleichberechtigt teilnehmen zu können.

Die Vermittlung der schriftlichen Fertigkeiten Lesen und Schreiben ist in erster Linie eine Aufgabe des Deutschunterrichts. Zu beachten sind dabei mögliche Erfahrungen der Kinder mit anderen als der lateinischen Schrift und den sich daraus ergebenden Interferenzen.

Schriftliche Fertigkeiten

Im Bereich der schriftlichen Fertigkeiten müssen die Kinder – auf den Schriftspracherwerb aufbauend – unterschiedliche, ihrem Alter angemessene literarische Texte aber auch Fachtexte mit komplexen Inhalten sinnentnehmend lesen können. Ebenso müssen sie Texte verfassen können, die formal und inhaltlich ihren Intentionen entsprechen und auch für Leser verständlich sind.

Kommunikative Fertigkeiten

Kommunikation wird im Unterricht in der Regel nicht vermittelt, sondern praktiziert. Entscheidend für die Ausbildung kommunikativer Fertigkeiten ist aber, dass nicht nur kommuniziert, sondern Kommunikation auch thematisiert wird: Dazu werden Kommunikationsregeln vereinbart, Argumentationsmuster betrachtet und entfaltet, verschiedene Register (im übertragenen Sinne) gezogen und verglichen. Konkret geht es nicht nur darum, was gesagt, sondern wie die Aussage formuliert wurde, wie sie anders hätte formuliert werden können, wie sie auf den Gesprächspartner bzw. die Gesprächspartnerin gewirkt hat, wie die Kommunikation verlaufen ist und wie sie außerdem hätte verlaufen können.

In Gruppen, die ein kulturell bedingt anderes Kommunikationsverhalten zeigen, lassen sich auch Situationen simulieren, in denen dies bewusst wird. Um allerdings Klischees und falsche Zuschreibungen zu vermeiden, sollten solche Situationen immer aus der Perspektive der DaZ-SchülerInnen gestaltet und von der Lehrkraft sehr offen behandelt werden. Auch müssen keine Unterschiede zwischen verschiedenen Kulturen herausgefunden werden!

3.1. Sprachliche Mittel: Wortschatz & Co.

Damit DaZ-Kinder in allen Bereichen sprachlich erfolgreich handeln können, brauchen sie differenzierte sprachliche Mittel: Sie müssen genügend Wörter mit ihren zum Teil komplexen Bedeutungen und idiomatische Redewendungen kennen sowie die grammatischen Regeln zur Kombination der lexikalischen Einheiten in Sätzen und Texten beherrschen.

Wortschatz und Redemittel

Grundwortschatz

→ Zu Beginn der Grundschulzeit müssen die Kinder zunächst einen Grundwortschatz erwerben bzw. ausbauen. Dazu gehören auch Redewendungen und feste Ausdrucksweisen, die ein Kind im Alltag und in der Schule für eine altersangemessene Kommunikation benötigt.

Alltags- und Fachwortschatz

→ Dieser Alltagswortschatz muss bis zum Ende der Grundschulzeit Schritt für Schritt mit Bezug zu den unterrichtlichen Themen und den Interessen der SchülerInnen mit Hilfe von thematischen Wortfeldern erweitert sowie in den oberen Klassen um einen allgemeinen Fachwortschatz ergänzt werden. Dabei ist aus Kapazitätsgründen zwischen wichtigen und weniger wichtigen Wörtern zu unterscheiden.

Wortfamilie

→ Die SchülerInnen müssen die Wortfamilie als strukturierendes Prinzip für den Wortschatz und die unterschiedlichen Formen der Wortbildung kennen lernen.

Wortbildung
Begriffsbildung

→ Zu beachten ist, dass Wörter oftmals vielschichtige Bedeutungen haben (z.B. *Land* als Synonym für Staat, als Gegensatz zu Stadt, als Ort bäuerlicher Tätigkeit usw.). Der Erwerb der Wortbedeutung ist also ein komplexer Prozess, der nicht in einem Schritt erfolgen kann. Wortbedeutungen entwickeln sich im Prozess des Spracherwerbs nach festen Entwicklungsstufen (Prozess der Begriffsbildung). Alltagsbedeutungen gehen dabei den wissenschaftlichen Begriffen voraus (z.B. *Vogel* zunächst als fliegendes Tier, später als besondere Klasse der Wirbeltiere, zu der auch der Pinguin gehört). Beim Erwerb der Wortbedeutung kann es zu Interferenzen mit den Wortbedeutungen der Erstsprache kommen, indem zu weite oder auch zu enge Wortbedeutungen fälschlicherweise von der Erst- auf die Zweitsprache übertragen werden.

Syntax und Morphologie

Von der Mündlichkeit zur Schriftlichkeit

→ Zu Beginn der Schulzeit äußern sich die Kinder zunächst mündlich in alltäglichen Situationen. Diese Äußerungen sind stark auf ein situativ-kommunikatives Verstehen ausgerichtet. Die Notwendigkeit einer syntaktischen und morphologischen Struktur ist gering.

→ Im Laufe der Grundschulzeit nehmen der Anteil und die Bedeutung schriftlicher Fertigkeiten (Lesen und Schreiben) im unterrichtlichen Sprachhandeln stark zu. Die Kinder müssen daher lernen, auf der Basis guter morphologischer und syntaktischer Kenntnisse grammatisch korrekte Sätze zu bilden und für den eigenen Verstehensprozess strukturell zu durchschauen. Dies ist die Voraussetzung für eine erfolgreiche Kommunikation auf der Grundlage eines schriftlichen Sprachgebrauchs. Darüber hinaus kann dieses Wissen Schreibfehler vermeiden helfen, deren Ursprung in morphologischer Unkenntnis liegt (z.B. *er fahrt, sie willt* usw.)

Sätze werden Texte

→ Sätze bzw. Äußerungen werden miteinander zu Texten verknüpft. Damit die Texte eine Einheit bilden und nicht auseinander fallen, werden verschiedene diskursstrukturierende Mittel verwendet:
- Verweisformen: Pronomen *(Auf dem Hof sind viele Kinder. Einige spielen Ball.)*
- Adverbien: *(Viele Menschen sind auf dem Platz. Dort findet ein Fest statt.)*
- Textorganisatoren: Partikeln, die einen Vor- oder Nachtext brauchen. *(Wir sind sehr enttäuscht. Du warst nämlich unsere große Hoffnung. – Das stimmt sicher, hilft uns aber nicht weiter.)*
- Gliederungssignale: Bestimmte sprachliche Elemente (Wörter, Wortgruppen oder auch Sätze) können die Struktur eines Textes verdeutlichen: Eröffnungssignale *(Ich erzähl jetzt mal ´nen Witz.)*, Schlusssignale *(Das war´s.)* sowie Positionsmarkierungen *(Und jetzt kommt der Höhepunkt.)*.

Sprachbewusstheit

Die Vermittlung grammatischen Wissens ist jedoch nicht auf die Erklärung des Sprachsystems ausgerichtet, sondern soll Wege zum richtigen Gebrauch der Sprache weisen. Dazu gehört die Entfaltung des Sprachgefühls, der Aufbau eines fundierten expliziten Sprachwissens sowie die Ausbildung einer altersentsprechenden Sprachbewusstheit. Um dies zu erreichen, sollen die SchülerInnen im Verlauf ihrer Grundschulzeit auch metasprachliche Fähigkeiten erwerben:

→ Kenntnis der Deklination und Konjugation
→ Kenntnis der Wortarten und der Wortbildung
→ Kenntnis von Satzmustern und Verbvalenzen – d.h. Verben verlangen bestimmte Satzglieder wie ein Subjekt (alle Verben) und Objekte (manche Verben)

Grammatik lernen an bekanntem Sprachmaterial

Grammatische Strukturen sollten an sprachlichen Mitteln geübt werden, die den Kindern bekannt sind. Es ist wichtig, dass die Lehrkräfte sprachliche Mittel so auswählen, dass für die DaZ-Kinder keine Verwirrung durch Ausnahmen entsteht, bevor sie das Prinzip der zu festigenden Struktur erfasst haben. ‚Nicht passende' Beispiele, die die Schüler einbringen, können zunächst zurückgestellt werden, sollten aber zu einem späteren Zeitpunkt des Unterrichts aufgegriffen werden, damit die Kinder für ihre Beiträge inhaltliche Rückmeldungen erhalten.

3.2. Lernstrategien: Wie lernt man was?

Lern-Haltung

Wesentliche Bedingungen für einen erfolgreichen Zweitspracherwerb sind die aktive, problemorientierte Lernbereitschaft der Kinder, ihre Kenntnis individuell sinnvoller Lernstrategien und -techniken sowie altersangemessene metasprachliche Fähigkeiten. Die Kinder sollten eine Haltung entwickeln, die das Sprachlernen fördert. Dazu gehören:

→ **Problembewusstsein:** Dem Kind ist bewusst, dass sich Sprachkompetenz aus unterschiedlichen sprachlichen Fertigkeiten zusammensetzt, die unterschiedliche Anforderungen stellen. Es muss ein Bewusstsein für die Komplexität und Strukturen der sprachlichen Mittel entwickeln.
→ **Fragehaltung:** Das Kind lernt sprachliche Sachverhalte, die es nicht versteht, durch gezielte Fragen für sich zu klären.

Strategien und Techniken

Darüber hinaus sollen die Kinder Strategien und Techniken kennen und anwenden lernen, mit deren Hilfe sie ihre Lernprozesse selber organisieren und unterstützen können. Dazu gehören:

→ **Hör- und Lesestrategien:** Mögliche Strategien sind das Ausgehen von Bekanntem, das Gewinnen eines Überblicks und das Aushalten von Verstehenslücken.
→ **Strategien der Textproduktion:** Der Schüler soll die Textproduktion als einen mehrstufigen Prozess erkennen und Strategien des Planens und Überarbeitens von Texten anwenden.
→ Techniken zur **Aneignung von Wörtern und grammatischen Strukturen:** Dazu gehört der richtige Umgang mit Wörterbüchern, Lexika und eigenen Wörtersammlungen sowie mit grammatischen Übersichten.

- → Techniken des **eigenständigen Lernens:** Der Schüler soll verschiedene Lerntechniken kennen und für sich individuell anwenden lernen.
- → Techniken der **Fehlerreduzierung:** Hierzu gehören das Anwenden gelernter Sprachstrukturen und das Vermeiden schwieriger Strukturen durch Umformulieren, bis der Lernprozess ihre produktive Anwendung erlaubt.

Lehrkräfte als Unterstützer

Die Lernstrategien werden kontinuierlich mit den Kindern in einer ihrem Alter angemessenen Form und entsprechendem Umfang thematisiert (vgl. Ideenteil S. 74 ff.). Um dies zu erreichen, müssen sich auch Lehrkräfte dafür sensibilisieren, dass ihre DaZ-SchülerInnen in einer besonderen Sprachlernsituation sind (z.B. häufig nur vage verstehen) und eine Lehr-Haltung einnehmen, die die Kinder bei der aktiven Bewältigung von sprachlichen, ggf. auch kulturellen und migrationsbedingten Lernschwierigkeiten unterstützt.

3.3. Deutsche Sprache = schwere Sprache!

Dass und welche Sprachstrukturen DaZ-Lernenden Probleme machen, zeigen Ergebnisse aus dem Berliner Schulversuch „Zweisprachige Erziehung" (1988-1993), die Ulrike Harnisch (1992) anhand von Aufsätzen von Grundschülern türkischer Herkunftssprache der 3. und 4. Klasse ermittelt hat:

Beispiele aus Schülertexten

- → Adjektivdeklination: *er stört kleine Jakob und den kleine Hund, sie hat ein grünen T-Shirt, sie hat grün und orange Schuhe*
- → Genus und Genuskonkordanz: *der Mann – sie geht; Der Mann – ihre Frau*
- → Trennbare Verben: *da pustet er den plastik ente* (aufpusten), *da lacht er zu den Mann* (auslachen), *es fängt zu regnen* (anfangen).
  Häufiger als falsche Formen ist die Vermeidung trennbarer Verben.
- → Wechselpräpositionen:
  wohin? *zu Flus, in der Flus, in die Wohnzimmer, auf dem Hocker, in den Tisch*
  wo? *fom Afrika bies zu Berlin, ins Kopf, auf den Kuchen*
  DaZ-Lernprobleme sind neben der Bedeutung die Anwendung der passenden Präposition, Genus und Kasusmarkierung, während für deutschsprachige Kinder meist nur das Letztgenannte ein Problem darstellt.
- → 8 Variationen der Pluralbildung: *Bechers, Fuße*
  und Pluralkonkordanz: *Die Eltern streitet* oder auch: *Die Kinder lacht.*
  Solche Sätze deuten nicht nur auf Unsicherheiten in der Verbkonjugation hin, sondern lassen vermuten, dass die Kinder den Plural nicht erkannt haben bzw. Strukturen aus ihrer Erstsprache in das Deutsche übertragen.
- → Deklination der Nomen und Pronomen: *er sieht die Mann, er gibt die Frau ein Geschenk, er gebt sie ein Geschenk*
- → Perfekt und Präteritum starker Verben: *gehte, swimte, sie siehen (sahen), läufte, er hat gehsehen, gesriben (geschrieben), ich hab ihn gemagt*

In dem genannten Schulversuch wurde deutlich, dass im Zeitrahmen von sechs Jahren in der Regel alle Grundstrukturen des Deutschen erlernt werden: Die

Wortstellung im Satz wird reguliert, der Wortschatz erweitert, Nebensatzkonstruktionen werden erworben, die Personalendungen der Verben normgerecht gebildet, fast alle Probleme mit der Intonation und Phonetik werden überwunden, die Rechtschreibung wird erlernt etc.

Resistente Bereiche: Präpositionen Deklination Unregelmäßige Verben

Allerdings gibt es Bereiche, die sich als besonders resistent erweisen: Es handelt sich dabei um den Gebrauch der Präpositionen, die Deklination und den Formenbestand der unregelmäßigen Verben, was im mündlichen Sprachgebrauch von türkischen Kindern aus einer sechsten Klasse zu folgenden Aussagen führt: *Ich will diese Schule gehen. Er geht ein Kneipe. Ich muss mit Bus fahren. Ich hab meine Haare immer so nass gelasst. Er hat 'ne weiße Pullover und 'ne weiße Hemd.* Hier wurden offensichtlich Formen falsch gelernt, Fehler nie bewusst erfasst; eine Korrektur im Sprachlernprozess hat nicht stattgefunden oder wurde nicht aufgenommen.

Eine Übersicht zu Besonderheiten der deutschen Sprache, die DaZ-SchülerInnen erfahrungsgemäß Schwierigkeiten bereiten und Ihnen die Diagnose des Sprachstands erleichtern kann, finden Sie im Anhang.

3.4. Schulsprache als Stolperstein

Unterrichtssprache

Sprachlicher Input durch Lehrersprache

Unterrichtssprache ist zunächst die Sprache der Lehrkräfte, die anders als die Alltagssprache im Kontext einer pädagogisch-didaktischen Situation gesprochen wird. Die Lehrersprache hat Vorbildcharakter und liefert den sprachlichen Input gerade für DaZ-Lernende, die außerhalb der Schule wenig Kontakt zu Sprechern der Zielsprache haben. Deshalb sollten Lehrkräfte ihre Sprache reflektiert einsetzen und sich um eine anschauliche, gleichzeitig aber differenzierte Sprachverwendung bemühen. Intuitive Versuche, die eigene Sprache dem Spracherwerb der DaZ-SchülerInnen anzupassen, sollten je in zwei Richtungen überprüft werden:

→ Entspricht das von mir gewählte Sprachniveau dem DaZ-Lernstand und dem Alter der Kinder?
→ Verstehen *mich* die Kinder richtig und bietet meine Sprache genug Anreize für sie, die eigene Sprache weiterzuentwickeln?
→ Verstehe *ich* die Kinder richtig und fordere ich sie ausreichend, sich mitzuteilen und mit der Sprache zu experimentieren?

Lehrersprache als Lerngegenstand: Arbeitsanweisungen

Die Lehrersprache ist immer auch Lerngegenstand. Sie enthält Arbeitsanweisungen, deren Bedeutung DaZ-Kindern zunächst vermittelt werden muss und die sie sich – z.B. indem sie sich gegenseitig Arbeitsanweisungen geben – aneignen sollten. Arbeitsanweisungen können auch zur Sprachförderung eingesetzt werden, um bestimme sprachliche Mittel zu festigen *(Nimm dein/mein/Mehmets/... Heft raus!, Macht einen Stuhl-/Tisch-/Mappen-/...kreis!).*

Fragen als Lernbereich

Typisch für Unterrichtsgespräche sind Fragen: Entscheidungsfragen *(Ist das richtig?),* Alternativfragen *(Heißt es der, das oder die Schule?),* Suggestivfragen

(Ist das vielleicht ein Nomen?), Ergänzungs- oder Rückfragen *(Kann man auch ... dazu sagen? Hat jemand vielleicht noch eine andere Idee?)*. Suggestivfragen haben im Unterricht eine unterstützende Funktion, während Alternativ- und noch deutlicher Entscheidungsfragen zum Abfragen von Wissen (aber auch von Meinungen, Voten etc.) geeignet sind. Ergänzungs- oder Rückfragen zielen dagegen auf einen Austausch zwischen den Gesprächspartnern, was auch in Unterrichtsgesprächen ein wichtiges Ziel ist.

DaZ-Kinder müssen Fragen nicht nur verstehen und beantworten, sondern auch stellen lernen. In Ansätzen sollte auch bereits eine Auseinandersetzung mit der Funktion, Handlungsstruktur und Wirkungsweise von Fragen angeregt werden, d.h. dass sich die SchülerInnen Fragen über Fragen stellen: *Warum und welche Fragen stellen wir?, Wer stellt die Fragen – warum nicht die/der andere?, Warum fragt Erhan Zehra (und nicht Natascha)?*

Register kennen und nutzen

Verschiedene soziale Situationen fordern vom Sprecher/Schreiber die Verwendung unterschiedlicher sprachlicher Register. Register sind grammatische und lexikalische Muster, die durch die Verwendung in ähnlichen Situationen geprägt werden. SchülerInnen müssen die verschiedenen Register kennen lernen und für die richtige Wahl eines Registers (z.B. Standardsprache, Jugendsprache, förmliche Sprache usw.) in Abhängigkeit zur Situation sensibilisiert werden.

Kommunikationskonzept: Mündlichkeit oder Schriftlichkeit?

Konkrete Äußerungen bzw. Texte lassen sich zwar unter medialem Aspekt eindeutig der gesprochenen oder der geschriebenen Sprache zuordnen. Doch es gibt auch mündliche Äußerungen, die den Merkmalen schriftlicher Sprache vollkommen genügen (Plädoyer des Staatsanwalts), und umgekehrt schriftliche Texte, die fast alle Merkmale mündlicher Sprache aufweisen (Chat im Internet). Entscheidend für die konkrete sprachliche Realisierung ist also zum einen die Wahl des Mediums (gesprochen oder geschrieben) und zum anderen die Wahl des Kommunikationskonzepts (Sprache der Nähe oder der Distanz).

Konzeptuell mündlich

→ Zu Beginn der Grundschulzeit bezieht sich der Unterricht vorwiegend auf unmittelbar wahrnehmbare, konkrete Einzelerfahrungen. Sprachliche Handlungen sind stark in Situationen und Kontexte eingebunden bzw. werden durch Illustrationen gestützt. Die Unterrichtssprache entspricht noch weitgehend der Alltagssprache. Dies gilt auch für die ersten schriftlichen Texte in Fibeln bzw. für die Texte, die von Kindern geschrieben werden.

Konzeptuell schriftlich

→ Im Laufe der Zeit verändert sich die Unterrichtssprache jedoch. Zunehmend beziehen sich sprachliche Handlungen auf allgemeine Zusammenhänge, die nicht mehr konkret in einer gemeinsamen außersprachlichen Situation eingebunden sind. Die Unterrichtssprache ist eine Sprache der Distanz, sie ist konzeptuell schriftlich. Dies gilt prinzipiell auch für die mündlichen Äußerungen der Lehrkräfte *(Der spricht wie gedruckt!)* und für die von den Kindern erwarteten mündlichen Beiträge *(Sag das mal im ganzen Satz! Sag das mal genauer!)*.
Die Regeln einer konzeptuell schriftlichen Sprache müssen dazu insbesondere den DaZ-Kindern explizit vermittelt werden. Ihnen muss erst bewusst werden, dass die geschriebene Sprache etwas anderes ist als aufgeschriebene gesprochene Sprache. Eine konzeptuell schriftliche Sprache erfordert

vollständige Informationen und korrekte sprachliche Zeichen. Damit sie problemlos verstanden wird, sind gute morphologische und syntaktische Kenntnisse sowie ein differenzierter Wortschatz notwendig (vgl. Knapp 1997).

Die konzeptuelle Schriftlichkeit wird im Verlauf der Grundschulzeit ein wesentliches Merkmal der Unterrichtssprache, unabhängig davon, ob gesprochen oder geschrieben wird.

Lernleitende Signale

Große Bedeutung hat auch die Ausbildung einer grammatischen Terminologie, um über Sprachstrukturen sprechen zu können. Diese sollte altersangemessen sein und sich auf das Nötige beschränken. Hilfreich ist die Arbeit mit Lernpostern, die z.B. tabellarische Übersichten über Konjugation und Deklination oder Schaubilder zu Satzmustern, zum Textaufbau und dergleichen enthalten. Allerdings sollten diese nicht zur Vermittlung, sondern zur Erinnerung an bereits Erarbeitetes aufgehängt werden. Des Weiteren unterstützt die Verwendung von Symbolen (z.B. zur Markierung der Genera, verschiedener Satzglieder oder auch der Fälle) das Denken in strukturellen Kategorien. Diese können farbig und/oder grafisch gestaltet sein.

Nonvebale Signale zur Grammatikfestigung

Ergänzend dazu bieten nonverbale Signale die Möglichkeit, an grammatische Regeln zu erinnern, ohne dass der Kommunikationsfluss durch langwierige Erklärungen unterbrochen werden muss.

→ So können z.B. die Handzeichen aus dem bekannten Knobelspiel Sching-Schang-Schong als nonverbale Symbole für die Genera (der Brunnen = maskulin, die Schere = feminin, das Papier = neutral) genutzt werden.
→ Die Zweitstellung des Verbs kann durch das Zeigen von Zeige- und Mittelfinger signalisiert werden.
→ Die Verbklammer durch das Beschreiben eines Bogens von Zeige- und Mittelfinger der einen Hand zu einem imaginativen Satzende.

Hier sind der Phantasie keine Grenzen gesetzt, wichtig ist, dass die Lernsignale eindeutig und so einfach sind, dass alle – selbstverständlich auch die Kinder – damit operieren können. Um Verwirrung zu vermeiden, sollten es nicht zu viele sein. Im Sinne einer Vereinheitlichung ist die Absprache mit Fremdsprachenlehrkräften sinnvoll oder die Orientierung am internationalen Wörterbuch der Körpersprache (vgl. Givens 2002).

Fachsprache

Fachsprache meint im Unterschied zu einer weit verbreiteten Meinung nicht bloß Allgemeinsprache + Fachwortschatz; Vielmehr zeichnet sich Fachsprache durch verschiedene sprachliche Merkmale aus, die auch Teil der Allgemeinsprache sind, aber in Fachtexten besonders häufig auftreten. Dazu gehören:

→ y, th, ph etc. *(System, Mathematik, Physik etc.)*
→ Verben, die Vermehrung oder Verminderung ausdrücken *(vergrößern, abnehmen)*
→ Fremdwörter, Abstrakta *(Idee, Grammatik)*

- → Nominalisierungen *(das Fremde, beim Auftauen, unter Berücksichtigung etc.)*
- → mehrgliedrige Komposita *(Waldameisenhügel, Braunbärenfell)*
- → Systeme fachsprachlicher Bezeichnungen *(Blume: Blüte, Blatt, Stängel)*
- → Genitivattribute *(der Stängel der Blume, das Fell des Braunbären, der Freund meines Bruders, statt umgangsprachlich: der Freund von meinem Bruder)*
- → ungewöhnliche Adjektive *(stilles Wasser, ätzende Flüssigkeit, wundersame Märchenwelt)*
- → Partizipialkonstruktionen (Partizip I: *erstarrende Lava,* Part. II: *erstarrte Lava)*
- → Verben mit komplexen Bedeutungsstrukturen *(gehen:* im Sinne von *funktionieren; finden:* im Sinne von *Meinung äußern* usw.)
- → Passiv und Passiversatzformen *(man-Sätze, Verben mit passivischer Bedeutung wie erhalten, bekommen, erfolgen* etc.)
- → Imperativformen *(bedenke, nimm an, stellt euch vor* etc.)
- → verschachtelte Sätze, Bedingungssätze *(wenn, falls, im Falle* etc.)
- → Ersatzformen/Proformen für einzelne Wörter *(diese, beides* etc.)
- → Ersatzformen/Proformen für Satzglieder *(dadurch, dabei, dazu* etc.)
- → Signale für logische Verknüpfungen *(demnach, jedoch, aber, sodass* etc.)
- → keine Erzählstruktur (unpersönlich, meist ohne Identifikationsmöglichkeit)
- → deskriptiv, analytisch, verallgemeinernd
- → Formatierungen (Fett- und Kursivdruck, Spiegelstriche etc.)
- → Tabellen, Grafiken, Bildunterschriften etc.

Fachsprachliche Probleme

Fachsprachliche Probleme werden in der Regel erst am Ende der Grundschulzeit sichtbar, haben dann aber gravierende Konsequenzen, weil die betroffenen Kinder aufgrund von Verständnisproblemen, die ihnen einzelne Abstrakta, Oberbegriffe, Fachbegriffe oder die Syntax bereiten, dem Unterricht inhaltlich nicht mehr folgen können.

Passivkonstruktionen

Eines der größten Probleme stellen Passivkonstruktionen dar. Meral Dollnick (2000) hat den Gebrauch von Passivkonstruktionen bei 15 Kindern in einer Klassenarbeit der 5./6. Klasse untersucht. Sie kommt zu dem Schluss, dass nur 10 Kinder überhaupt versucht haben, Passiv zu nutzen: 4 (darunter 2 deutschsprachige) waren imstande, Passiv zu konstruieren, 8 Kinder nichtdeutscher Erstsprache sind daran gescheitert. Auch deutschsprachige Kinder beherrschen das Passiv erst mit 7 bis 9 Jahren, allerdings entwickeln sie davor bereits eine rezeptive Kompetenz für diese Konstruktion. Mehrsprachige Kinder hören in ihrem Alltag offensichtlich sehr viel weniger Passiv und haben dadurch kaum die Chance, eine rezeptive Kompetenz auszubilden, um diese dann in ihren aktiven Sprachschatz zu integrieren.

Frühzeitige Entwicklung (rezeptiver) Fachsprachenkompetenz

Meral Dollnick fordert zur Lösung des Problems die Verbindung von Fach- und Deutschunterricht, die dann verstärkt ab der 5. Klasse stattfinden würde. Allerdings scheint auch ein frühzeitiges Aufgreifen im DaZ-Unterricht der Primarstufe sinnvoll, sodass die Kinder zumindest rezeptiv mit fachsprachlichen Elementen vertraut werden, damit dann später auch der produktive Umgang zur Entfaltung kommen kann.

4. Prinzipien der DaZ-Förderung

4.1. Pädagogische Prinzipien des Interkulturellen Lernens

Grundlegende Prinzipien

Damit die DaZ-Förderung für die Kinder attraktiv und hinsichtlich des Zweitspracherwerbs effektiv ist, sind einige grundlegende Prinzipien zu beachten:

- → Die Lernumgebung sollte attraktiv und motivierend gestaltet sein.
- → Die Kommunikationsbereitschaft der Kinder sollte geweckt und ein aktives Lernen ermöglicht werden.
- → Bei den Schülern sollte Interesse für die Menschen und Dinge der näheren und weiteren Umgebung geweckt und das Interesse der Schüler auch auf die Sprache gelenkt werden.
- → Die unterschiedlichen Lernvoraussetzungen sollten durch differenzierte Beobachtung festgestellt und durch differenzierende Maßnahmen berücksichtigt werden.

DaZ-spezifische Prinzipien

Wichtig ist die Berücksichtigung der Lebenswelt der DaZ-Kinder, d.h.:

- → dass den Schülern vertraute Namen und Situationen vorkommen,
- → dass die schulische und außerschulische Lebenssituation von Minderheiten differenziert und offen aufgegriffen wird (durch Themen wie Leben in zwei Sprachen, Migration, Aufenthaltsrecht, Rassismus, Minderheitengemeinden, Religion),
- → dass das in der Erstsprache erworbene sprachliche und metasprachliche Wissen integriert wird (z.B. bezogen auf Begriffsbildung, Satzbau, mündliche und schriftliche Kommunikation),
- → dass Themen, die sich auf das Herkunftsland der SchülerInnen beziehen, auf aktuellen und differenzierten Informationen beruhen müssen, und von den SchülerInnen nicht erwartet wird, dass sie sich in Bezug auf die Herkunftsländer gut auskennen,
- → dass das Zusammenleben in einer multiethnischen Region aus der Perspektive der DaZ-Kinder thematisiert wird,
- → dass jedes Thema lernerzentriert behandelt wird, um Vorerfahrungen, Vorwissen, Vorstellungen sowie Wertorientierungen der SchülerInnen einzubinden.

Gefahr der Kulturalisierung

Pädagogen sollten sich der Gefahr der Kulturalisierung[8] bewusst sein und die Sprachförderung multiperspektivisch gestalten, d.h., dass unterschiedliche Vorstellungen z.B. zum Familienleben, zum Leben mit Haustieren, zum Umgang mit Nacktheit, zu Geschlechts- und Generationsrollen, zur Ernährung usw. zur Sprache kommen und im Unterricht entfaltet werden. Hierfür eignen sich aufgrund ihrer kindgerechten Sprache und ihrer literarischen Gestaltung besonders interkulturelle Bilder- und Kinderbücher.

8 Kulturalisierung meint, dass Menschen auf kulturelle Merkmale reduziert und darauf festgelegt bzw. zu Repräsentanten einer, in aller Regel national oder durch die Religion definierten Kultur erklärt werden. Kulturalisierung ist in aller Regel fremdbestimmt und bezieht die Selbstwahrnehmung der Betroffenen nicht ein.

Interkulturelles Lernen durch Perspektivwechsel

„Interkulturelle Bildung und Erziehung“ ist laut Beschluss der Ständigen Konferenz der Kultusminister der Länder in der Bundesrepublik Deutschland (KMK) vom 24./25.10.1996 „eine Querschnittaufgabe in der Schule“ (S. 5) und richtet sich an alle SchülerInnen, an Minderheiten und Mehrheiten. Es geht um die Ausbildung einer interkulturellen Kompetenz für alle SchülerInnen mit dem Ziel der Akzeptanz von verschiedenen lebensweltlichen Orientierungen, auch wenn sie von der eigenen abweichen. So sollen Vorurteile als solche erkannt und überwunden werden. In der Auseinandersetzung zwischen Fremdem und Vertrautem gilt der Perspektivwechsel als Schlüssel zu Selbstvertrauen und reflektierter Fremdwahrnehmung. Erfolgen soll dies im Kontext von Lernsituationen, „in welchen Einstellungen und Überzeugungen offenbar zugrunde liegende Wertvorstellungen geklärt und nach sozial-ethischen Gesichtspunkten beurteilt werden können“ (S. 7 f.). Dazu gehört auch die konstruktive Nutzung der in vielen Klassen vorhandenen Mehrsprachigkeit und die interkulturelle Akzentuierung der einzelnen Fächer:

Interkulturelles Lernen im Regelunterricht ...

- → Im Fremdsprachenunterricht soll die Begegnung mit den Sichtweisen fremder Kulturen sowie die Außenperspektive auf das Vertraute stärker in den Blick genommen werden.
- → Der Deutschunterricht soll dies erreichen „durch vergleichende Textarbeit, die den Wechsel der Perspektive unterstützt, die Verbreitung weltweit gültiger Erzählkerne untersucht und Erlebnisse sowie Erfahrungen mit Glück und Gerechtigkeit, Liebe und Leid deutlich werden lässt“ (S. 8).

Interkulturelles Lernen im DaZ-Unterricht bedeutet,

... und im DaZ-Unterricht

- → dass die deutsche Sprache konsequent aus der Perspektive von DaZ-Lernenden betrachtet wird,
- → dass die Kommunikation zwischen Erst- und Zweitsprachsprechenden auch als eine zwischen Sprachbeherrschenden (mit allen Konnotationen) und Sprachlernenden reflektiert wird,
- → dass Vergleiche zwischen Erst- und Zweitsprache (hinsichtlich Semantik, Pragmatik, Syntax und Phonetik) angestellt werden,
- → dass die Sprache vor ihrem kulturellen Hintergrund vermittelt wird, wobei zu reflektieren ist, dass DaZ-Kinder, auch wenn sie im deutschen Sprachraum leben, einen anderen kulturellen Hintergrund haben bzw. in einer Migrationsituation leben (können),
- → dass das Deutsche, das Minderheitenangehörige sprechen, kein zweitrangiges Deutsch ist, sondern z.B. in der Migrationsliteratur durchaus eine akzeptierte Variante darstellt.

Herkunftssprachen akzeptieren und Zweitspracherwerb unterstützen

Die Einbeziehung der Herkunftssprache(n) sollte didaktisch reflektiert erfolgen. Dabei ist es von entscheidender Bedeutung, dass sich die Kinder angenommen und akzeptiert fühlen, was eine positive, unterstützende Haltung gegenüber ihrer Herkunftssprache, -kultur und Lebenssituation einschließt. Genauso wichtig ist allerdings, sie als DaZ-Lernende ernst zu nehmen und zu akzeptieren, dass der Spracherwerb für die Betroffenen ein schwieriger und langwieriger Prozess ist.

4.2. Didaktische Prinzipien und Umgang mit Sprachlernschwierigkeiten

Aufgaben und Ziele

Der DaZ-Unterricht hat folgende Aufgaben und Ziele:

→ Er vermittelt die **sprachlichen Fertigkeiten** (Hörverstehen und Sprechen, Leseverstehen und Schreiben) und die dafür notwendigen sprachlichen Mittel (Wortschatz und Redemittel, Syntax und Morphologie) mit dem Ziel einer guten Sprachkompetenz.
→ Er schult die **kommunikativen Fähigkeiten** und das Vermögen, sich sprachlich die Welt zu erschließen und selbstbestimmt zu handeln, mit dem Ziel solider Sozial- und Selbstkompetenz.
→ Er zeigt den Kindern **sprachliche Lerntechniken und -strategien**, führt sie zu einem bewussten Sprachgebrauch. Dabei entwickelt sich eine metasprachliche Reflexionsfähigkeit. Ziel ist eine sprachlich orientierte Methodenkompetenz.
→ Er weckt das **Interesse** der Kinder **für Sprachvergleiche** und regt so Nachdenken über die in Sprachen verfestigten sozialen und kulturellen Erfahrungen an. Ziel ist eine um sprachliche Aspekte erweiterte interkulturelle Kompetenz.
→ Eine weitere Aufgabe ist die kontinuierliche Beobachtung der **sprachlichen Entwicklung** der Kinder und die Überprüfung ihrer Lernzuwächse.

Didaktische Prinzipien

Umgesetzt werden diese Aufgaben und Ziele durch folgende Prinzipien:

→ Die Sprache der Pädagogen hat für die Kinder eine wichtige Vorbildfunktion und sollte dementsprechend reflektiert eingesetzt werden.
→ Insbesondere im Anfangsunterricht ist der Ausbau der mündlichen Sprache im Hinblick auf die alltäglichen Erfordernisse des Lebens und der Schule ein wichtiges Ziel.
→ Unabdingbar ist die Hinführung zu einem kontext- und situationsunabhängigen Verstehen und Verwenden von Sprache, wie es v.a. beim Lesen und Schreiben von Texten in allen Schulfächern notwendig ist.
→ Bei der Vermittlung sprachlicher Strukturen (Morphologie und Syntax) gilt es die Progression des ungesteuerten Zweitspracherwerbs zu berücksichtigen (vgl. dazu S. 15–16).
→ Zu beachten ist, dass keine Sprachform ohne Inhalt und kein Inhalt ohne Sprachform behandelt werden kann.
→ Durch Sprachbetrachtung und das selbständige Entdecken von sprachlichen Regularitäten können die Schüler sprachbewusster werden.

- → Sprachliche Fehler der Kinder dürfen nicht immer einfach stehen gelassen werden, sondern müssen in Form des korrektiven Feedbacks aufgegriffen werden.
- → Der DaZ-Unterricht sollte inhaltliche Bezüge zum allgemeinen Unterricht aufweisen.

Schematische Übungen gegen Fossilierungen

Um den Erwerb schwieriger Formen bzw. ihre Entfaltung zum normgerechten Sprachgebrauch zu unterstützen, bedarf es einer – in einzelnen Fällen sicher massiven – Steuerung durch unterrichtliche Maßnahmen, die möglichst frühzeitig einsetzen sollten. Zur Internalisierung korrekter Formen scheinen schematische Übungen unabdingbar. Allerdings dürfen sie nicht zu Drill-Verfahren oder „Papageienlernen" missbraucht werden, sondern dienen der Reflexion und dem Üben der genannten, für DaZ-Lernende schwierigen Formen. Sie sind auch dann sinnvoll, wenn Kinder in diesen Bereichen keine oder nur einige Fehler machen, denn die Schulpraxis zeigt immer wieder, dass Kinder sprachliche Unsicherheiten durch Vermeidungsstrategien umgehen und ihre Ausdrucksmöglichkeiten dadurch stark einschränken. Ein explizites statt implizites Vorgehen erscheint v.a. deshalb sinnvoll, weil es die Kinder als DaZ-Lernende ernst nimmt, den mühsamen Prozess des Automatisierens offen legt und unterstützt, anstatt darauf zu hoffen, dass er von alleine stattfindet.

Korrekturverhalten

Sicher sollen nicht ständig alle Normverstöße korrigiert werden; auch im DaZ-Unterricht darf das Prinzip der sprachlichen Korrektheit nicht dazu führen, Kommunikationsbedürfnisse der Kinder zu beschneiden. Prinzipiell jedoch ist anzustreben, dass DaZ-Lernende ihre Normverstöße erkennen und bearbeiten. Es sollten unterschiedliche Korrekturformen ausprobiert werden, da die Schüler unterschiedlich reagieren. Ein verbesserndes Korrekturverhalten kann schnell demotivierend wirken und Vermeidungsstrategien unterstützen, was einen aktiven Spracherwerb eher verhindert als unterstützt. Das Verfahren des korrektiven Feedback sollte nicht nur als Lehrerecho gestaltet werden, da es sonst leicht überhört und damit ignoriert wird, was eine Bewusstmachung und Bearbeitung des Regelverstoßes verhindert.

Gerade bei Lernenden mit Fossilierungserscheinungen scheint das Prinzip des sprachlichen Vorbilds wenig erfolgversprechend zu sein. In solchen Fällen muss eine Sprachreflexion angeleitet werden, die das Interesse des Lernenden auf den Normverstoß lenkt und Impulse zur selbsttätigen Überprüfung, Erläuterung oder auch Korrektur gibt.

Selbstkorrektur und Sprachreflexion

Den SchülerInnen sollten Möglichkeiten der Selbstkorrektur gegeben werden. Angewendete Selbstkorrekturen können der Lehrkraft Hinweise darauf geben, was für den einzelnen Lernenden gerade problematisch ist. Außerdem ist es sinnvoll, dass Lernende einzelne Sprachschwierigkeiten oder Unsicherheiten thematisieren bzw. sie bei schriftlichen Arbeiten zu einem offenen „self monitoring" anzuhalten, indem sie Zweifel thematisieren *(Heißt das jetzt: gegesst oder gegessen?)*. Als „monitoring" bezeichnet man die Kontrolle der eigenen Sprachproduktion, die sowohl vor dem Aussprechen oder Aufschreiben aktiv ist, als auch während und nach der Sprachproduktion die eigenen Äußerungen evaluiert.

Einschleifen statt Einpauken

Im DaZ-Unterricht geht es nicht darum, grammatisches Wissen – vielleicht sogar noch inhaltsleer – zu vermitteln, sondern darum, den Kindern Grammatik als Handwerkszeug zur Verfügung zu stellen. Der alltägliche, bewusste Umgang mit sprachlichen Strukturen ermöglicht ihnen, ihre erreichte Sprachkompetenz zu entfalten und ggf. Fossilierungen zu überwinden. Die dazu notwendigen Übungsformen sollten den Unterricht nicht dominieren, aber dennoch ritualisiert werden, um die Formen zu üben und gleichzeitig das Denken in grammatischen Begriffen zu entwickeln. Es wird in jeder Gruppe sicher einige Kinder geben, die sich gerne mit diesen Dingen beschäftigen, andere, die darin nur eine Pflichtübung sehen. Es geht also nicht darum, Grammatik in allen Feinheiten zu vermitteln, sondern Grundstrukturen zu festigen und Grundbegriffe zu entwickeln, die ein selbständiges Weiterlernen ermöglichen.

4.3. Methodische Prinzipien

Lernmotivation

Motivationsprobleme

Bei DaZ-Kindern und v.a. bei denen, die dem Unterricht nur mit erheblichen Schwierigkeiten folgen können, lassen sich mit zunehmendem Alter spezifische Phänomene beobachten:

- → Die Lernmotivation, besonders bei denen, die am DaZ-Förderunterricht teilnehmen, sinkt. Da die SchülerInnen glauben, sich ausreichend in der Zweitsprache verständigen zu können (und für rein kommunikative Zwecke im Alltagsleben genügen die Deutschkenntnisse oft wirklich), erkennen sie selbst ihre Defizite nur unzureichend und haben wenig Einsicht in die Notwendigkeit einer zusätzlichen Förderung.
- → Begriffsbildungsprozesse konnten unter Umständen nicht so ablaufen, dass komplexe Zusammenhänge hinreichend durchdrungen werden können. Durch unbewusste Vermeidungsstrategien, wie das Verwenden eines sehr eingeschränkten aber sicher bekannten Wortschatzes, kann leicht ein verfälschter Eindruck über die tatsächliche Sprachkompetenz entstehen. Mit zunehmender Klassenstufe treten jedoch die vorhandenen Sprachverständnis- und Ausdrucksdefizite deutlicher hervor – v.a. in schriftlichen Äußerungen.
- → SchülerInnen, bei denen Begriffsbildungsprozesse in der Erstsprache normal verlaufen sind, kämpfen mit dem Problem, intellektuell ihrer eigenen Ausdrucksfähigkeit in der Zweitsprache überlegen zu sein, sich also zweitsprachlich permanent auf einer niedrigeren Stufe zu bewegen als ihrem Alter angemessen wäre.

Themenbezogene Wortschatz- und Grammatikarbeit

Um die unbedingt notwendige intensive Wortschatz- und Grammatikarbeit, Arbeit an Texten und an Dialogen attraktiver zu gestalten, ist es sinnvoll von Inhalten auszugehen, die die SchülerInnen wirklich interessieren. Weder die reine Spracharbeit noch die Behandlung eines motivierenden Themas dürfen jedoch zum Selbstzweck werden. Vielmehr sollte eine Verbindung von beidem stattfinden, indem die für die Spracharbeit relevanten lexikalischen und grammatischen Bereiche, die das jeweilige Thema bietet, genau herausgearbeitet und mit den Schülern gezielt geübt werden. Abwechslungsreiche Übungs- und Spielformen sollten dabei den gezielten Spracharbeitsteil einer Unterrichtseinheit auflockern.[9]

Authentizität

SchülerInnen werden eher einen Zugang zu den Strukturen der deutschen Sprache finden, wenn ihnen bewusst ist, dass diese für die Arbeit an einem interessanten Sachverhalt unverzichtbar sind. Authentizität dessen, was vermittelt wird, sollte vor dem Hintergrund der oben genannten Spezifika ein Grundsatz bei der Arbeit im DaZ-Bereich sein.

Kommunikative Situationen

Am Anfang des DaZ-Unterrichts wird das Einbinden des Wortschatzes und der grammatischen Strukturen in kommunikative (echte oder gespielte) Situationen, der Einsatz von Realien und Handpuppen und das Sprechen und Spielen von realitätsnahen Rollenspielen und Dialogen ausreichen, um authentisch zu unterrichten, da das Nachspielen hier der altersgemäßen kindlichen Entwicklung entspricht. Später werden unechte Situationen von den Schülern als Übungssituation erkannt und die Bereitschaft, ohne ein reales Sprechbedürfnis mitzuspielen, nimmt ab.

Echte Aufgaben

Daher kommt dem Bearbeiten *echter* Aufgaben eine immer größere Bedeutung zu. Für den DaZ-Unterricht eröffnet sich dabei die Chance, sich vom „normalen", doch meist übungs- und lernzielorientierten Unterricht abzuheben: Kleine, gezielte Projekte oder Aktionen erlauben eigenständig zu sein und motivieren, ohne das Üben zu vernachlässigen. Hiermit ist nicht die aufwändige Projektwoche der Schule gemeint, sondern es soll das Bewusstsein dafür geschärft werden, dass Authentizität auch im Kleinen erreichbar und in das alltägliche Unterrichtsgeschehen integrierbar ist.

Fächerübergreifende Zusammenarbeit

Um mehr Authentizität in den DaZ-Unterricht oder überhaupt in den Schulalltag zu bringen, ist eine fächerübergreifende Vorgehensweise bzw. die Zusammenarbeit mit Fachkollegen und -kolleginnen möglich und wünschenswert, aber nicht zwingend erforderlich. Es geht darum, den DaZ-Unterricht aus dem Schattendasein zu holen, ihn für die SchülerInnen aufzuwerten. DaZ-Unterricht sollte den DaZ-SchülerInnen die Möglichkeit eröffnen, sich als wichtigen, ebenbürtigen Teil der Schulgemeinschaft zu erleben und zu präsentieren. Die Arbeit in der Kleingruppe bietet ideale Bedingungen dafür.

Lernen durch Lehren

Die Unterrichtsmethode „Lernen durch Lehren", die seit einigen Jahren von Jean-Pol Martin (1985, 2000) v.a. im Fremdsprachenunterricht entwickelt und vorangebracht wird, geht davon aus, dass das einzig wirklich Authentische in der Schule der Unterricht selbst ist, sodass Schüler ihn weitgehendst eigenständig gestalten sollten. Die Methode „Lernen durch Lehren" eignet sich auch für den DaZ-Unterricht, um das Phänomen der sprachlich bedingten intellektuellen Unterforderung bei Schülern abzuschwächen.

Stoffvermittlungstechniken aneignen

Sich Stoffvermittlungs- und Präsentationstechniken anzueignen, stellt eine hohe Anforderung an die Kinder dar, nimmt sie aber gleichzeitig mit in die Verantwortung für den Unterricht. Sie müssen schrittweise in die Lage versetzt wer-

9 Die Arbeitsheft-Reihe „Werkstatt Deutsch als Zweitsprache", Schroedel Verlag 2003, ist ein Beispiel für themenbezogene Grammatik- und Wortschatzarbeit.

den, Teile des Unterrichtsgeschehens eigenständig anzuleiten (vgl. Ideenteil S. 118). In der Anfangszeit ist die Vorbereitung für die Lehrkraft erheblich und auch die SchülerInnen benötigen für die Durchführung mehr Zeit als im lehrergeleiteten Unterricht. Dennoch lohnt sich die Mühe, da die Lehrkraft sich mehr und mehr sprachlich zurücknehmen kann, der Schülersprechanteil deutlich zunimmt und die Kinder zusehends mutiger werden, sich von den „Regieanweisungen" der Lehrkraft zu lösen und eigene Strategien zu entwickeln. Hier hat die Lehrkraft dann die Rolle, auch einmal freundlich korrigierend einzuwirken.

Lehrfunktion übernehmen

Dies bedeutet für den DaZ-Unterricht, dass die SchülerInnen im Unterricht selbst Gelegenheit haben und Hilfen erhalten, sich darauf vorzubereiten, in Unterrichtsphasen als Vermittelnde aufzutreten, also Lehrfunktionen zu übernehmen. Die Gruppengröße von 10 bzw. 12 SchülerInnen schafft günstige Voraussetzungen, Lernen durch Lehren methodisch umzusetzen, da ein angstfreies Arbeitsklima und gegenseitiges Akzeptieren wahrscheinlicher sind als in der Großgruppe der Regelklasse.

Wortschatzarbeit

→ Die Übernahme von Wortschatzeinführungen und Wortschatzübungen (auch als Pattern) durch Schüler lässt sich problemlos initiieren: Kimspiele, Lotto, Bingo, Brett- und Folienspiele, bei denen Wörter nur mit gezielter grammatischer Struktur geübt werden *(Was fehlt?, Was ist hinzugekommen?, Hier ist der...! usw.),* können an der Tafel oder am OH-Projektor leicht selbst geleitet werden. Dasselbe gilt für Spielvarianten mit komplexeren grammatischen Strukturen *(Was habe ich weggenommen, hinzugefügt, ausgetauscht?, Was siehst du?, Wessen Körperteil siehst du nicht mehr?...),* wenn sie mit den spielleitenden SchülerInnen zuvor eingeübt wurden.
Da keine Wörter gesprochen werden sollten, die nicht zuvor gehört wurden, nichts geschrieben werden sollte, das nicht gelesen wurde, neuer Wortschatz mit bekannten Grammatikstrukturen und neue grammatische Aspekte mit bekanntem Wortschatz eingeführt werden sollen, bedarf es einer intensiven Vorbereitung der Agierenden durch die Lehrkraft. Während der durch Schüler geleiteten Unterrichtsphase sollte sich die Lehrkraft jedoch zurücknehmen und nur bei schwerwiegenden Fehlern korrigierend eingreifen.

Grammatik

→ Grammatikeinführungen sollten von der Lehrkraft selbst übernommen werden, weil sie eine hohe Abstraktionsebene der Sprache betreffen und Grundschulkinder erst erlernen müssen, Sprache zu betrachten und zu analysieren. Dennoch kann auch in Phasen der Grammatikeinführung auf Material zurückgegriffen werden, das die Schüler selbst im Rahmen eines Projekts oder zu einem Thema erstellt haben.
Die Leitung von gezielten grammatischen Übungsphasen in Form von Spielen kann dann von den Kindern wieder selbst übernommen werden. Damit auch schwächere SchülerInnen die Spielleitung übernehmen können, sollte die Lehrkraft Kontrollbögen bereitstellen. So kann vermieden werden, dass sich besonders leistungsstarke Kinder bei der Übernahme von Lehrfunktionen in den Vordergrund drängen. Strukturierungshilfen, wie farbiges Markieren des Genus, Präpositionstabellen, Symbole für Wortarten und unter-

schiedliches Unterstreichen von Satzteilen usw., die als Plakate an der Klassenzimmerwand allen zugänglich sind, vereinfachen sowohl das eigenständige Arbeiten an Übungsmaterialien als auch das Leiten von Übungen und ermöglichen die Selbstkorrektur.

Dialoge

→ Das Unterrichtsgespräch ist eine Form des Dialogs, mit der die SchülerInnen täglich konfrontiert werden. Wendet man auch hier die Methode Lernen durch Lehren konsequent an, so übernehmen die Schüler alle nötigen Dialoge, um den Unterricht ablaufen zu lassen. Sie können Arbeitsaufträge selbst erteilen, die Überleitung zu einer neuen Unterrichtsphase selbst formulieren oder sogar das Klassengespräch bzw. eine Diskussion leiten. Beherrschen die SchülerInnen nach ausreichender Übung die nötige Terminologie, können große Teile des Unterrichts von ihnen selbst sprachlich bestritten und ihr Sprechanteil kann beträchtlich erhöht werden.

Die hier genannten Verfahren, sich an authentische Aufgaben heranzuwagen oder teilweise die Lehrerrolle aus der Hand zu geben, sollen dazu ermutigen, die SchülerInnen aktiver werden zu lassen (auch bei anfänglichen Misserfolgen und größerem Zeitaufwand). Denn Sprache wirklich zu erlernen, setzt immer Motivation und Sprachhandeln voraus.

5. Integrativer Sprachunterricht

Der DaZ-Unterricht folgt dem Prinzip des integrativen Sprachunterrichts, das bedeutet:

Integration als gegenseitiger Annäherungsprozess

1) Das Integrative bezieht sich auf den gemeinsamen Unterricht von SchülerInnen deutscher und nichtdeutscher Erstsprache und die bewusste Gestaltung des Unterrichts im Hinblick auf diese heterogene Schülerschaft. Integration reduziert sich dabei nicht auf die Integration bzw. Assimilation der DaZ-Kinder, sondern wird als Prozess der gegenseitigen Annäherung verstanden. Dazu gehört sich wechselseitig wahrzunehmen; Besonderheiten, die jeder mitbringt, bewusst anzusprechen; explizit auch die DaZ-Kinder zu ermuntern, sich mit ihren Erfahrungen einzubringen; über die deutsche Sprache aus der Perspektive der Erst- und Zweitsprachsprechenden zu diskutieren; die Ausgangssprachen der DaZ-Kinder einzubeziehen usw. (vgl. Ideenteil Kategorie: Herkunftssprachen einbeziehen).
   In der Zweitsprachdidaktik wird das Konzept des Mit- und Voneinander-Lernens mit den sozialpsychologischen Schlüsselqualifikationen nach Lothar Krappmann in Verbindung gebracht und zielt dementsprechend auf:

   → Rollendistanz (die eigene Position verlassen und mit Abstand betrachten)
   → Empathie (sich in die Position anderer hineinversetzen)
   → Ambiguitätstoleranz (widersprüchliche Anforderungen und Erwartungen aushalten)
   → Identitätsbewusstsein und -darstellung (die eigene Position erkennen und anderen gegenüber darstellen)

Hierbei geht es nicht darum, Toleranz, Offenheit und Aufgeschlossenheit gegenüber anderen zu *verordnen,* sondern einen Prozess der Identitätsbildung in Auseinandersetzung zwischen dem individuell, ethnisch und gesellschaftlich je Eigenen und je Fremden in Gang zu setzen, um eine individuelle und ethnische Integration in die Gesellschaft zu unterstützen.

Integration von DaZ in den Regelunterricht

2) Im Hinblick auf die heterogene Schülerschaft der Regelklassen bedeutet integrativer Sprachunterricht, DaZ-didaktische Elemente in jeden Unterricht zu integrieren, um allen Kindern unabhängig von ihrer Herkunft gerecht zu werden. Eine Anregung hierfür bilden die Besonderheiten der deutschen Sprache und der Fachsprache, die Lehrkräften einen Überblick über mögliche Lernerschwernisse geben (vgl. S. 29 ff. und Anhang). Diese „Stolpersteine" können im gemeinsamen oder auch im binnendifferenzierten Unterricht aufgegriffen und vertieft werden. Manchmal kann es nötig sein, die im Unterricht verwendete Sprache gezielt von besonderen Schwierigkeiten zu entlasten (im Unterrichtsgespräch, in Texten, auf Arbeitsblättern etc.). Allerdings darf die Entlastung nicht dazu führen, dass DaZ-Kinder nur noch mit entlasteter Sprache konfrontiert werden: Das Lernziel besteht darin, dass sie authentische Texte und Sprache verstehen und selbst altersgerecht kommunizieren können.

Integrativer DaZ-Unterricht

3) Der dritte Aspekt zielt auf die Gestaltung des DaZ-Unterrichts im engeren Sinn als integrativen Sprachunterricht. Dieser Ansatz meint zunächst, dass sprachliche Sachverhalte nicht isoliert, sondern im situativen Kontext, handlungs- und inhaltsorientiert bearbeitet werden. So bietet es sich z.B. an, bei einem Unterrichtsgang Gebots- und Verbotsschilder entdecken zu lassen und in der anschließenden Unterrichtseinheit die sprachlichen Strukturen von Sätzen mit Modalverben *(Hier darfst du ..., hier darfst du nicht ..., hier musst du ..., hier kannst du ...)* zu erarbeiten.

Verbindung von Sprache und Literatur

4) Hinzu kommt die Verbindung bzw. Integration von Sprache und Literatur, die sich durchaus auch im DaZ-Unterricht durch die Einbindung von literarischen und besonders kinderliterarischen Texten, Hörspielen, Bilderbüchern, Filmen und multimedialen Büchern realisieren lässt. Die Auswahl kann sich an der im Deutschunterricht bearbeiteten Literatur orientieren oder aber Texte einbeziehen, in denen sprachliche Phänomene im Vordergrund stehen. Kinderliterarische Texte von Autoren nicht-deutscher Herkunft, die sich mit dem Zusammenleben von Menschen unterschiedlicher kultureller Herkunft auseinander setzen, eignen sich besonders gut für integratives und auch interkulturelles Lernen im Sprachunterricht – wie das Bilderbuch „Das ist kein Papagei" von Rafik Schami und Peter Erlbruch, das den Umgang mit Mehrsprachigkeit in einer einsprachigen Umwelt witzig, kindgerecht und ohne pädagogischen Zeigefinger aufgreift. [10]

10 Vgl. Rösch, Heidi: Bilderbücher zum interkulturellen Lernen. Baltmannsweiler: Schneider 1997

Der integrative Ansatz geht jedoch über die Verbindung von Sprache und Literatur als den beiden großen Bereichen des Deutschunterrichts hinaus und in Konzepte des fächerverbindenden bzw. fächerübergreifenden Unterrichts über. Eine mögliche Umsetzung dieses Ansatzes ist projektorientiertes Lernen, der sich – auf der Ebene der Themen- und Aufgabenstellung – mit allen Lernbereichen und mit allen Fächern verbinden lässt. Wünschenswert ist dabei, dass DaZ-spezifische Aspekte nicht nur implizit vorkommen, sondern bereits in der Vorbereitung klar definiert und einer expliziten Sprachbetrachtung zugeführt werden: Werden z.B. in einem Projekt über die Geschichte des eigenen Stadtviertels Interviews mit älteren Menschen durchgeführt, so lässt sich in diesem Zusammenhang auch betrachten, wie Fragen gestellt, welche Frageformen, Fragepronomen etc. genutzt werden können.

Sprachbetrachtung im fächerverbindenden Unterricht

5) Die vier sprachlichen Fertigkeiten (Hören, Lesen, Sprechen, Schreiben) werden im integrierten Sprachunterricht verbunden. Dabei ist darauf zu achten, dass tatsächlich alle Bereiche vorkommen und angemessen behandelt werden.

Verbinden der sprachlichen Fertigkeiten:

DaZ-Kinder verstehen oft nur vage und können dem Unterrichtsgeschehen nur mit Mühe folgen; hier benötigen die Lehrkräfte erhöhte Aufmerksamkeit. Die rezeptive Kompetenz der Kinder beim Hör- und Leseverstehen wird im Unterricht überprüft und entfaltet. Hörübungen sind dabei ggf. mit Artikulationsübungen zu verbinden (vgl. Ideenteil S. 109 ff.). Leseverstehen lässt sich durch Textentlastung und Entschlüsselungshilfen erleichtern (vgl. Ideenteil S. 120 ff.). Werden diese Hilfen den SchülerInnen aktiv als Methodenkompetenz vermittelt, so können sie sie dann auch im Regelunterricht selbständig nutzen.

Rezeption: Hören und Lesen

Auch die produktiven Fertigkeiten (Sprechen und Schreiben) sind vor dem Hintergrund des Zweitspracherwerbs zu sehen. Gerade bei DaZ-Kindern mit umgangsprachlicher Kompetenz ist darauf zu achten, dass sie genau sprechen (Endungen nicht verschlucken, Konkordanz zwischen Subjekt und Verb herstellen, Satzstellung beachten etc.), Vermeidungsstrategien überwinden und den Mut entwickeln, mit Sprache zu experimentieren.

Produktion: Sprechen und Schreiben

5.1. Erstsprachen einbeziehen

Im Rahmen der DaZ-Vermittlung werden die Erstsprachen der Kinder selten in den Lehr- und Lernprozess einbezogen. In den 70er und 80er Jahren befasste man sich mit den Erstsprachen zum Beispiel deshalb, um durch Sprachvergleiche Kindern die Unterschiede zwischen den Sprachen bewusst zu machen und um dadurch Fehler zu reduzieren (vgl. Selinker 1992). Gegenwärtig gibt es die Tendenz, sich im DaZ-Unterricht mit unterschiedlichen Sprachen im Rahmen eines integrativen Ansatzes zu beschäftigen. Demnach ist es aus folgenden Gründen ratsam, die Erstsprachen in den Lernprozess der DaZ-Kinder einzubeziehen:

Vom kontrastiven zum integrativen Ansatz

→ Die Kinder fühlen sich als Person positiv aufgewertet, wenn ihre Erstsprachen in den Unterricht aufgenommen werden.

- → Das Gefühl dieser Akzeptanz kann weiter gesteigert werden, indem die Kinder gebeten werden, als „Experten“ über ihre Sprachen Auskunft zu geben.
- → DaZ-Themen können durch einen Vergleich mit der Erstsprache im Sprachbewusstsein der Kinder emotional und kognitiv besser verankert werden.
- → Sprachvergleiche können im Rahmen des DaZ-Unterrichts mehrere Sprachen einbeziehen, um den Kindern „einen Blick über den eigenen Tellerrand“ zu ermöglichen, „Sprachgespräche“ unter den Kindern anzuregen, das Sprachbewusstsein aller Kinder zu heben und neu erlernte deutsche Wörter und Strukturen weiter zu verankern.

Kinder als Experten

Voraussetzungen für einen sinnvollen Einbezug der Erstsprachen in den DaZ-Unterricht sind vor allem die Akzeptanz von DaZ-Kindern als Experten für andere Sprachen und die Bereitschaft von Lehrkräften, selbst von Kindern Sprachliches zu lernen. Außerdem ist es nötig, sich als Lehrkraft mit anderen Sprachen und deren Besonderheiten zu beschäftigen. Dabei kann man auf vorhandene Sprachvergleiche zurückgreifen (vgl. Anhang) und allmählich einen Wissensbestand aufbauen, der immer wieder im Unterricht eingesetzt werden kann. Aufgrund der Lücken in der Theorie müssen Lehrkräfte im Hinblick auf den Einbezug der Erstsprachen weitgehend selbst Pionierarbeit leisten (vgl. Belke 1999; Büchner/Dirim 2001).

Einführung von Sprachverwendungsregeln in der Klasse

Andere Sprachen als Deutsch können folgendermaßen schrittweise in den Unterricht integriert werden, ohne dass dabei die Vorrangstellung des Deutschen als gemeinsame Sprache gefährdet wird:

- → Die Kinder können unter sich in ihren eigenen Sprachen sprechen.
- → Mit anderssprachigen Kindern und der Lehrkraft und im allgemeinen Unterrichtsgespräch sollten sie nur das Deutsche verwenden. Die Kinder entwickeln – auch ohne Bewusstmachung – ein gutes Gespür dafür, in welcher Situation sie welche Sprachen verwenden können, sodass sich diese Regeln problemlos etablieren lassen.

Zusammensetzen von Kindern derselben sprachlichen Herkunft

- → Das Zusammensetzen von Kindern derselben sprachlichen Herkunft bzw. desselben Sprachrepertoirs ermöglicht ihnen grundsätzlich das Benutzen von Sprachmischungen und sollte zunächst auf freiwilliger Basis geschehen. Den Kindern sollte auch hier die Möglichkeit, beide Sprachen zu verwenden, erklärt werden. Im Laufe der Zeit könnten sprachliche Arbeitsgruppen entstehen, die Gruppenarbeiten zusammen unter Verwendung multilingualer Sprechstrategien bewältigen.

Zusammensetzen von Kindern unterschiedlicher sprachlicher Herkunft

- → Falls es nicht möglich ist, sprachlich homogene Gruppen zu bilden, kann ausprobiert werden, ob Kinder, in deren Elternhäusern miteinander verwandte oder in benachbarten Gebieten gesprochene Sprachen verwendet werden, mit dieser sprachlichen Ressource zusammenarbeiten können. Beobachtungen haben gezeigt, dass Kinder rasch ein Gespräch über Sprachen beginnen und zum Beispiel Gemeinsamkeiten zwischen Sprachen aufdecken können. So könnte es sein, dass die Übersetzungsmöglichkeiten zentraler Begriffe unter den Kindern in einer sprachoffenen Atmosphäre diskutiert und diese Begriffe so bei den Kindern weiter verankert werden. Für eine solche

Arbeit wären beispielsweise die Sprachpaare „Türkisch und Persisch" oder „Benghali und Paschtu" geeignet.

5.2. Anfangsunterricht und DaZ

Alphabetisierung von DaZ-Kindern

Anlauttabelle als mögliches Hemmnis für DaZ-Kinder

Die Alphabetisierung von DaZ-Kindern stellt eine große Herausforderung für die Schule dar, denn viele der für einsprachige Kinder entwickelten Prinzipien greifen bei DaZ-Kindern nicht, eben weil diese die deutsche Sprache nicht so beherrschen wie einsprachige Kinder. Als Beispiel sei auf die Arbeit mit der Anlauttabelle verwiesen:

→ Nehmen wir an, H steht für Haus. Ein türkisches Kind denkt bei dem Bild des Hauses eventuell an *ev* (das türkische Wort für Haus) und hält demzufolge das H für E.
→ Fragen von türkischen DaZ-Kindern wie: *„Ameise mit K?"* zeigen, dass sich die Erstklässler am unbewusst muttersprachlich konnotierten Begriff (karınca) orientieren.

Sinnerfassendes Lesen

Auch der Prozess des sinnerfassenden Lesens kann DaZ-Kinder unter Umständen eher verwirren als unterstützen: Wenn die Kinder die Bedeutung der zu lesenden Wörter nicht wiedererkennen können, weil sie in ihrem Wortschatz nicht ausgebildet sind, bleibt das Lesen eine rein formale Tätigkeit. Im schlimmsten Fall gewöhnen sich die Kinder daran zu lesen, ohne den Sinn zu verstehen.

Kleiner Überblick über das Schreibenlernen

Alle Kinder durchlaufen beim Rechtschreiberwerb bestimmte Phasen: Bereits im Vorschulalter verwenden sie eine Kritzelschrift (bei der z.B. eine Linie erkennbar ist, auf der das Gekritzel steht), beim Übergang zur Schule entwickeln sie eine Skelett- oder Konsonantenschrift (z.B. EZPN für ich bin) und während der ersten Klasse dominiert die streng phonetische Schreibung (z.B. gesdan, LIBLINGSSBILZEUG), bevor orthografische Muster (z.B.: Mutter, Spiel, Häuser) und schließlich auch strukturelle Erkenntnisse (z.B.: das – dass, viel – fiel) in die Schreibung integriert werden (vgl. Eisenberg/Spitta/Voigt 1994).

Schriftspracherwerbsphasen

→ Kritzelphase noch ohne Lautbezug (Kindergarten- und Vorschulalter)
→ Skelett- oder Konsonantenschrift: LMP = Lampe, RGN = Regen
→ streng phonetische Strategie: *gesdan, dsurük, baei, rufn, Vata,*
→ Integration orthografischer Muster unter zeitweiliger Übergeneralisierung der Erkenntnisse: *Sofer* (statt *Sofa*) wird geschrieben wie *Vater, Aarm, Hefft, Früüstück,*
→ Integration struktureller Erkenntnisse werden zunächst intuitiv, dann bewusst integriert
  - wortstrukturbezogene Erkenntnisse (z.B. das morphematische Prinzip: vor-, -te, -ieren, -ung, Spiel-)
  - syntaktische Bedingungen (z.B. *das/dass, viel -fiel)*

Beispiele[11]

	Fähigkeiten und Einsichten	**Schreiben**	Beispiele	**Lesen**
Ab 2 Jahre	Nachahmung äußerer Verhaltensweisen	Kritzeln	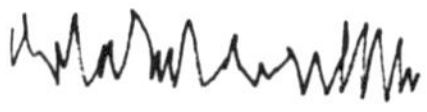	„Als-ob" Vorlesen
3–6 Jahre	Kenntnisse einiger Buchstabenformen ähnlicher Gebilde	Malen von Buchstaben, Malen des eigenen Namens	O E Z t SUSANNE	Erraten von Wörtern auf Grund visueller Merkmale
4–7 Jahre	Beginnende Einsicht in die Laut-Buchstaben-Beziehung	Schreiben von Lautelementen (prägnante Laute des Wortes) Wortgerüst	PP (Puppe) RT (Ritter)	Benennen von Lautelementen
5–8 Jahre	Einsicht in die Laut-Buchstaben-Beziehung	Lauttreues Schreiben	Muta Fäat	Lautweises Erlernen z.T. ohne Sinn, erste Hypothesenbildung
6–9 Jahre	Verwendung orthografischer bzw. sprachstruktureller Elemente	Verwendung erster orthografischer Muster (z.B. er, en, el), Übergeneralisierung	Mutter Fater Coler	Fortgeschrittenes Lesen, Erfassen größerer Einheiten (Silben, Endungen)
7–? Jahre	Automatisierung von Teilprozessen	Entfalten orthografischer Fähigkeiten	verzählen Fahrrad	Automatisiertes Worterkennen und durchgängige Hypothesenbildung

Besonderheiten der Erwerbsphasen

Besonderheiten

- → Kinder nutzen die jeweils für eine Stufe typische Verschriftungsstrategie besonders intensiv, greifen auf frühere zurück und erproben die der nächsten Stufe.
- → Eine aktuelle Schreibstrategie muss souverän bzw. automatisiert verfügbar sein, bevor Lernende ihr Interesse neuen Teilaspekten zuwenden.
- → Neue Strategien werden in einer Art Probedurchlauf sehr breit gestreut verwendet (explorative Übergeneralisierung), bevor sie regelgerecht zugeordnet werden.
- → Strategien unterschiedlicher Stufen finden nebeneinander Anwendung:
  Auf dem Weg zum Erwerb höherer Niveaus wird mit der nächst höheren Stufe experimentiert, bei Hektik, Müdigkeit etc. ist auch die Rückkehr zur nächst niedrigeren Stufe beobachtbar.
- → Schriftspracherwerb ist kein eindimensionales, geradliniges Fortschreiten.

Schreiben wie man spricht?

Die streng phonologische Schreibung, die beim Schuleintritt dominiert, wird auch für den Schriftspracherwerb genutzt, indem die Kinder darin bestärkt werden, einfach zu schreiben, wie sie sprechen. Das funktioniert v.a. bei Kindern, die sich schon früh und meist unbewusst an Schrift orientieren und sich Wörter (wie den eigenen Namen oder auch häufig verwendete Wörter wie den unbestimmten Artikel, Pronomen) orthografisch richtig einprägen. Bei diesen Kindern funktioniert bereits in Ansätzen das Prinzip aller Schriftkundigen, die meinen, das zu hören,

11 J. Hinnrichs/R. Valtin (1992)

was sie schreiben – z.B. /g/ am Ende von Tag. Schon bei Dialektsprechern funktioniert diese Strategie keinesfalls und Lehrkräfte tun gut daran, die Kinder schnell mit den Grenzen dieser Strategie vertraut zu machen. Bei DaZ-Kindern kommt Folgendes hinzu: Auch sie kommen mit einem Vorwissen über Schrift in die Schule, allerdings bezieht sich dieses Wissen meist auf die Schrift der Erstsprache, was – wenn es von Lehrkräften nicht erkannt bzw. anerkannt wird – als wenig brauchbares Wissen gesehen und unter Umständen sogar zurückgewiesen wird.

Erstsprachliche Einflüsse nutzen

Beobachtungen wie die von Petra Hüttis-Graf (2000) zeigen, dass Kinder, die mit zwei Sprachen aufwachsen, nicht nur im Mündlichen, sondern auch im Schriftlichen zwischen ihren beiden Sprachen wechseln. Wenn Fatima BULUME (für Blume), Nevra AYN (für ein) und Arif ZONE (für Sonne) schreibt, zeigt das, dass sie sich an der phonologischen Struktur der türkischen Sprache orientieren und mit den Buchstaben(folgen) operieren, die sie kennen. Diese Leistung zu erkennen und zu entfalten, ist Aufgabe der einzelnen Lehrkraft, die sich ggf. Unterstützung bei entsprechend sprachkompetenten KollegInnen, Eltern oder in der Literatur holen sollte. Dabei geht es nicht darum, jede einzelne erstsprachlich bedingte Schreibung als solche zu erkennen und im Detail erklären zu können, sondern darum, die Strategie als solche zu würdigen und die Kinder auf Strategien hinzuweisen, die sie zur deutschen Sprache und Schrift führen. Wenn Kinder dagegen nur erfahren, dass ihre Strategien zu Fehlschreibungen führen, verlieren sie das Vertrauen in ihre Lernleistung und die Motivation, sich auf den Prozess des Schriftspracherwerbs einzulassen.

Schriftsprachentwicklung bei DaZ-Kindern mit Lernschwierigkeiten

DaZ-Kinder kommen für den Schrifterwerb im Durchschnitt mit etwas schwächeren Lernvoraussetzungen in die Schule, d.h. sie kennen weniger Buchstaben und wissen Schrift (z.B. bei Spielen) weniger zu nutzen als ihre einsprachigen MitschülerInnen. Am Ende des 2. Schuljahrs zeigt sich allerdings, dass mehrsprachige Kinder nicht grundsätzlich mehr Schwierigkeiten beim Schreibenlernen haben als einsprachige Kinder. Allerdings ist die Leistungsverteilung bei mehrsprachigen Kindern extremer als bei einsprachigen Kindern, d.h. es gibt einen deutlich höheren Anteil an rudimentären Schreibungen bei Minderheitenkindern (vgl. Hüttis-Graf 2000, S. 105 f.), die sich im weiteren Verlauf des Schulbesuchs unter Umständen verfestigen und zu gravierenden Problemen mit der Schriftsprache in der Sekundarstufe I führen.

Rechtschreibung

Aktuelle Untersuchungen über die orthografische Kompetenz in der Zweitsprache Deutsch belegen, dass DaZ-SchülerInnen in der Sekundarstufe I im Durchschnitt mehr Fehler machen als ihre einsprachigen MitschülerInnen und dass diese Fehler in anderen Bereichen auftreten (vgl. Fix 2002, S. 50):

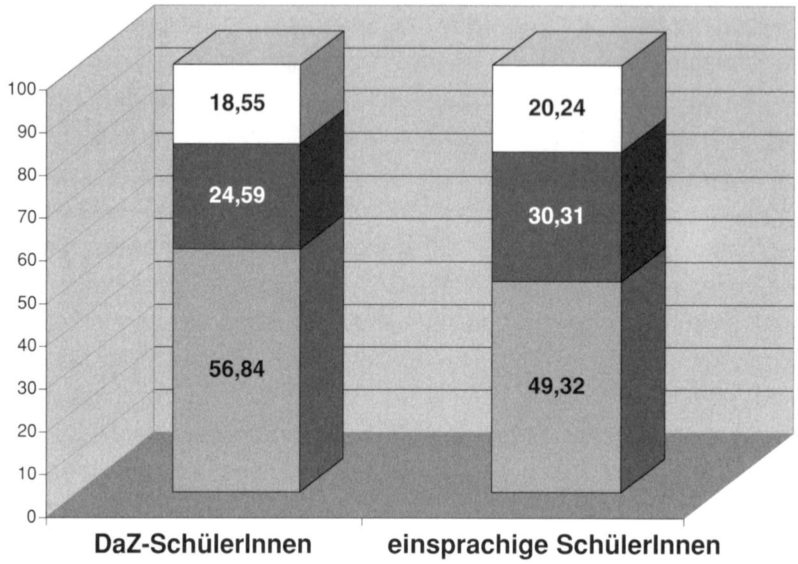

Oben = Fremdwörter *(Wiranda)*, sonstige Fehler und Verschreibungen *(Raumschief, Doner)*
Mitte = Probleme mit der Laut-Buchstaben-Zuordnung: *der Tsan, krün, die Abeit*
Unten = Probleme mit dem grammatischen Prinzip *(es Blitzte, einbisschen)* und dem morphologischen Prinzip *(Rant, Tak, Hausdecher)*

Die Fehlerdominanz im Bereich der Grammatik und Morphologie zeigt, wie wichtig eine systematische, möglichst frühzeitige DaZ-Förderung ist. Denn offensichtlich haben die betroffenen DaZ-SchülerInnen keine ausreichende Unterstützung erhalten, um die Struktur der deutschen Sprache zu durchschauen und in ihren aktiven Sprachschatz zu integrieren.

Die Bedeutung der Aufenthaltsdauer und die Frage der Schulbildung in der Herkunftssprache ist im Bereich der Orthografie nicht untersucht worden. Allerdings scheint sie für die Kompetenz zum Verfassen von Texten sehr relevant zu sein.

Ideal: Grundoperationen in der Erstsprache ausbilden und in der Zweitsprache entfalten

Eines ist daraus ganz klar abzuleiten: Es ist sehr viel einfacher, Lernenden Grundoperationen jedweder Art in der Sprache zu vermitteln, die ihre dominante ist und die sie altersentsprechend benutzen. Im Anschluss daran eine Transferleistung in eine andere Sprache zu begleiten, ist offensichtlich einfacher, als diese Grundoperationen in einer Sprache zu entfalten, die die Lernenden erst erwerben. Aus diesem Grunde werden SchülerInnen in zweisprachigen Schulen in aller Regel auch zunächst in der Erstsprache alphabetisiert, und erst danach lernen sie auch in der Zweitsprache lesen und schreiben. Sie können dann die Grundoperationen auf die zweite Sprache übertragen. Die koordinierte Alphabethisierung, die zeitgleich in zwei oder drei Sprachen einführt, bleibt die Ausnahme.

Koordiniert-zweisprachige Alphabetisierung

Doch auch an Schulen, die nicht nach einem zweisprachigen Modell arbeiten, an denen aber herkunftssprachlicher Unterricht durchgeführt wird, ist es möglich, den DaZ-Kindern zusätzliche Hilfen für die Alphabetisierung anzubieten. Eine breit erprobte Möglichkeit stellt die „koordinierte zweisprachige Alphabetisierung" dar: Zunächst werden Buchstaben eingeführt, die in beiden Sprachen gleich lauten und gleich geschrieben werden. Anschließend werden Laute und Buchstaben der beiden Sprachen, bei denen Verwechslungsgefahren bestehen (Interferenzbuchstaben), vergleichend eingeführt. Das Ziel der Anwendung dieses so genannten Reißverschlussprinzips (Nehr u.a. 1988) ist die Hinführung der Kinder zu einer bewussten Zweisprachigkeit im weiteren Sinne und die Entwicklung einer hohen Lese- und Schreibkompetenz bei zweisprachigen Kindern durch Schrift- und Sprachvergleiche im engeren Sinne (vgl. Nehr u.a. 1988; Göhlich 1998).

Unterstützung auch für DaZ-Kinder, die bereits in einer Sprache alphabetisiert sind

Dass aber auch Kinder, die in anderen Sprachen bereits alphabetisiert worden sind, Unterstützung brauchen, die deutsche Schriftsprache zu erfassen, zeigen Untersuchungen bei französischen Kindern, die Deutsch als Fremdsprache lernen und in Französisch alphabetisiert worden sind. Denn auch sie schreiben Deutsch, wie sie es aus dem Französischen kennen: *noine* (für neun), *chwar* (für zwar) *abé* (für habe) *outh* (für und) (vgl. Diehl u.a. 2000). Auch in den Staatlichen Europaschulen in Berlin wird besonderes Gewicht auf die Alphabetisierung in der jeweiligen Zweitsprache gelegt und diese nicht – wie im Fremdsprachenunterricht üblich – mehr oder weniger dem intuitiven Sprachlernen der Kinder überlassen.

Auch der Regelunterricht braucht eine DaZ-didaktische Aufbereitung

Die Probleme, die Minderheitenkinder mit den Lernfeldern des Deutschunterrichts haben, zeigen, dass für den Deutschunterricht das gleiche gilt wie für jedes andere Fach: Die fachlichen Anteile (im Deutschunterricht der Grundschule: mündlicher Sprachgebrauch, Erstlesen und Erstschreiben, Lesen, Texte verfassen und Sprachbetrachtung) müssen für DaZ-Kinder anders aufgebaut und vermittelt werden als für einsprachige Kinder. Besonderes Gewicht ist auf die Absicherung der sprachlichen Anteile zu legen, die nur durch eine DaZ-didaktische Aufbereitung erreicht werden kann. Des Weiteren müssen fachliche Lernbereiche wie das Verfassen von Texten mit DaZ-Kindern expliziter, ggf. auch in kleineren Lernschritten und mit vielfältigeren Übungsangeboten entfaltet werden. Denn noch so guter DaZ-Unterricht ersetzt zu keiner Zeit der schulischen Bildung den Fachunterricht – auch nicht den Deutschunterricht.

Plädoyer für einen schriftorientierten Unterricht von Anfang an

Mit anderen Worten: Die Alphabetisierung – auch der DaZ-Kinder – ist und bleibt Aufgabe des Deutschunterrichts. Der DaZ-Unterricht kann lediglich unterstützend wirken. Im Hinblick auf die DaZ-Kinder deutet sich in der Didaktik eine Hinwendung zu einem wieder stärker strukturierenden Unterricht an, der – entgegen einer weit verbreiteten Meinung – DaZ-Kinder nicht überfordert, sondern ihren Bedürfnissen nach Konturierung des Deutschen entgegenkommt. Die Auseinandersetzung mit der Schriftstruktur bereits im Anfangsunterricht ermöglicht DaZ-Kindern eine bessere Strukturierung.

Schreibregeln und Schreibschemata entdecken

Schreibregeln und -schemata können nur in Auseinandersetzung mit der Schrift entwickelt werden. Das gilt in besonderem Maße für DaZ-Kinder, die nur wenige deutsche Wörter erlernt oder Schreibschemata ausgebildet haben, anhand derer sie den Lernprozess von der streng phonologischen Schreibung zur Integration von orthografischen Mustern und später auch struktureller Erkenntnisse vorantreiben können. Dabei geht es nicht darum, die Schreibregeln und -schemata zu vermitteln, sondern die Kinder darin zu unterstützen, diese selbst zu entdecken und damit zu experimentieren.

Optische Lehrhilfen

Dabei setzt die Schrift den Anspruch und sollte deshalb im Klassenraum durch optische Vorgaben auch deutlich ins Auge fallen und jederzeit nutzbar sein: durch Lernplakate mit Satzanfängen, Kindernamen, häufig verwendeten Wörtern (zu bedenken sind auch Strukturwörter wie Pronomen, Artikel, Zeitadverbien etc.). Der aktuell verwendete Wortschatz kann in Karteikästen zur Verfügung stehen (oder er liegt in Streifen auf der Fensterbank, auch können Wörterhefte geführt werden.) Entscheidender ist allerdings die individuelle Unterstützung bei akuten Problemen bzw. Nachfragen der Kinder. Dazu bedarf es einer Person, die bereit und in der Lage ist, dem Kind Erklärungen zu liefern, die es akzeptieren und in sein Sprachwissen integrieren kann. Bereits vorhandene Kompetenzen werden so systematisch entfaltet. Petra Hüttis-Graf liefert auch dafür ein anschauliches Beispiel: Deniz, der beim Abschreiben des Wortes Leiter über das R am Ende stolpert, wird in einem Gespräch nicht etwa auf seine Intuition zurückgeworfen (denn die signalisiert ihm ganz klar ein A am Ende von Leiter), sondern erhält eine komplexe Information über die Schrift:

→ Die Schrift liest sich anders als man spricht (eben Leiter und nicht /Leita/).
→ Man kann die Sprache auch an der Schrift ausrichten und /Leiter/ sagen.

Alphabetisierung von DaZ-Kindern als gemeinsame Aufgabe aller beteiligten Lehrkräfte

DaZ-SchülerInnen, die in der Zweitsprache und nicht in ihrer Erstsprache alphabetisiert werden, brauchen für den kognitiv anspruchsvollsten Teil der Sprachentwicklung eine besonders intensive Unterstützung und Begleitung. Dies muss mit der Entwicklung eines positiven Selbstkonzepts einhergehen. Nur so sind die Kinder vor demotivierenden Misserfolgen bzw. von mittelfristigem Lernversagen zu bewahren. Unverzichtbar ist dafür ein gemeinsam abgestimmtes Vorgehen und ein kontinuierlicher Erfahrungsaustausch aller beteiligten Lehrkräfte.

5.3. Mitteilungskompetenz: Womit kann man was ausdrücken?

Mitteilungsbereiche

Das Konzept der Mitteilungsbereiche wurde von Hans Barkowski, Ulrike Harnisch und Sigrid Krumm (vgl. 1980, S. 111-113) für den Deutschunterricht mit Erwachsenen entwickelt und von Annette Müller und Heidi Rösch (vgl. 1985, S. 54-56) für die Sprachförderung mit DaZ-Kindern im Vorschulalter adaptiert. Es verfolgt das Ziel, mit den Lernenden die sprachlichen Mittel zu erarbeiten, die notwendig sind, um die Kluft zwischen Mitteilungsbedürfnis und Mitteilungsvermögen in der Zweitsprache zu schließen. Im Vordergrund steht also nicht eine bestimmte Situation (z.B. beim Einkaufen) oder ein Thema (z.B. Bauernhof), sondern das Mitteilungsbedürfnis der Lernenden, das in folgende Mitteilungsbereiche gefasst wird:

Identifizieren

→ Identifizieren meint Menschen und Dinge so zu benennen, dass sie eindeutig unterscheidbar sind. Realisiert werden kann dies durch Wortschatzarbeit (Nomen, Adjektive und ihre Deklination), aber auch durch das Üben von Lokal-, Temporal- und Relativsätzen. Denkbar ist auch die Unterscheidung zwischen Jungen und Mädchen (im Bereich von Nomen und Pronomen), zwischen einzelnen und vielen (Singular und Plural), zwischen mein und dein (Possessivpronomen, *gehören ...*).

Qualifizieren

→ Qualifizieren meint Handlungen, Geschehnisse, Zustände sprachlich zu bestimmen; Menschen, Dinge, Sachverhalte zu charakterisieren, bewerten und vergleichen. Realisiert werden kann dies durch das Üben von Adjektiven, Adverbien, der Komparation, aber auch von Relativsätzen. In diesem Zusammenhang bietet sich auch die Beschäftigung mit Berufen an, gesellschaftlichen Rollen, ggf. ethnischen Gruppen in Schule und Gesellschaft.

Quantifizieren

→ Quantifizieren meint Größen, Mengen, Gewichte, Preise, Altersangaben etc. benennen und fordert zum Umgang mit Relationen (der Komparation) auf.

Ortsangaben

→ Ortsangaben machen zielt darauf ab, Angaben über die Position, Herkunft bzw. Richtung von Personen, Dingen, Handlungen, Geschehnissen zu benennen. Grammatisch geht es dabei um lokale Präpositionen (v.a. Wechselpräpositionen) und Verben (v.a. Richtungs- und Positionsverben).

Zeitangaben

→ Zeitangaben machen zielt auf die Benennung zeitlicher Zusammenhänge, das Ausdrücken von Vergangenem und Zukünftigem. Zur Anwendung kommen Zeitangaben (Wochentage, Monate, Tageszeiten etc.), Zeitadverbien, Präpositionen *(nach, seit etc.)*, Konjunktionen *(nachdem, seitdem, als etc.)* und natürlich die Zeitformen der Verben (die DaZ-Lernenden häufig Schwierigkeiten machen).

Begründen

→ Begründen: Die sprachlichen Mittel sind hier sehr vielfältig; besonders zu erwähnen sind die Adverbien *darum, deswegen, deshalb, nämlich,* die Konjunktionen *denn, da/weil* und Wendungen wie *aus Spaß, aus Wut, weil ich halt Lust hatte, wegen gestern, wegen meines Bruders etc.*

Zwecke/Absichten

→ Zwecke/Ziele/Absichten ausdrücken ist schwer abzugrenzen von Begründungen; besondere sprachliche Mittel sind die Konjunktionen *damit* und *dass,* Infinitivkonstruktionen, Adverbien wie *dafür, deswegen, dazu* und präpositionale Angaben wie *warten auf, denken an, etwas tun für etc.*

Nachfragen

→ Nachfragen: Die sprachlichen Mittel konzentrieren sich auf W-Fragen (verschiedene Fragepronomen, Unterscheidung zwischen Fragen nach Dingen und Personen – *womit/mit wem)* und auf durch Inversion gebildete Fragen *(Hast du die Aufgabe verstanden?).* Darüber hinaus werden mündliche Äußerungen häufig durch Intonation oder den situativen Kontext als Fragen markiert.

Bedingungen

→ Bedingungen/Voraussetzungen/Abläufe benennen meint die Versprachlichung von wenn-dann-Beziehungen sowie Abläufe von Handlungen, Geschehnissen, Sachverhalten usw., die sich bedingen oder in einem zeitlichen oder sachlichen Zusammenhang stehen. Relevante Sprachmittel sind die Konjunktionen *wenn, falls, entweder – oder, sowohl – als auch,* aber auch Wendungen wie *vorausgesetzt, dass...* oder Präpositionalangaben wie *bei schönem Wetter.*

Zwänge/Abhängigkeiten/Befehle

→ Zwänge, Abhängigkeiten, Notwendigkeiten, Ge-/Verbote, Befehle sind eng verbunden mit dem letztgenannten Mitteilungsbereich; allerdings werden hier zusätzlich andere Sprachmittel relevant: die Bedeutung und Verwendung von Modalverben (v.a. *müssen, sollen, dürfen* und die Verneinung), *sein/haben+* zu + Infinitiv *(der Text ist abzuschreiben/du hast Hausaufgaben zu machen),* Imperativformen, indirekte Aufforderung *(du bist laut)* und Wendungen wie *es ist nötig, dass..., Schluss jetzt!, das muss sein,* Verbotsschilder *(Betreten verboten, Spielen untersagt etc.)* und Sätze wie *So, jetzt schreibt ihr das ab!, beeilt euch doch, wir singen jetzt noch ein Lied etc.*

Wille/Wunsch/Hoffnung

→ Wille, Wunsch, Hoffnung, Traum, gedankliches Planspiel: Hierbei geht es um die Versprachlichung von Bildern und Vorstellungen, gedachter Bedürfnisse und gewollter Wirklichkeiten. Die Sprachmittel, die diese Art von Realitätsbezug erkennen lassen, sind *wollen, möchten, (sich) wünschen, (dass), träumen, (dass), hoffen, (dass), sich sehnen nach etc.,* aber auch Adverbien wie *vielleicht, hoffentlich* und der Irrealis *(Wären wir doch schon da!)* oder der Potentialis *(Wir könnten doch jetzt schwimmen gehen),* häufig in Kombination mit wenn-Sätzen *(Wenn ich größer wäre, würde ich ...).*

Zitieren

→ Sprache und Gedachtes zitieren kann in direkter und indirekter Form erfolgen. Neben Zitaten geht es um die wörtliche oder sinngemäße Wiedergabe von Gehörtem, Gelesenem, Erlebtem usw. Dazu bedarf es Gliedsätzen, die mit *dass* eingeleitet werden *(Er sagt, dass...),* aber auch präpositionaler Angaben *(nach seiner Meinung),* indirekter Fragesätze und Relativsätzen *(er hat mir gesagt, wann er kommt)* sowie Verben und Wendungen des Zitierens: *ich habe gehört, sie hat erzählt, er meint etc.*

Die im DaZ-Unterricht zu erwerbenden bzw. zu festigenden Strukturen werden aus der Perspektive der Lernenden und ihren Mitteilungsbedürfnissen formuliert. Das Hauptziel ist die Erweiterung der kommunikativen Kompetenz, wobei den Ausgangspunkt die gesprochene Sprache darstellt. Das Konzept der Mitteilungsbereiche legt den Akzent auf die produktive Sprachkompetenz und fördert die Reflexion kommunikativer Situationen und Redemittel.

Mitteilungsbereiche und Fachunterricht

Die Ausformulierung der möglichen Mitteilungsbereiche zeigt, dass eine Anbindung an verschiedene Fächer möglich und sinnvoll ist: So kann im Mathematikunterricht z.B. Quantifizieren auch unter sprachlichen Aspekten geübt werden. Im Sachunterricht können Orts- und Zeitangaben, aber auch die Verbalisierung von Zusammenhängen besonders trainiert werden. Im Deutschunterricht wird das Formulieren von Gedanken, Wünschen etc. unter zweitsprachlichen Aspekten geübt. Dabei lässt sich jeder der genannten Mitteilungsbereiche in unterschiedlichen Spracherwerbsphasen mit einfachen oder komplexen Sprachmitteln bearbeiten, sodass die Orientierung an den genannten Mitteilungsbereichen spiralcurricular zu realisieren ist.

5.4. Wortschatzarbeit

Inhaltswörter aus der Lebenswelt der Kinder

Der zu erarbeitende Wortschatz ergibt sich aus folgenden Anforderungen: DaZ-SchülerInnen sollen in der Schule mitkommen, sich in ihrer Umgebung zurechtfinden und sich selbst einbringen. Der Lernwortschatz kann auf bereits definierten Grundwortschätzen (z.B. der Kultusministerien) basieren, sollte aber im Einzelnen auf die im DaZ-Unterricht behandelten Themen abgestimmt sein. Insbesondere im Anfangsunterricht empfehlen sich Wörter, die sich Kinder in Verbindung mit ihren unmittelbaren Erfahrungen, ihrer Lebensumwelt aneignen können.

Strukturwörter: Wörter die Sätze und Texte zusammenhalten

Neben den inhaltstragenden Wörtern (also in erster Linie Nomen, Verben und Adjektiven) spielen Strukturwörter eine zentrale Rolle für unsere Sprache. Denn erst Strukturwörter ermöglichen uns, Inhaltswörter zu Sätzen und Texten zusammenzufügen. Sie „begleiten und vertreten das Substantiv (Artikel, Pronomen, Zahlwort), bezeichnen Verhältnisse (Präpositionen) und Umstände (Adverb), verbinden Satzteile und Sätze (Konjunktionen) und bestimmen so den inneren Bau des Satzganzen, seine Struktur" (Neuner 1998, S. 92). Gerhard Neuner hat eine alphabetische Übersicht von Strukturwörtern zusammengestellt, von *aber* über *innerhalb* bis *zwischen* (vgl. ebd.).

Verstehensprobleme aufgrund eines mangelnden Strukturwortschatzes

Strukturwörter machen rund die Hälfte von Texten aus; und wie in Frequenzzählungen ermittelt wurde, bilden sie auch im Wortschatz von türkischen Schulanfängern eine bedeutende Schnittmenge. Das sind Indizien für die Bedeutung des Strukturwortschatzes: Wenn DaZ-Kinder die deutsche Sprache nur vage verstehen, liegt dies häufig auch daran, dass ihr Strukturwortschatz nicht ausreichend entwickelt ist. Gerade DaZ-Kinder mit umgangsprachlicher Kompetenz orientieren sich beim Hör- und Leseverstehen häufig an den inhaltstragenden Wörtern, deren Bedeutung ihnen bekannt ist, verstehen bzw. berücksichtigen aber die strukturtragenden, eher inhaltslosen Strukturwörter nicht. Es ist eine Aufgabe eines integrativen Sprachunterrichts Strukturwörter so zu vermitteln, sodass die Kinder sie sowohl rezeptiv als auch produktiv anwenden können.

Aktiver und passiver Wortschatz

Zu unterscheiden ist zwischen dem Mitteilungswortschatz (aktiv), dem Verstehenswortschatz (passiv), dem potentiellen Wortschatz (Wörter, die sich z.B. aus Grundwörtern herleiten lassen) und Internationalismen, die sich aufgrund ihrer internationalen Verbreitung erschließen lassen (Telefon, Taxi, Sport, Computer etc.).

Bedeutung erleben Erstsprache einbeziehen

Die Semantisierung neuer Wörter erfolgt durch Zeigen, Umschreiben, altersentsprechende Definitionen (z.B.: *Rot ist eine Farbe)* oder herkunftssprachliche Erläuterungen, die auch durch die SchülerInnen erfolgen können. Wo immer möglich, sollten neue Wörter in ihrer Bedeutung sicht- und erlebbar gemacht und mit sprachlichen Erläuterungen versehen werden (Aussprache, grammatische Besonderheit und Schreibweise). Zur Entfaltung des Mitteilungswortschatzes eignen sich Übungen zur Reihenbildung, Klassifizierung (z.B.: in Ober- und Unterbegriffe), zur Bildung von Wortfamilien, Wort- und Sachfeldern oder Begriffspyramiden, die Bildung von Synonymen und Antonymen, Komposita etc. (vgl. Ideenteil, S. 89 ff.). Sinnvoll ist auch, Assoziationen nicht nur zuzulassen, sondern zu unterstützen, um intuitives Sprachwissen zugänglich zu machen.

Mitteilungswortschatz entfalten

5.5. Hören und Hörverstehen

Sprachbad

Selbst wenn Kenntnisse in der Zweitsprache Deutsch bereits im Vorschulalter erworben worden sind, umschreibt die Metapher eines „Sprachbads“ die Spracherwerbssituation von DaZ-Grundschulkindern in mehrfacher Hinsicht treffend: „Ins Wasser springen“ müssen die Kinder, denn der Unterricht ist monolingual, Deutsch ist nicht nur Unterrichtssprache, sondern auch Zielsprache und somit ohne Zweifel für die Kinder ein unausweichliches Lernfeld.

Die Kinder können in der Schule in die Sprache „eintauchen“: In der Fremdsprachendidaktik gilt es als optimal, wenn der Erwerb einer neuen Sprache einsprachig erfolgt, Lernerinnen und Lerner möglichst von der zu erwerbenden Sprache umgeben sind und sie so oft wie möglich in authentischen Kontexten anwenden können. Ein solch förderliches „Sprachbad“ ergibt sich für DaZ-Kinder allerdings nicht immer. Denn selbst wenn sie in Deutschland leben, beschränkt sich der verlässliche Input in der deutschen Sprache möglicherweise allein auf den Unterricht. In diesen Fällen ist die Begegnung mit der deutschen Sprache weniger ein „Vollbad“ als eine „Katzenwäsche“ zu nennen, die Sprachförderung erhält dann eine um so zentralere Funktion.

Auch muss die Sprachförderung Sorge tragen, dass die DaZ-Kinder in einer schulischen Situation, in der sie manchmal überfordert sind, nicht „untergehen“, sondern Schritt für Schritt lernen, neue Herausforderungen in ihrem Spracherwerbsprozess zu bewältigen.

Der Prozess des Hörverstehens

Ein dänischer Kollege, der in Italien tätig war, erzählte von seinem 4-jährigen Sohn, dass dieser drei Monate zunächst aus dem Vorgarten heraus, dann unmittelbar, aber stumm, spielenden italienischen Kindern zugeschaut und zugehört habe. In dieser Zeit sei er oft unglücklich gewesen, dass er niemanden zum Spielen habe. Nach drei Monaten erzählte der Junge beim Mittagessen beiläufig: „Jetzt sprechen die italienischen Kinder genau wie ich, und wir spielen toll miteinander.“ Die verblüfften Eltern beobachteten am Nachmittag ihr Kind unter den italienischen Freunden und stellten fest: Es sprach Italienisch.

Fremdsprachenwachstum

Der Junge hatte sich nach allen Regeln des fremdsprachlichen Wachstums verhalten und die Verankerung des Lautsystems, das zunehmende Verstehen und die plötzliche Fähigkeit des Mitredens nicht als „Lernen“ erfahren, sondern als Vorgang der Anverwandlung. Langsam, aber stetig hatte er die fremden sozialen Geräusche als Laute und Lautsequenzen wahrgenommen (die Voraussetzung, um die Äußerungen der italienischen Kinder Schritt für Schritt zu verstehen). Während dieses Prozesses entwickelte sich in seinem Gehirn nicht nur ein Lautsystem und eine interne Ordnung von Bedeutungen, sondern wuchs auch – wie gesagt: langsam – die Fähigkeit des Gehirns, den eigenen Sprachwerkzeugen Impulse zu geben, solche Laut- und Bedeutungskomplexe selbst zu äußern und im sozialen Kontakt einzusetzen.

Über das Hören zum Verstehen

Viele DaZ-Kinder haben solche Erfahrungen der Annäherung an das Hörverstehen im sozialen Handlungskontext bereits vor dem Schulbesuch gemacht. Manche erleben auch den ermutigenden Moment, auf einmal „alle zu verstehen“. Anderen fehlt aber ein solcher Erlebnishintergrund. Da ist dann die Schulklasse die erste und einzige Chance, diesen langsamen und mit Ängsten und Enttäuschungen gepflasterten Weg zu gehen: sich in die deutsche Sprache „hinein zu hören".

Was bedeutet das für die Didaktik und das pädagogische Konzept des Unterrichts für Deutsch als Zweitsprache?

Hörverstehen: ein komplexer Prozess

1. Hörverstehen ist eine Form der Sinnherstellung. Die wahrgenommenen Laute müssen analysiert und einer Bedeutung zugeordnet werden: Hören + Verstehen. So banal dies klingen mag, handelt es sich jedoch um einen höchst komplexen Vorgang, der einigen Störungen unterliegen kann. So kann ein DaZ-Kind möglicherweise aufgrund seiner Hörgewohnheiten aus seiner Erstsprache bestimmte bedeutungsunterscheidende Laute des Deutschen kaum oder nur mit höchster Konzentration wahrnehmen. Und selbst wenn die Phoneme einwandfrei erkannt werden, ist es eine weitere Leistung im Verstehensprozess, diesen auch die vom Sprecher intendierte Bedeutung zuzuordnen. Um abzusichern, dass neue Bedeutungen erfolgreich im bereits vorhandenen Sprachschatz verankert sind, sollten neue Informationen immer in Bezug auf die Vorerfahrung des Kindes vermittelt werden. Aktiviert wird das Vorverständnis im Rahmen kleiner Spielszenen, mittels Zeichnungen, Gesten und Mimik, Auswahl und Ordnen von Bildelementen, aber ggf. auch durch kurze Verständigungen in der Muttersprache, wenn entsprechende PartnerInnen vorhanden sind. Dabei gilt wie immer: Der Inhalt der Aktivität sollte aus Schülersicht bedeutsam, zweckbezogen und relevant sein. Die Vorerfahrungen der SchülerInnen sind ihr Schlüssel für den Zugang zu dem, was sie anschließend hören und handelnd verarbeiten. Es ist deswegen notwendig, ihre Vorerfahrungen und inneren Bilder zu aktivieren.

Rezeptive Phasen des Lernens

2. Grundschulkinder benötigen ebenso wie Jugendliche und Erwachsene u. U. lange Phasen rezeptiver Freude am Sprachklang und am Verstehen, ehe sie selbst sprechen und ggf. nachsprechen können. Deshalb müssen im Unterricht viele Geschichten erzählt bzw. als Tonkonserve gehört werden, ehe der Punkt erreicht ist, wo sie gern und erfolgreich nachsprechen. Die rezeptive Sprachtätigkeit ist für die Ausprägung des Klangbildes und der Einzellautung des Deutschen sehr wesentlich. Denn die phonemischen Phänomene müssen sich erst im Gehirn verankern, bevor sie so an die Sprachwerkzeuge weitergegeben werden können, dass das Deutsche im Kontrast zur erstsprachlichen Gewohnheit korrekt artikuliert wird. Vorlesen im Morgenkreis oder auch durch deutsche SchülerInnen in der Kleingruppe sowie Lieder- und Gedichttexte sind geeignete Hörerfahrungen, die durch Kassetten und CDs unterstützt werden können. Erst wenn ausreichende Vorerfahrungen gemacht wurden, werden die zu fördernden Kinder selbst lesen, vorlesen und vortragen. Man darf da nichts überstürzen und niemanden nötigen, ehe der komplizierte und individuell unterschiedliche neurolinguistische Prozess der Ausprägung des Lautsystems ausgereift ist.

Artikulation und Betonung

3. In der Regel haben DaZ-Kinder keine nennenswerten Schwierigkeiten, in der deutschen Sprachumwelt eine annehmbare Aussprache zu entwickeln. Das

menschliche Gehirn braucht jedoch unterschiedlich lange, um die bedeutungsschaffenden Laute von denen zu unterscheiden, die verschiedene Varianten desselben Phonems oder auch Laute der Erstsprache sind. Schwieriger wird Lautsicherheit häufig, wenn zunächst dialektale Färbungen aufgenommen werden, die nicht den sprachlichen Standard der Schule bilden.
Die Prosodie des deutschen Satzes mit allen Feinheiten der Betonung, der fallenden oder steigenden Intonation und des Sprachrhythmus bedarf (wie bei deutschen SchülerInnen auch) einer behutsamen Übung. Wenn sich Kinder nur mit Satzbrocken begnügen oder lediglich in kurzen Sätzen sprechen, unterbleibt nicht selten die Ausprägung eines artikulierten Satzklangs. Hier haben Reime, Gedichte und Spielszenen eine sprachförderliche Wirkung, weil da ohne Anstrengung oder Scheitern längere Sequenzen gesprochen werden. Das gelingt meist problemlos, wenn die betreffenden Spracheinheiten zunächst mehrfach gehört, und dann im Chor gesprochen oder als Teil eines szenischen Spiels benutzt werden.
Die Ausprägung schulsprachlicher „Normen" für Lautung und Klanggestalt muss dann kontinuierlich durch die positiven Erfahrungen mit dem wachsen, was in der Klasse, in Spielen, Geschichten, Reimen, szenischen Handlungen zum Ausdruck kommt. Dabei liegt auf der Hand, dass der Erwerb der Zielsprache umso attraktiver wird, wenn die schulische Sprachförderung angstfrei und motivierend erfolgt.

Das Hörverstehen umfasst viele Stationen der Entwicklung des zweiten Laut- und Sprachsystems im Gehirn. Es wächst nicht bei allen SchülerInnen gleich schnell, ist aber immer die Voraussetzung für eine zunehmend genauere Aussprache, für das Wortschatzwachstum, für die spätere Lesefreude und schließlich auch für die Fähigkeit, schriftlich zu erzählen.

Umso wichtiger ist es daher, sich die Komplexität des Hörverstehens immer wieder zu vergegenwärtigen und die Höraufgaben dem Sprachniveau und dem Alter der Kinder anzupassen. Grundsätzlich gilt, dass die Länge der Hörtexte im Anfangsunterricht maximal 1-2 Minuten betragen sollte. Das Hörverstehen ist ein Lernbereich, der umfassend zu trainieren ist.

Aspekte des Hörverstehens

Folgende Aspekte des Hörverstehens sind dabei zu unterscheiden:
→ Inhaltsorientiertes, globales Verstehen/authentisches Hören
→ Detailorientiertes Verstehen/analytisches Hören

Übungen und Aktivitäten zum Hören finden Sie im Ideenteil, S. 109 ff.

5.6. Sprechen und Sprechen üben

Rezeptiver und produktiver Sprachgebrauch

Rezeptiver und produktiver Sprachgebrauch unterscheiden sich oft deutlich: Auch wenn man etwas versteht, kann man sich noch nicht unbedingt angemessen äußern.

Legt man ein idealtypisches, störungsfreies, psycholinguistisches Spracherwerbsmodell zugrunde, so wird jeder zweitsprachliche Input zunächst wahrgenommen und verstanden, dann gespeichert und mit anderen sprachlichen Erfahrungen abgeglichen. Bei der Verarbeitung im Sprachzentrum wird der sprachliche Impuls umstrukturiert, schließlich wird er wieder abgerufen und in mündlicher Form ausgedrückt.

Hören als Schlüssel zum Sprechen

Häufig ergeben sich bereits in der Wahrnehmens- und Verstehensphase Probleme, weil beispielsweise für einzelne Wörter kein Spektrum an verschiedenen Bedeutungsinhalten zur Verfügung steht: *Der Hamburger Hafen ist das Tor zur Welt.* Mit *Tor* verbindet ein DaZ-Kind wahrscheinlich in erster Linie Fußball. Möglicherweise bemerkt es seine Verständnisschwierigkeiten nicht einmal, da es dem akustisch oder optisch Wahrgenommenen ja eine vermeintliche Bedeutung zugeordnet hat.

Noch größere Probleme können entstehen, wenn ein Kind einer Lautfolge gar keine Bedeutung zuordnen kann, die „Wortkörper" also vollkommen begriffsleer sind. Diese Gedanken- und Sprachlücken können sich zu massiven intellektuellen Defiziten ausprägen, wenn keine gezielte begriffsbildende Sprachförderung erfolgt.

SchülerInnen sind zunächst auf der Suche nach so genannten Ankerbegriffen, an denen sie das Gehörte festmachen, um es zu verstehen (vgl. Neuner 1998). Wenn ihr Vor- bzw. Weltwissen nicht ausreicht, eine präzise Zuordnung zu finden, werden sie verunsichert, „verstehen eben einfach nicht".

Mehrkanaliges Lernen

Um Sprache speichern, automatisieren und umstrukturieren zu können, müssen Begriffsbildungsprozesse von Handlungsabläufen oder Situationen begleitet werden, die einen mehrkanaligen Lernzugang ermöglichen. Gerade für das Automatisieren und Umstrukturieren benötigen die SchülerInnen ein möglichst großes Angebot an Satzmustern und grammatischen Strukturen, um Sprachkombinationen in der Zweitsprache zunächst denken und dann auch erzeugen zu können.

Nicht allen DaZ-SchülerInnen steht solch ein variantenreiches Angebot zur Verfügung, Elternhaus und Wohnumgebung bieten diese Voraussetzungen nicht immer. Manchmal ist allein die Schule der Ort, an dem die Zweitsprache Anwendung findet und wo Sprachvorbilder zu erwarten sind.

Bedenkt man, dass in manchen Wohnvierteln ein Anteil von über 80% DaZ-Kindern zur Normalität gehört und die wenigen deutschen Kinder in diesen Klassen oft aus sozial schwachen, bildungsfernen Elternhäusern kommen, ist fraglich, ob die zur Verfügung stehende Menge an sprachlichen Impulsen für den Zweitspracherwerb überhaupt ausreichen kann. Sprachvorbilder, die bereits vor Eintritt in die Schule und später begleitend am Nachmittag viel mit den Kindern kommunizieren und sprechend handeln, sind unbedingt erforderlich.

Gute Kommunikationsfähigkeit – aber wenig differenzierter Ausdruck

Häufig täuscht eine relativ gute Kommunikationsfähigkeit der Kinder über den Mangel an sprachlich differenziertem Ausdrucksvermögen hinweg. Für die sprachliche Bewältigung des normalen Schulalltags (Mitarbeit im Unterrichtsgespräch) sind ein begrenzter Wortschatz und wenige Strukturen, durch Mimik und Gestik unterstützt, in vielen Fällen ausreichend.

Offenkundig werden die Probleme spätestens dann, wenn zur reinen Mündlichkeit auch die Schriftlichkeit hinzutritt, also bereits in der 2. Klasse. Ähnlich wie bei Begriffsbildungsprozessen ist auch das autonome Beherrschen des Schriftsprachsystems eng mit der kognitiven Entwicklung der Kinder verknüpft (vgl. Sassenroth 1995).

Mündliche und schriftliche Sprachkompetenz bedingen sich gegenseitig. Der Umgang mit Geschriebenem befähigt die Kinder auch zur Reflexion über Sprache und hilft somit eine Sprachbewusstheit – language awareness (vgl. Luchtenberg 1995) – zu erzeugen. Beides, die Vermittlung einer altersgemäßen Schulsprachkompetenz im Deutschen sowie der Aufbau von Sprachbewusstheit, sind das Ziel des DaZ-Unterrichts.

Knackpunkt Lehrersprache

Die Lehrersprache ist der zentrale Dreh- und Angelpunkt des unterrichtlichen Geschehens: Sie muss verstanden werden, sie bildet den größten Teil des sprachlichen Inputs und sie hat damit auch Vorbildcharakter. Wie beim Erstspracherwerb sind auch beim Zweitspracherwerb Hören und Verstehen die Grundlage des Sprechens.

Bedeutung der Erstsprache

Darüber hinaus spielt die Erstsprache der Kinder eine wichtige Rolle. Es sind sinnvolle Räume zu eröffnen, in denen die Kinder sie nutzen können. Auch wenn die Lehrkraft die in der Klasse vertretenen Sprachen nicht beherrscht (und das wird in der Regel der Fall sein), sollte die Vielfalt der Mehrsprachigkeit in kleinen Sprachvergleichen, Illustrationen, Erzählungen etc. repräsentiert sein: Die Kinder machen das schon! Die Unterrichtssprache bleibt Deutsch, auch das wissen die Kinder und halten sich daran (vgl. 2.3. Bedeutung von Sprachmischungen).

Sprechen im Anfangsunterricht DaZ

Nun werden gerade zu Beginn der Schulzeit auch im mündlichen Sprachgebrauch viele Fehler vorkommen. Die Kinder wollen sich anderen mitteilen und am Unterricht und am Schulgeschehen teilhaben, beherrschen die Sprache aber zum Teil nur fragmentarisch. Wie wichtig der Umgang der Kinder miteinander und die dabei entstehende selbstverständliche Kommunikation ist, musste nicht erst PISA beweisen. Der Sprachzuwachs, der sich in spielerischen, spontanen und zufälligen Zusammenhängen ungesteuert vollzieht, ist sicherlich ebenso entscheidend für den Erfolg beim Spracherwerb.

Sprechängste durch Artikulationsprobleme

Nicht unerwähnt bleiben sollte, dass vielen DaZ-Kindern auch die Artikulation des Deutschen schwer fällt und ggf. Sprechängste aufgebaut werden.

Bei Ausspracheproblemen sollte durch eine Logopädin, die möglichst die Herkunftssprache des Kindes beherrscht, geklärt werden, ob es sich um eine DaZ-spezifische oder allgemeine Schwierigkeit handelt.

Sprechen lässt sich unter verschiedenen Gesichtspunkten üben:
- → Freies, authentisches Sprechen
- → Gelenktes Sprechen
- → Einzelsprechen
- → Nachsprechen
- → Rhythmisches Sprechen
- → Gruppensprechen, Chorsprechen, Singen
- → Sprechen und Erzählen
- → Dialogisches Sprechen
- → Kurzvorträge
- → Handlungsbegleitendes Sprechen

Übungen und Aktivitäten zum Sprechen finden Sie im Ideenteil ab S. 103.

5.7. Lesen und Leseverstehen

Schrift und Text

Die Anwort auf die gestellte Frage scheint in diesem Fall sehr einfach zu sein und auf der Hand zu liegen: die DaZ-Kinder müssen – wie die anderen Kinder auch – das Lesen erst einmal lernen. Dieser Lernprozess vollzieht sich parallel zum Schriftspracherwerb und weist auch gemeinsame Charakteristika mit dem Schreibenlernen auf.

Aber auch wenn das Lesenlernen mit dem Erlernen, Entschlüsseln und Zuordnen der Buchstaben beginnt, ist unter dem Leseprozess etwas anderes zu verstehen als das Aufnehmen und Dekodieren von Schriftzeichen. Leseverstehen ist immer ein aktiver Prozess, in den die Lernenden eigene Vorstellungen, eigenes Wissen und eigene Lese- und Verstehensstrategien einbringen.

Leseverstehen ist ein aktiver Prozess

Das Lesen und auch das Vorlesen von Texten ist im Spracherwerbsprozess von so großer Bedeutung, weil damit unverzichtbarer sprachlicher Input geliefert wird, ähnlich wie beim Sprechen selbst. Da die von den Kindern zu erlesenden Texte im Anfangsunterricht Wörter bzw. Wortgruppen oder wenige Zeilen umfassen, spielt neben dem Erzählen von Geschichten das Vorlesen von Geschichten eine große Rolle. Beim Zuhören geschieht Ähnliches wie beim Lesen selbst: Figuren und Bilder entstehen vor dem inneren Auge, Vorstellungen werden entwickelt, Assoziationen werden entfaltet. Vorgelesenes regt die Phantasie an und das Gehörte bzw. Gelesene wird von eigenen Erfahrungen ergänzt und in die eigene Erlebniswelt eingebunden.

Lesen ist ein konstruktiver Prozess

Nun muss Lesekompetenz erst einmal hergestellt werden: Laut-Buchstaben-Zuordnungen müssen gelernt und wiedererkannt werden, Buchstabenkombinationen eingeschliffen werden. Die Leseforschung hat herausgefunden, dass auch das Lesen von Buchstaben ein konstruktiver und interaktiver Prozess ist, der sich nicht so linear vollzieht, wie man das bei anfänglich vielleicht etwas mühsam eroberten Buchstaben vermutet. Buchstabenfolgen werden relativ schnell identifiziert und kombiniert. Für DaZ-Kinder gestaltet sich der Prozess natürlich schwieriger, weil oft auch die lautliche Sprachsubstanz fehlt. Wörter, die man als gesprochene Bezeichnung für bestimmte Gegenstände nicht kennt, kann man auch nicht in der Schrift wiedererkennen bzw. wiederfinden. Der genannte Konstruktionsprozess setzt eine gewisse Weltkenntnis in gesprochener Sprache voraus.

Lesen und Vorlesen

Das lautliche Klangbild des geschriebenen Wortes auch auszusprechen und zu hören, ist für DaZ-Kinder, die Lesen lernen von besonderer Bedeutung. Deshalb sollten Texte immer in leisem Ton gelesen werden. Lautes Vorlesen reihum kann schnell langweilig und für nicht so gute Leser schnell zur Blamage werden, aber das leise Lesen empfiehlt sich als Übung und die Kinder können sich in kleinen Gruppen gegenseitig vorlesen. Im Sinne einer Sprechübung kann man Texte auch rhythmisieren, vor allem Gedichtzeilen und Reime. Das gestaltende, betonte Lesen ist sinnvoll, wenn entsprechende Texte – längere spannende Geschichten, Einsatz von wörtlicher Rede etc. – gelesen werden können.

Fächer, Themen und Textsorten

Die Ausbildung von Lesekompetenz beginnt natürlich mit dem Lesenlernen, doch kennzeichnet die aktuelle Leseforschung, auf deren Grundlage auch die PISA-Studie erfolgte, mit dem Begriff „Textverstehen" das dialogische Verhältnis des

Lesers zum Text: Das Lesen von Texten wird als ein aktiver Aneignungs-, Verarbeitungs- und Nutzungsprozess verstanden. In diesem Sinne gehört die Ausbildung von Lesekompetenz zu allen Bereichen des Unterrichts, in denen mit Texten gearbeitet wird. In der Grundschule betrifft das neben dem Sprachunterricht vor allem das Fach Sachunterricht.

Textentlastung

Textsorten, die im Rahmen der genannten Fächer relevant werden, sind im Sprachunterricht neben Gedichten und Reimen vor allem erzählende Texte, im Sachunterricht thematisch orientierte Sachtexte unterschiedlichen Schwierigkeitsgrades. Bei allen Texten müssen die Erlebniswelt und der Erfahrungshorizont der Kinder berücksichtigt werden; dieses Postulat bezieht sich nicht nur auf die Komplexität des Gegenstandsbereiches, sondern auch auf den sozialen und kulturellen Hintergrund der Kinder.

Um längere Texte, vor allem Sachtexte, zugänglicher zu machen, werden Verfahren zur Textentlastung eingesetzt. Didaktisch gut aufbereitete Texte arbeiten wie selbstverständlich mit Überschriften, Abschnitten, gekennzeichneten Schlüsselwörtern und Visualisierungen – Fotos, Tabellen, anderen Schautafeln etc. Der Umgang mit textentlastenden Methoden sollte dennoch bewusst geübt werden, damit die SchülerInnen lernen, diese Verfahren selbst einzusetzen. Des Weiteren sollte man im Unterricht mit DaZ-Kindern noch andere Hilfen zur Erschließung des Wortmaterials und zur Veranschaulichung von syntaktischen Strukturen anbieten bzw. erabeiten: Das können selbst erarbeitete Glossare, einfache Übersichten oder Zusammenstellungen zu Wortbildungsprinzipien der jeweiligen Fachsprache oder Textknackstrategien für bestimmte syntaktische Strukturen sein.

Die in den Schulbüchern angebotenen Themen, und das gilt eigentlich sowohl für die Themenbereiche im Lesebuch als auch für die im Sachbuch, sollen der Lebenswelt der Kinder entnommen bzw. mit ihr verbunden sein. Da die Vorstellung von eben dieser Lebenswelt angesichts der nicht homogenen Rezipientengruppe – also der Vielzahl und der Vielfalt der SchülerInnen – immer fiktiv bleiben wird, muss man alle Texte kritisch unter folgenden Gesichtspunkten betrachten:

→ Sind die sozialen Probleme meiner Lerngruppe berücksichtigt?
→ Sind die interkulturellen Aspekte ausreichend bedacht?
→ Ist die regionale Betrachtung – bei bestimmten sachunterrichtlichen Themen – angemessen und anschaulich?

Weltwissen

Die DaZ-Kinder in unseren Schulklassen verfügen ebenso wie ihre Altersgenossen über ein kindlich strukturiertes Weltwissen, können es aber manchmal nicht angemessen versprachlichen, weil sie es in ihrer Herkunftssprache erworben haben. Es ist absolut wichtig und notwendig, dieses Wissen einzubeziehen und zu nutzen. Notwendige Erklärungen in diesen Zusammenhängen dürfen und sollen selbstverständlich auch in der Herkunftssprache erfolgen, die DaZ-Kinder helfen sich dabei gegenseitig.

Texte bilden auf allen Ebenen einen wesentlichen Teil des sprachlichen Inputs: der Wortschatz wird erweitert, Erzählmuster werden angeboten, syntaktische Strukturen wiederholen sich, „Strickmuster" der deutschen Sprache prägen sich so ein etc. Behalten werden alle diese Elemente aber nur, wenn sie von Bedeutung und von Interesse für die Kinder sind, wenn sie in ihr Vorwissen integriert werden, es ergänzen und erweitern. Sprachwachstum findet immer individuell und subjektiv statt.

Texte als Material

Indem über einen Text gesprochen wird, wird er in zweifacher Weise als Sprachmaterial genutzt:

- → Auf der Textebene wird das Sinnverständnis erfragt bzw. erarbeitet. Die subjektiven Schwerpunkte der einzelnen Kinder gehören zu dieser Erarbeitung und verdeutlichen der Lehrkraft den Zugang, den die Kinder zu dem jeweiligen Gegenstandsbereich haben. Dafür muss man offen sein, sonst versteht man die Kinder nicht.
- → Neben der Textebene gibt es die Ebene der sprachlichen Äußerung über den Text. Auch auf dieser Ebene muss man versuchen, ein Gespür für die Differenz zwischen dem Verstehen und der Artikulation des Verstandenen zu entwickeln. Stumme SchülerInnen sind unter Umständen nicht weniger aufnahmebereit oder interessiert als die, die immer vorpreschen, die Stummen mögen oder können sich vielleicht noch nicht in dieser Form äußern.

Wenn von Texten die Rede ist, sind immer die beiden Textsorten gemeint, die in der Grundschule vorrangig eingesetzt werden: erzählende, evtl. literarische, Texte und Sachtexte. Das globale Lesen in dem oben gekennzeichneten Sinn bezieht sich natürlich auf beide Textsorten. Auch Sachtexte müssen sinngemäß erfasst und verstanden werden, dazu dienen unter anderem die Methoden der Textentlastung und das Aktivieren von Weltwissen. Ebenso können erzählende Texte mit Methoden des selektiven Lesens bearbeitet werden, wenn beispielsweise bestimmte Sinnzusammenhänge noch unklar geblieben sind oder bestimmte Personenkonstellationen herausgearbeitet werden sollen. Selektives Lesen bedeutet einfach sich gezielt Einzelheiten vorzunehmen. Das können bestimmte Erzählmuster ebenso sein wie wichtige Sachinformationen zu einem Thema. Wichtig für das selektive Lesen ist, dass man auch die entsprechenden Methoden anbieten muss, mit denen die Annäherung an den Text erfolgen kann und mit denen neue Schwerpunkte oder Aspekte entdeckt werden können.

Lesen lässt sich unter verschiedenen Gesichtspunkten üben:

- → Detailliertes (oder auch totales) Lesen
- → Globales (oder auch kursorisches) Lesen
- → Suchendes (oder auch selektives) Lesen
- → Sortierendes (oder auch orientierendes) Lesen

Übungen und Aktivitäten finden Sie im Ideenteil ab Seite 120.

5.8. Schreiben und Schreiben üben

Differenzierung von Sprechen und Schreiben

Sprechen und Schreiben sind zwei grundsätzlich sich voneinander unterscheidende Sprachhandlungen: Das Sprechen vollzieht sich mehrkanalig, das Schreiben erfolgt einkanalig.

Das Sprechen bzw. der mündliche Austausch ist durch Spontaneität, Interaktion und Assoziation geleitet, es handelt sich um eine dynamische Gesprächssituation, Themen wechseln, Inhalte werden von Gebärden und Tonfall begleitet, müssen also nicht präzise ausgeführt werden und können, sofern sie zu fragmentarisch bleiben, durch Nachfragen vervollständigt werden. Das Sprechen ist eine offene Sprachhandlung.

Das Schreiben ist im Wesentlichen durch eine statische und monologische Kommunikationssituation gekennzeichnet. Es erfordert eine längere gedankliche und sprachliche Planung, meist soll ein Thema oder Zusammenhang abgehandelt werden, es wird eine syntaktisch vollständige, ausführliche und gleichzeitig präzise Darstellung verlangt. Das Schreiben ist eine in sich geschlossene Sprachhandlung, deren Resultat der Text ist.

Diese kurze und pointierte Gegenüberstellung soll verdeutlichen, dass es keinen fließenden Übergang vom Sprechen zum Schreiben gibt, es sei denn, man schafft ihn im Unterricht durch bestimmte Übungsformen und Übungsaufgaben.

Schrift und Schreiben

Die Grundschulrichtlinien betonen, dass das Schreiben sinnvoll eingesetzt werden soll, das heißt in für SchülerInnen nachvollziehbaren Zusammenhängen. Die Binsenweisheit „Schreiben lernt man nur durch Schreiben“, der Übungsaspekt beim Schreiben also ist damit nicht in Frage gestellt, im Gegenteil. Das Schreiben darf aber nicht als technische Fertigkeit betrachtet werden, denn das akkurate Abzeichnen von Buchstaben, mit dem manche Kinder in ihrer Not ihre tatsächlichen sprachlichen Schwierigkeiten am liebsten vertuschen möchten, hat mit dem Schreibenlernen nichts zu tun.

Orthographie

Die Lehre vom richtigen Schreiben, die Orthographie, folgt bestimmten, von Zeit zu Zeit neu festgelegten Normen, die die Daz-Kinder wie auch die anderen Kinder lernen müssen. Dennoch sollte bei ihnen Folgendes besonders berücksichtigt und beachtet werden:

- → Sind den SchülerInnen die Buchstaben des lateinischen Alphabets bekannt? Ist den SchülerInnen von zu Hause aus irgendein Alphabet bekannt?
- → Wie verbreitet bzw. präsent ist oder war Geschriebenes oder Gedrucktes im Umfeld der SchülerInnen?
- → Werden vielleicht bestimmte Laute nicht gehört oder erkannt, weil sie in der ersten Sprache nicht vorhanden sind? Laut-Buchstaben-Zuordnungen können nur geleistet werden, wenn die SchülerInnen differenzieren können. Sind in der Erstsprache bestimmte Laut-Buchstaben-Zuordnungen gelernt, können auch Interferenzen auftauchen. Das türkische „ı“ kennzeichnet beispielsweise einen e-Laut.
- → Beim Abschreiben sollen nicht sinnlos Buchstabenfolgen abgezeichnet werden. Man behält nur, was man versteht!

- → Man sollte DaZ-Kindern gegenüber die Schwelle der Fehlertoleranz erhöhen: Oft genug fallen bei ihnen Spracherwerb und Schriftspracherwerb zusammen. Das Ziel ist und bleibt auch für die DaZ-Kinder das Erlernen der rechtschriftlichen Norm.
- → Als Vorübung zum Umgang mit dem Wörterbuch müssen Buchstaben und Buchstabenfolge des ABCs gut gelernt werden.

Anforderungen der Textproduktion

Schreiben lernen und Texte schreiben zu lernen, ist ein langer Prozess, der mit dem Erlernen der Schrift erst beginnt. Gebrauch und Umgang mit den Buchstaben auf der Ebene des Lesens und Schreibens von Wörtern führt nicht automatisch zum Lesen und Schreiben von Sätzen und Texten.

Freies Schreiben

Aufgaben bzw. Texte des so genannten freien Schreibens bilden den Übergang von der gesprochenen zur geschriebenen Sprache. Formen, die das Schreiben zu einem persönlichen Mittel der Verständigung und Mitteilung machen, sind für SchülerInnen unmittelbar einsichtig: (Steckbriefe, Ich-Geschichten und Texte in Tagebuchformen). In diesem Lernbereich findet eingebunden in das unterrichtliche Geschehen ein interkultureller Austausch statt. Kinder schreiben gern über sich, oft noch sehr assoziativ in einer Art Reihung und Aufzählung von Gedanken, Eindrücken und Handlungen. Die sprachlichen Fähigkeiten entwickeln sich in und mit den eigenen Texten. Wortschatzarbeit ist in diesem Zusammenhang mit Sicherheit notwendig und kann gut in kooperativen Arbeitsformen – Schreibwerkstätten oder Schreibspielen – stattfinden.

Schreiben als Mitteilung

Zunehmend sind die Kinder auch in der Lage das Schreiben als Mitteilung, die den bzw. die Adressaten berücksichtigt, zu nutzen; der Brief oder die E-mail sind hierbei die einfachsten Formen. Den SchülerInnen wird deutlich, dass zur schriftlichen Verständigung die Lesbarkeit von Texten gehört, d.h. die Orthographie und die entsprechende grammatische Struktur, zum Beispiel die Einteilung in Sätze. Ein anderer wichtiger Bereich des mitteilenden Schreibens ist jede Form der Dokumentation von Arbeitsergebnissen im Unterricht.

Gruppenergebnisse im Projektunterricht werden der Klasse beispielsweise auf Wandzeitungen präsentiert. Die SchülerInnen lernen neben der inhaltlichen Gliederung optische Mittel der Textstruktur anzuwenden: Abschnitte, Überschriften, Hervorhebungen etc.

Textplanung

Zum Verfassen von Texten gehört auch ihre Planung, vor allem wenn ein erzählender Text zu einem Thema geschrieben werden soll. Kinder verlieren sich oft in ihren eigenen Erzählungen, den mündlichen und den schriftlichen, d.h. sie schreiben und erzählen sehr assoziativ und willkürlich und bleiben plötzlich in Einzelheiten, die ihnen wichtig sind, hängen. Diese kindliche Form von Verarbeitung, das so genannte egozentrische Sprechen und Schreiben, kennzeichnet eine kognitive Entwicklungsstufe. Im Unterricht lernen die Kinder zunehmend, dass ein geschriebener Text in sich schlüssig, stimmig und verständlich sein muss – ohne weitere mündliche Erläuterungen. Anhand unterschiedlicher Übungen entwickeln die Kinder eine Vorstellung von einem Erzählplan bzw. vom Aufbau einer Erzählung und ihren Teilen Einleitung, Hauptteil und Schluss. In dem oben gekennzeichneten Sinn stellt man bei Kindern immer wieder fest, dass sie drei Geschichten in einer schreiben oder in der Einleitung hängen bleiben.

Analysen von Erzähltexten aus der 5. und 6. Klasse (vgl. Knapp 1998) zeigen erhebliche Unterschiede bei DaZ-SchülerInnen, die ihre Schulzeit durchweg in deutschen Schulen verbracht haben, und denjenigen, die erst seit 2–4 Jahren in Deutschland in die Schule gehen. Die ausschließlich in Deutschland beschulten DaZ-Kinder sind zwar in der Lage, zügig Sätze zu formulieren, aber sie zeigen deutlich größere Schwierigkeiten im Textaufbau und in der Verwendung narrativer Muster als diejenigen, die diese Kompetenz offensichtlich bereits im Rahmen ihrer erstsprachlichen Schulbildung erworben haben. Deshalb ist es wichtig, für die erstgenannte Gruppe, wenn im Daz-Unterricht das Verfassen von Texten in kleinen Schritten geübt wird (vgl. Ideenteil S. 129).

Vorstrukturiertes Schreiben

Das Schreiben mit Textvorlagen bietet den Daz-LernerInnen eine große Hilfe und bildet eigentlich den Übergang vom Lesen zum Schreiben. Paralleltexte, Echotexte bzw. Texte mit Leerstellen arbeiten mit inhaltlichen und lexikalischen Anregungen ebenso wie mit strukturellen. Die Auswahl der Textvorlagen und die jeweilige Aufgabenstellung bestimmen die Schwierigkeitsstufe des Schreibens. Bei allen Aufgaben zum Schreiben sollte auf ein erreichbares zufriedenstellendes Ergebnis hingearbeitet werden.

Textgerüste

Ein Textgerüst hat drei Ebenen, die genutzt und in den Aufgabenstellungen unterschiedlich gewichtet werden können:

→ Den Inhalt, der weiterentwicklet werden muss.
→ Den Wortschatz, der benutzt werden kann.
→ Die Struktur, die aufgegriffen werden soll.

Gelenktes Schreiben

Will man nicht mit einer Textvorlage arbeiten, eignen sich zur gezielten Ausgestaltung schriftlichen Erzählens mit Spannungsaufbau etc. Bildfolgen bzw. Bildergeschichten. Mit der Bildergeschichte ist ein Erzählrahmen vorgegeben, der mit eigenen Worten zu füllen ist.

Um den Sinn von Reihenfolge und Ausgestaltung einer Handlung verständlich zu machen, kann man auch mit vertauschten Bildern oder Leerstellen in Bildfolgen arbeiten. So begreifen die Kinder, dass ein Text, um eine bestimmte Einheit zu bilden, eine in sich geschlossene Handlung bieten muss.

Um Texte verfassen zu können, benötigen DaZ-Kinder oft noch spezifische Hilfen. Es ist bekannt, dass Schreibvorhaben oft genug am nicht vorhandenen Wortschatz scheitern. Des Weiteren müssen gezielt Übungen zur Satzgrammatik und zur Textgrammatik angeboten werden. Um die spezifischen Strukturen des Deutschen zu erkennen und anwenden zu lernen, eignen sich im Rahmen des gelenkten Schreibens gezielte Aufgabenstellungen, die in Form von Lückentexten, Schnipseltexten und Kettentexten angeboten werden können.

Schreiben lässt sich unter verschiedenen Aspekten üben:

→ Abbau von Schreibhemmungen
→ Schreiben eigener Texte
→ Schreiben mitteilender Texte

→ Schreiben zu einem Thema
→ Schreiben mit Textvorlagen
→ Paralleltexte, Echotexte
→ Schreiben mit Bildvorlagen
→ Lückentexte
→ Schnipseltexte
→ Kettentexte

Übungen und Aktivitäten zum Schreiben finden Sie im Ideenteil ab S. 126.

5.9. Grammatik entdecken

Implizite und explizite Grammatik bei Erst-, Zweit- und Fremdsprachlernern

Die Vermittlung von Grammatik im DaZ-Unterricht hat nicht abstrakte Modelle zum Ziel, sondern unterstützt die Bearbeitung auftretender Lernschwierigkeiten. Somit handelt es sich um eine Querschnitt-Kompetenz, die den Kindern bei allen anderen Lernbereichen zu Gute kommt. Die Regelvermittlung orientiert sich an den Fähigkeiten der Kinder, selbst Regeln zu entdecken und diese zu formulieren.

Beim Erwerb der Erstsprache wird bereits im Vorschulalter eine implizite Grammatik entwickelt; die explizite Grammatik hat dann die Aufgabe, die bereits erworbenen Regeln bewusst zu machen und weiterzuentwickeln.

Zweitsprachlernende Kinder entwickeln durch den Kontakt zur Zielsprache und die beschriebenen Erwerbsprozesse ebenfalls eine internalisierte Grammatik, deren Regelsystem von Lernersprachen geprägt ist und zum Teil erheblich vom Regelsystem der Zielsprache abweicht. Im Rahmen des DaZ-Unterrichts wird versucht, diese implizite Grammatik durch eine bewusste explizite Grammatik weiterzuentwickeln.[12]

Prinzip der Sprachentfaltung

Noch ist nicht endgültig geklärt, ob und wie sich diese Synchronisation des gesteuerten und ungesteuerten Zweitspracherwerbs gestalten lässt. Allerdings belegen empirische Untersuchungen, dass eine sprachsystematische Förderung, die grammatischen Strukturen explizit vermittelt und trainiert, nicht nur sinnvoll, sondern bei DaZ-Kindern mit Schwierigkeiten in der deutschen Sprache auch dringend erforderlich zu sein scheint. Dabei gilt gerade bei Grundschülern das Prinzip der Sprachentfaltung, d.h., dass das vorhandene Sprachkönnen und -wissen erkannt, gewürdigt und entfaltet wird. Es geht dabei also nicht um die Vermittlung einer grammatischen Terminologie oder das Auswendiglernen von Regeln, sondern um die bewusste Wahrnehmung von und den bewussten Umgang mit sprachlichen Strukturen. Die Sprache soll zum Gegenstand eines handelnden, experimentellen und entdeckenden Unterrichts werden, bei dem die Kinder die Sprache nicht nur gebrauchen, sondern auch betrachten und darin enthaltene Strukturen entdecken.

Ulrike Harnisch nennt die Grammatik „das Knochengerüst (...), das in unserer Vorstellung immer als das Trockene, Langweilige erscheint, das wir Kindern nicht beibringen können oder mögen“, obwohl es sich dabei „um das Handwerkszeug

12 Umgekehrt wird beim Fremdsprachenlernen in aller Regel durch den sukzessiven Aufbau einer expliziten Grammatik eine implizite bzw. internalisierte Grammatik aufgebaut.

des Deutschlerners (handelt), ohne dass es ihm nicht gelingt, das Deutsche normgerecht zu erlernen" (Harnisch 1992, S. 1).

Minimalgrammatik: Deklination und Konjugation

Sie stellt die Forderung nach einem Minimum an Grammatikvermittlung auf, das die Grundschule im Interesse der DaZ-Lernenden auf jeden Fall leisten muss: die Flexion von Nomen, Pronomen und Adjektiven (Deklination) und ihre Abhängigkeit voneinander sowie die Flexion der Verben (Konjugation).

Für die frühzeitige Vermittlung von Grammatik ist für DaZ-Kinder die Einführung einer altersgerechten grammatischen Begrifflichkeit wichtig, ggf. unterstützt durch Gesten, nonverbale Mittel oder Symbole. Denn ohne Begriffe wie Satz, Fall, Verb, Subjekt oder Objekt lässt sich auch mit Kindern nicht über ihre Sprache(n) sprechen. Der konsequente Gebrauch einer grammatischen Terminologie hilft DaZ-Kindern die Systematik der deutschen Sprache zu durchdringen, sich über sie zu verständigen, Fehlerquellen zu erkennen und ihr Regelwissen zu verinnerlichen.

Empfohlen wird die Verwendung einer grammatischen Begrifflichkeit, die möglichst die ganze Schulzeit hindurch trägt. Selbstverständlich sollten die Kinder nicht überfordert werden; es reichen wenige zentrale Begriffe, aber diese gilt es dann, häufig zu verwenden. Erfahrungen zeigen, dass Kinder Spaß an Grammatik haben bzw. entwickeln – vorausgesetzt, sie (und ihre LehrerInnen) sehen einen Sinn und Gebrauchswert darin.

Übungen und Aktivitäten finden Sie im Ideenteil ab S. 132.

6. Leistungseinschätzung

6.1. Sprachstandsdiagnose

Diagnose als Grundlage der Förderung

Die Förderung im Bereich DaZ sollte sinnvollerweise vom Sprachstand des einzelnen Kindes ausgehen, um diesen sukzessive zu entfalten. Voraussetzung dafür ist eine genaue, aussagekräftige Erfassung der sprachlichen Fähigkeiten im Deutschen.

Systematische, großflächige Erhebungen des Sprachstandes von Schülergruppen hinsichtlich des Deutschen und den jeweiligen Erstsprachen können einen Überblick über die sprachlichen Bildungsvoraussetzungen geben, mit denen Kinder in die Schule kommen.

Testverfahren der letzten 30 Jahre

In Deutschland wurden in den 70er und 80er Jahren einige Erhebungsinstrumente entwickelt und erprobt, mit denen der Sprachstand von DaZ-Kindern erfasst werden sollte. Doch wurde im Verlauf der achtziger Jahre zunehmend auf den Einsatz dieser Instrumente verzichtet, weil man zum einen die Nützlichkeit einmaliger Sprachstandserhebungen in Frage stellte. Zum anderen wurden an einem der gängigen Testverfahren Mängel aufgedeckt (vgl. Boos-Nünnig/Gogolin 1988).

Eine weitere wichtige Ursache für den Verzicht auf Sprachstandsdiagnostiken spielte außerdem die gesellschaftliche Erwartungshaltung, DaZ-Kinder würden sich sprachlich im Laufe der Zeit automatisch monolingual deutschsprachigen Kindern angleichen. Entsprechend war die Ansicht verbreitet, es sei nicht notwendig, sich detailliert mit ihrem Sprachstand im Deutschen zu befassen.

Nach einem längeren Stillstand im Bereich Sprachstandsdiagnose wurden jedoch in den letzten Jahren in einigen Bundesländern erneut Tests und testähnliche Verfahren entwickelt, mit denen der Sprachstand eines zweisprachigen Kindes erfasst und beschrieben werden kann. Diese Bemühungen sind hauptsächlich darauf zurückzuführen, dass Lehrkräfte den Wunsch äußerten, zuverlässige Informationen über die sprachliche Lernausgangslage von DaZ-Kindern zu erhalten, um bei ihrer weiteren Arbeit darauf aufbauen zu können.

Neuere Testverfahren

Bei der Entwicklung aktueller Verfahren zur Sprachstandsdiagnose bei Migrantenkindern wurde auf die Testverfahren der 70er und 80er Jahre zurückgegriffen. Das trifft insbesondere für den Einsatz von Bildimpulsen für die Erhebung von Sprachdaten zu. Auch bei der Auswertung der erhobenen Daten werden Kategorien aus diesen Verfahren verwendet.

„Bärenstark"

So wurde in Berlin das Erhebungsinstrument „Bärenstark" entwickelt (vgl. Pochert u.a. 2000), das Materialien für die Erfassung des Sprachstandes im Deutschen enthält und zusätzlich einen theoretischen Teil mit Erläuterungen zu festgestellten Sprachstörungen und Anregungen für die gezielte Förderung der Kinder mit diesen Sprachstörungen. Die Erhebung mit dem Material „Bärenstark" wird mit Hilfe eines Teddybären als Vertrauensfigur und verschiedener Bildimpulse durchgeführt. Die Kompetenzen in den Bereichen Hörverstehen, Sprechen, Lesen und Schreiben werden spielerisch überprüft; während der Erhebung werden die Äußerungen der Kinder protokolliert. Dieser Vorgang umfasst ca. 30 Minuten. Nach dem Ende der Erhebung werden die Äußerungen des Kindes mit Hilfe eines Punktesystems ausgewertet.

Selbstverständlich sind die Ergebnisse von „Bärenstark" – wie die eines jeden Tests – nicht isoliert zu betrachten, sondern müssen vor dem Hintergrund der multilingualen sprachlichen Entwicklung des Kindes interpretiert werden. „Bärenstark" liefert einige Hinweise für die Beurteilung des Entwicklungsstands von DaZ-Kindern im Deutschen, was insbesondere in der Schuleingangsphase von zentraler Bedeutung ist.

Hamburger Sprachstandserhebung: Erfassung von Erst- und Zweitsprach-Kompetenzen

Aktuelle Hamburger Sprachstandserhebungen[13] schlagen einen anderen Weg ein: Es werden die Sprachkompetenzen von zweisprachigen Kindern nicht nur im Deutschen, sondern in beiden Sprachen erfasst und aufeinander bezogen beschrieben. Dies hat den Vorteil, dass auch allgemeine sprachliche Fähigkeiten und Fertigkeiten, die ein Kind bereits erworben hat, erfasst und bewertet werden können. Bezogen auf die Daz-Förderung kann also auf vorhandenen sprachlichen Kompetenzen aufgebaut werden; ggf. kann sogar im unmittelbaren Sprachvergleich auf die Kenntnisse eines Kindes in der Herkunftssprache Bezug genommen werden. Zugleich wird mit dieser Form der Sprachstandserhebung ebenfalls ersichtlich, welche Bereiche auch in der Herkunftssprache noch stärker gefördert werden müssen.

13 Vgl. Bericht über die Erhebung mündlicher Sprachkenntnisse im Sommer 1999, Hamburger Erhebung zum Sprachstand türkisch-deutscher Schulanfänger des Schuljahres 1999/2000, Stand: September 2000. Universität Landau: Typoskript. Vgl. auch Roth 2002.

Das Hamburger Sprachstandsinstrument enthält auch Bildimpulse, deren Versprachlichung durch die Kinder per Tonband aufgenommen und nach Beendigung der Erhebung transkribiert und so der Analyse zugänglich gemacht wird. Da dieser Erhebungsmethode ein relativ breites Sprachverständnis zu Grunde liegt, werden die Äußerungen der Kinder nach mehreren Kriterien ausgewertet. Dazu gehören nicht nur die Erfassung sprachformaler Aspekte, sondern auch die allgemeinen Aspekte sprachlichen Handelns, z.B. die Beschreibung der Gesprächsführung und Aufgabenbewältigung durch das Kind oder die des sprecherischen Ausdrucks. Unter Aufgabenbewältigung wird verstanden, ob das Kind von sich aus und spontan spricht oder ob es sprachliche und emotionale Unterstützung durch die Interviewerin benötigt. Zum sprecherischen Ausdruck gehört u.a. die Erfassung des Sprechtempos und der Deutlichkeit der Äußerungen des Kindes (vgl. Reich 2001, S. 75 f.). Der Nachteil des Hamburger Verfahrens liegt darin, dass die (qualitative) Auswertung der Sprechproben viel Zeit in Anspruch nimmt.

Neben den beschriebenen Verfahren werden in den Bundesländern kontinuierlich weitere Sprachstandstest entwickelt und erprobt. Grundsätzlich ist dies eine erfreuliche Entwicklung, da qualitative Verfahren wertvolle Informationen über die sprachlichen Fähigkeiten und Fertigkeiten von DaZ-Kindern liefern können. Fundierte Kenntnisse zum Sprachstand sind die Voraussetzung dafür, Kinder gezielt und besser als bisher fördern zu können.

Langzeitbeobachtung

Altersunabhängige Instrumente können zudem nicht nur dazu dienen, die Sprachkompetenzen eines Kindes einmalig zu beschreiben, sondern liefern bei wiederholter Anwendung kontinuierlich Informationen über den Verlauf und Erfolg seines Zweitspracherwerbs.

Leistungseinschätzung im Unterricht

Es muss jedoch darauf hingewiesen werden, dass Sprachstandserhebungen die sorgfältige Leistungseinschätzung und -bewertung im Unterricht nicht ersetzen können. Auf keinen Fall dürfen sie als Maßstab dafür gelten, Kinder mit einem niedrigen Sprachstand im Deutschen aus der Regelklasse auszuschließen. Denn wenn die verwendeten Tests gut sind, liefern sie zwar objektive Informationen über den Sprachstand eines Kindes; sie geben aber keinesfalls zuverlässige Hinweise in Bezug auf seine kognitive Entwicklung.

Darüber hinaus stehen bislang keine Verfahren zur Verfügung, mit denen das Feld der „Verbindungen zwischen Sprachen“, z.B. die Fähigkeit des Code-Switching systematisch erfasst und ausgewertet werden können.

Ein Test kann also ein hilfreiches Diagnose-Instrument sein, sollte jedoch keine weit reichenden pädagogischen Schlüsse begründen.

6.2. Leistungseinschätzung und -bewertung

Notwendigkeit positiver Rückmeldung

Jedes Kind hat ein Recht auf Erfolg beim Lernen, auch das Kind mit ungünstigen Leistungsvoraussetzungen – und dazu zählen all jene, die ihre Schulpflicht ohne ausreichende Vorkenntnisse in der Zweitsprache Deutsch absolvieren müssen.

Erfolg schlägt sich prinzipiell in positiven Rückmeldungen nieder. Diese stehen allen Kindern für ihre inhaltlichen Lernfortschritte zu (unabhängig von ihren Sprachkenntnissen).

Mit diesem generellen Anspruch auf positive, ermutigende Leistungseinschätzungen ist ein Widerspruch zur Sozialisations- und Selektionsfunktion der Schule zu erkennen, die verlangt, mittels vergleichender, objektiver Bewertungen (Zensuren) auf die Leistungsorientierung der Gesellschaft vorzubereiten.

Mit dem Ablauf der Grundschulzeit qualifiziert sich jedes Kind aufgrund individueller Leistungen für eine weiterführende Schule und damit implizit auch schon für eine Berufslaufbahn. Wenngleich diesem Muster 18% der ausländischen SchülerInnen gegenwärtig nicht entsprechen (können), da sie ohne Hauptschulabschluss die Schule verlassen (vgl. Kapitel 1.1.), gelten die schulischen Selektionsmechanismen für DaZ-SchülerInnen grundsätzlich wie für Kinder deutscher Herkunftssprache. Denn: „Der kleinste gemeinsame Nenner von Befürwortern und Gegnern der Leistungsbeurteilung, insbesondere der Zensurengebung, ist die Tatsache, dass auf eine Bewertung von Schulleistungen prinzipiell nicht verzichtet werden kann" (Rosemann/Bielski 2001, S. 169).

Fachzensuren auf Fachliches konzentrieren

Welche Möglichkeiten pädagogischer Einflussnahme gibt es in dieser Situation? Die Benotung und Bewertung der unterschiedlichen Fachleistungen sollte bei DaZ-SchülerInnen möglichst unabhängig von dem sprachlichen Niveau erfolgen, indem fachliche Leistungen vorgetragen oder aufgeschrieben werden. Ihre inhaltlichen Lernfortschritte sollten also angemessen honoriert werden, unabhängig von der Tatsache, dass sie noch Probleme mit dem Gebrauch der deutschen Sprache haben.

Kontinuität der Leistungseinschätzung

Um die Kinder bei ihrem Spracherwerbsprozess zu unterstützen, sollte das Hauptaugenmerk auf kontinuierliche, den Lernprozess begleitende Leistungseinschätzungen gerichtet sein. Fortschritte beim Erwerb des Deutschen als Zweitsprache müssen honoriert werden. Diese Rückmeldungen sind wesentlich für die individuelle Motivation und Förderung der Kinder.

Positive Beziehungsgestaltung: Lehrkraft – SchülerIn

Prinzipiell ist festzuhalten: Jede differenzierte Würdigung und Beurteilung der Schülerleistung bedeutet für das Kind zugleich eine Rückmeldung über die Wertschätzung und Wichtigkeit seiner Person und seiner Bemühungen. Insofern sind Leistungseinschätzungen unverzichtbar für den pädagogischen Prozess, insbesondere für eine positive Beziehungsgestaltung zwischen Lehrkraft und Kind. Diese Leistungseinschätzungen dürfen sich selbstverständlich nicht am Optimum des Sprachgebrauchs orientieren, sondern sollten als korrigierendes Feedback nächstmögliche artikulatorische, lexikalische oder grammatische Leistungsbereiche aufzeigen. Dabei können auch Modellierungstechniken zum Ergänzen und Erweitern der kindlichen Äußerungen eingesetzt werden, wobei Überforderungen zu vermeiden sind. Eine zentrale Funktion eines solchen Feedback ist nicht zuletzt das Signal für das Kind, dass es wahrgenommen und verstanden wird.

Durch Feedback Erreichbares aufzeigen

Innerhalb kontinuierlicher DaZ-Förderung sind regelmäßige Leistungseinschätzungen unentbehrlich. Sie können zum Motor weiterer Entwicklung werden. Priorität hat dabei der wachsame Blick, v.a. auch das offene Ohr des Pädagogen für das Erkennen von Lernfortschritten.

Für die Beobachtung der Leistungsentwicklung im Rechtschreiben (z.B. über die Hamburger Schreibprobe, vgl. May 2000) und im Freien Schreiben sowie hinsichtlich des Leseverstehens sind Deutsch- und DaZ-Lehrkräfte zusammen verantwortlich (selbstverständlich ist hierbei Arbeitsteilung anzustreben). Eine Möglichkeit ist diesbezüglich das tägliche Kurzdiktat mit der Chance zur Selbstkontrolle und -korrektur bei nur wöchentlicher „Gesamt-Zensierung" durch die Lehrkraft – auch lernschwache SchülerInnen können bei dieser Vorgehensweise zu guten Noten gelangen.

Nachsprechleistungen und Hörverstehen

Auch die differenzierte Einschätzung der Lautsprache der Kinder ist ein wichtiger Beobachtungsbereich. Informationen über den Stand des Hörverstehens und der Reproduktionsfähigkeit sind z.B. relativ einfach zu erlangen, indem man Sätze zum exakten Nachsprechen vorgibt, die sich in Wortumfang und syntaktischer Strukturierung systematisch steigern.

Ziel muss es sein, dass jedes Kind auf der Basis von Erfolgszuversicht zu klaren Vorstellungen über das noch zu Erreichende geführt wird. Je jünger die Schüler sind, umso personenbezogener, individualisierter muss die Bewertung ihrer Leistungen erfolgen. Ein produkt- oder konkurrenzbezogener Leistungsbegriff stellt in den ersten Schuljahren eine Überforderung dar. Beim Hineinwachsen in die sozial und kulturell gravierend andere Schul-Lebenswelt unterliegen DaZ-Kinder leicht der Gefahr, durch wiederholte Niederlagen dauerhaft demotiviert zu werden. Nur allmählich, nach Stabilisierung der kindlichen Persönlichkeit, kann zum Vergleichen der eigenen mit den Leistungen anderer anhand von Zensuren hingeführt werden. Für die Lehrenden resultiert daraus, dass jene SchülerInnen besonderer Zuwendung bedürfen, die „schlechte" Zensuren zunächst als persönliche Kränkung erleben müssen. Der Verzicht auf das Erteilen von Zensuren in den ersten beiden Schuljahren erweist sich vor diesem Hintergrund für die Klassen mit hohem Migrantenanteil als absolut sinnvoll.

Klare Kriterien für „befriedigende" Leistungen

Für die Leistungseinschätzung und -bewertung im regulären Unterricht ist es zentral, dass Lehrende bei allen produktorientierten Bewertungen (Diktate, Tests, Klassenarbeiten) den Kindern deutlich vermitteln, was sie als Basis für die weitere erfolgreiche Teilnahme am Unterricht unbedingt können müssen. Das schlägt sich in klaren Kriterien für eine „befriedigende" Leistung nieder. Das Wissen um deren Erreichbarkeit soll den DaZ-SchülerInnen Erfolgszuversicht vermitteln.

Abschließend sei an die „Objektivität" von Leistungsbeurteilung erinnert, die nicht selten (unbewusst) von der Beurteilung der Schülerpersönlichkeit durch die Lehrkraft beeinflusst wird: Lehrende müssen die Prozesse der interpersonalen Wahrnehmung zwischen sich und den SchülerInnen – erst recht, wenn diese einen Migrationshintergrund haben – immer wieder reflektieren und sich deren Auswirkungen auf die gegenseitige Beurteilung bewusst machen. So können sie Einsicht in die prinzipielle Subjektivität ihrer eigenen Bewertungen gewinnen und wenigstens zu dem gelangen, was Eduard Kleber (1996) „kontrollierte Subjektivität" nennt. Damit kann jede Lehrkraft dazu beitragen, dass auch bei DaZ-SchülerInnen die gesellschaftlich unvermeidliche Selektion auf faire und demokratisch legitimierte Weise bewältigt wird.

Übungsideen

Zum Ideenteil – Einleitung

Wie lässt sich das Konzept eines integrativen DaZ-Unterrichts im Schulalltag umsetzen? Der Ideenteil greift die Aspekte des integrativen Sprachunterrichts (vgl. Kapitel 5 des Basisteils) auf und macht Ihnen dazu konkrete Vorschläge.

Die Schwerpunktsetzungen sind grammatisch orientiert. Doch geht es nicht darum, Grammatik durchzunehmen, sondern sie den Kindern als Referenzsystem zu vermitteln. Denn DaZ-Kinder brauchen diese Strukturierungshilfe, um sich ihrer Sprache bewusst zu werden und diese zu entfalten.

Lehrkräfte brauchen Kenntnisse über DaZ, um die Sprache der Kinder, aber auch um die Qualität von Lernangeboten beurteilen zu können und sie zur Entfaltung des natürlichen Zweitspracherwerbs der Kinder einzusetzen.

Als Orientierungshilfe haben wir einen Beobachtungsbogen entwickelt, der auf den Einsatz unserer Materialien zugeschnitten ist (vgl. KV 38–41).

Der Aufnahmebogen soll dagegen den Sprachhintergrund der Kinder beleuchten und alle am Zweitspracherwerb beteiligten Personen (Kind, Lehrkraft, Eltern etc.) für die Wahrnehmung und Entfaltung der Sprache sensibilisieren (vgl. KV 35–37).

Zur Methodik

Die Lernangebote unterstützen strukturiertes Sprachlernen auch ohne abstrakte Erklärungen oder ausgefeilte Terminologie.

Ziel ist die kindgerechte Sprachförderung. Das DaZ-Material enthält auch Vorschläge zur Einbeziehung der Erstsprachen. Denn es gilt, diese Sprachkompetenz anzuerkennen und das mit der Erstsprache erworbene Welt- und Sprachwissen zumindest punktuell für die Entfaltung der Sprachkompetenz im Deutschen zu nutzen. Dabei orientieren wir uns an den im deutschen Sprachraum verbreiteten Minderheitensprachen. Um die entsprechenden Vorschläge umzusetzen, brauchen Lehrkräfte keine besonderen Kenntnisse in diesen Sprachen; wichtiger ist Offenheit und Vertrauen in die erstsprachlichen Kompetenzen der Kinder.

Die Lernangebote ermöglichen verschiedene Formen der Gruppenarbeit: vom Lernen in der ganzen Gruppe über die Arbeit mit Kleingruppen bis hin zum individuellen Lernen. Da Sprachlernen ein höchst individueller, aber auch interaktiver Lernprozess ist, sind die Aufgaben so konzipiert, dass möglichst viele Kinder sprachlich aktiv sein können.

DaZ-Unterricht zielt auf eine Verbindung von Sprach- und Sachlernen. Wenngleich sich dieser Band auf die Beschreibung der sprachlichen Aspekte der Lernangebote konzentriert, sind diese immer thematisch eingebunden; an manchen Stellen werden Vorschläge für die Nutzung des beschriebenen Lernangebots in anderen Kontexten unterbreitet. Oft sind die genannten Inhalte exemplarisch zu sehen und wir setzen auf Ihre Kreativität, die Übungsformen auf andere thematische Zusammenhänge zu übertragen.

Zu den Lernangeboten

Die Angebote haben exemplarischen Charakter und können leicht für die Bedürfnisse einer konkreten Lerngruppe abgewandelt werden, indem z.B. ein anderer Bezugswortschatz gewählt wird.

Die einzelnen Ideen benennen in der Unterüberschrift die Form des Lernangebots, das sprachliche Feld, das Niveau und weisen auf Kopiervorlagen hin.

Wir unterscheiden folgende **Lernangebote:**

→ Übung (als zielgerichtetes Lernangebot),

→ Aufgabe (als freisetzendes Lernangebot)

→ Aktivität (als freies Lernangebot)

Wir unterscheiden **4 Niveaustufen:**

→ A: grundlegend

→ B: aufbauend

→ C: festigend

→ D: vertiefend

Bei den Niveaus geht es um eine Differenzierung der Aufgaben, die sich am Verlauf des Zweitspracherwerbs orientiert. Sie zielen nicht auf eine Bewertung der Leistung des bearbeitenden Kindes. Deshalb kann ein Lernangebot für Niveau A selbstverständlich auch für bereits fortgeschrittene Kinder von Belang sein. Grundsätzlich gilt, dass mit Niveau A gekennzeichnete Übungen für Gruppen vor der Alphabetisierung geeignet sind, da sie zum Großteil rein mündlich sind oder mit Bildimpulsen arbeiten.

Unter **Vorbemerkung/Lernziel** wird das Lernangebot hinsichtlich der Zielsetzung skizziert.

Vorbereitung informiert Sie über nötige Schritte der Vorbereitung.

Die Beschreibung des **Ablaufs** erleichtert Ihnen die Vorbereitung und Durchführung.

Sie wird durch **Varianten** ergänzt, die in der Regel auch Differenzierungsangebote vorsehen:

▼ meint die Differenzierung nach unten,

▲ entsprechend die Differenzierung nach oben.

Bemerkungen über Besonderheiten, Vorschläge zur Terminologie oder mögliche Schwierigkeiten schließen den Kommentar zu einer Idee ab.

Für Ihre Materialkiste

Sprachförderung kann mit verschiedenen Lernmedien gestaltet werden. Allerdings muss die spezifische Eignung für DaZ geprüft und oft genug von Lehrkräften erst hergestellt werden:

- Allgemeine **Sprachbücher** setzen oft intuitives Sprachwissen voraus, das DaZ-Kinder nicht haben, und folgen einer Progression, die sich nicht auf den Zweitspracherwerb übertragen lässt. Aber sie enthalten auch Texte, Aufgaben und Anregungen, die sich adaptieren lassen.
- Gleiches gilt für andere **Materialien aus dem Regelunterricht** wie Arbeitshefte oder Kopiervorlagen. Sie liefern einen Materialschatz, den Lehrkräfte für die DaZ-Kinder aufbereiten können. Oft ist es dabei sinnvoller, altersgerechte Materialien zu entlasten, statt Materialien, die für jüngere Kinder erarbeitet wurden, zu nutzen. Dazu liefert der vorliegende Ideenteil einige Anregungen.
- **Lernmaterialien** (Spiele, CD-Roms) eignen sich vor allem, wenn sie den Fokus auf Sprache legen und als didaktische Schleifen zum Sprachgebrauch und zur Sprachreflexion von DaZ-Lernenden konzipiert sind.
- **Lehrwerke für DaZ** gibt es kaum (vgl. die Arbeitsheftreihe „Werkstatt Deutsch als Zweitsprache", Schroedel Verlag, Hannover 2003). Lehrwerke für Deutsch als Fremdsprache wiederum sind für DaZ nur bedingt geeignet, weil sie den ungesteuerten Spracherwerb unberücksichtigt lassen. Dennoch lassen sich einzelne Lektionen oder auch nur Übungen und dergleichen adaptieren.
- **Bildkarten** wie die Flashcards (Schroedel Verlag, Hannover 2003) oder einfache Memory-Karten begleiten den Ausbau des Wortschatzes.
- **Erzählboxen** (wie *Ein Tag mit Floh* von Schubi) bieten Sprechanlässe und können gezielt für Übungen genutzt werden – Beispiele dafür liefert der Ideenteil.
- **Liederbücher** (wie *Kolibri*) bieten eine Auswahl für gemeinsames Singen oder rhythmisches Sprechen, was einen wichtigen Beitrag zum Üben der Aussprache, der Satzmelodie und zum intuitiven Sprachlernen leistet.
- **Kinderbücher,** Hörspiele und Software (zu Kinderbüchern) liefern nicht nur sprachlichen Input, sondern bieten Sprechanlässe. Bei gleichzeitiger Nutzung unterschiedlicher Medienfassungen können damit Fertigkeiten wie Hör- und Leseverstehen, durch die Bearbeitung des Materials im DaZ-Unterricht auch Sprechen und Schreiben geübt werden.
- **Bilderbücher** unterstützen – ähnlich wie Filme – den selbstständigen Umgang mit dem Material: Die Kombination von Bild und Text unterstützt das Verständnis der erzählten Geschichte. Bei der Bearbeitung der Kinder sollte der Akzent auf das Sprechen über In-

halte und die Gedanken der Kinder gelegt werden.

- **Anderssprachliche Materialien** (Lieder, Bücher, Reime, Kassetten) schaffen für viele Kinder das Gefühl von Sicherheit und Anerkennung ihrer Mehrsprachigkeit. Im DaZ-Unterricht unterstützen sie erste Sprachvergleiche und das Entdecken von Gemeinsamkeiten und Unterschieden.

- **Wörterbücher, Lexika, Grammatiken** sind in ihrer Handhabung für Grundschüler schwierig; Für unsere Zielgruppe sollten sie nicht nur kind-, sondern auch DaZ-gerecht sein. Um den Umgang damit zu üben, können Sie mit den Kindern selbst entsprechende Arbeitsmittel erstellen, z.B. eine Wörterkartei als Vorbereitung auf den Umgang mit dem Wörterbuch. Eine kleine Grammatik entsteht, wenn Sie behandelte Phänomene auf Lernplakaten festhalten, verkleinert in einem Ringbuch zusammentragen und alphabetisch oder thematisch sortieren. Für Lexika gilt dasselbe: Erkenntnisse zu bestimmten Themen werden aus verschiedenen Quellen zusammengesucht und zu einem Nachschlagewerk ausgebaut.

Wie in jedem Unterricht entscheiden nicht die Medien als solche über ihre Eignung, sondern, was Sie im Unterricht damit machen. In jedem Fall sollten die Kinder auch in der Sprachförderung unterschiedliche Medien kennen, nutzen und beurteilen lernen. Gerade bei authentischem, nicht für die Zielgruppe aufbereiteten Materialien, sind DaZ-Kinder aber aus sprachlichen Gründen oft überfordert, sodass sie Ihre Unterstützung brauchen. Die auch einfach darin bestehen kann, Vertrauen in die eigene Sprachlernkraft zu entwickeln und auch kleine Fortschritte als solche anzuerkennen.

1. Zentrale Mitteilungskompetenzen

1.1. Nachfragen

Nachfragen ist eine wichtige Voraussetzung für das Erschließen von Zusammenhängen, von der kleine Kinder in ihrer Warum-Phase ganz besonders häufig Gebrauch machen. Nachfragen bzw. eine **Fragehaltung** einzunehmen, ist auch eine zentrale Lernstrategie in der Schule. Dort sind häufig die Pädagogen nicht nur im fragend-entwickelnden Unterrichtsgespräch in der Rolle der Fragenden und die SchülerInnen in der Rolle der Antwortenden. Will Schule ein Ort des entdeckenden Lernens sein, müssen Schüler viel stärker zum Nachfragen angeregt werden. Denn nur wenn tatsächlich ihre Fragen beantwortet werden, ist selbsttätiges Lernen möglich. Die Grundlage zur Unterstützung der Mitteilungskompetenz Nachfragen ist ein Rollentausch: fragende Schüler und antwortende Lehrkräfte.

Warum ist die Entwicklung einer Fragehaltung bei DaZ-Kindern so wichtig?

Es wird immer wieder beobachtet, dass DaZ-SchülerInnen nur vage verstehen und sich, zumal in schriftlichen Texten, auch wenig differenziert ausdrücken. Die Gründe dafür sind vielfältig: Zum Beispiel sind DaZ-Lernende darin geübt, Sachverhalte kontextuell zu erschließen und sich mit einem vagen Verstehen zufrieden zu geben. Was für die Alltagskommunikation auch eine sehr sinnvolle Strategie ist, stößt im Unterricht schnell an Grenzen. Hier muss das Bewusstsein bei Schüler- und LehrerInnen geschärft werden.

Sind inhaltliche Gründe (fachliche, kulturelle oder Aspekte des Allgemeinwissens) und/oder sind sprachliche Gründe (Satzstrukturen, Wortbildungsregeln, Probleme im Bereich der Deklination und Konjugation) für das partielle Nicht-Verstehen ausschlaggebend? Bei DaZ-Lernenden sind sprachliche

Gründe viel häufiger anzutreffen als bei Kindern mit deutscher Erstsprache. Deshalb sind viele der üblichen Fragen, die Lehrkräfte im Unterricht zur Unterstützung stellen, für DaZ-Kinder keine wirkliche Hilfe – z.B. Fragen, die einen kompetenten Umgang mit den Fällen voraussetzen (z.B.: *„Wer haut hier wen?, Wem hat er es gegeben?).* Wer Nominativ, Akkusativ und Dativ nicht unterscheiden kann, kann auch eine solche Frage nicht beantworten. Deshalb ist es wichtig, DaZ-Kindern Fragen zu stellen und sie zu Fragen zu motivieren, die DaZ-Spezifisches berücksichtigen.

Zu bedenken ist allerdings, dass Nachfragen nicht in allen Kulturen gleichermaßen positiv bewertet wird. Es kann durchaus sein, dass DaZ-Kinder Nachfragen als Zeichen von Unwissenheit oder auch Grenzüberschreitung deuten und diese Lernstrategie deshalb vermeiden. Die unterschiedlichen Einstellungen zum Nachfragen sollten aufgegriffen werden, um den Kindern die – für die Schule in Deutschland – wichtige Bedeutung dieser Lernstrategie näher zu bringen.

Zur Struktur von Fragen

- **W-Fragen** werden mit einem Fragepronomen eingeleitet: *Wer, Wie, Was, Warum, Wo, Wann* etc. Die Kinder müssen einerseits die Bedeutung der Fragepronomen (aus dem Kontext der Fragen und Antworten) erschließen. Andererseits müssen sie die Struktur der Frage *(Warum....?)* und der passenden Antwort *(weil...)* lernen.

  Strukturell am einfachsten sind Fragen mit *Wer* oder *Was*. Auf den Unterschied zwischen Fragen nach Personen oder Sachen muss aufmerksam gemacht werden: *Wer ist das? Was ist das?*

- Fragen mit den Pronomen *Wen (oder Was), Wem, Wessen* werden sinnvollerweise erst nach Einführung der Fälle verwendet.

  Auch hier sind später Fragen nach Dingen und Personen zu unterscheiden *(Womit/Mit wem).*

- Bei Fragepronomen wird die Inversionsregel angewendet: An erster Stelle steht das Fragepronomen, an **zweiter Stelle das Verb,** danach folgt das Subjekt: *Wann kommst du? Wohin gehen wir jetzt?*

- Fragen können auch dadurch gebildet werden, dass das **Verb an erster Stelle** steht: *Gehst du mit zum Sport?* Solche Fragen sind sehr häufig und werden von den Kindern auch früh formuliert. Oft erwirken sie eine Entscheidung (Ja/Nein). Sie können aber auch als Alternativfragen *(Heißt es der, das oder die Schule?)* oder als Suggestivfragen *(Ist das vielleicht ein Nomen?)* eine unterstützende Wirkung haben, da sie die Antwort bereits mitliefern.

- In der **mündlichen Kommunikation** sind auch Fragen üblich, die nur durch die Intonation oder den situativen Kontext markiert sind *(Ich kann das nicht!* im Sinne von: *Kannst du mir helfen?).*

Wie kann Nachfragen geübt werden?

Aktiv nachfragen zu können, setzt voraus, dass die Kinder das Zusammenspiel von Frage und Antwort erkennen und zu der erwünschten Antwort die passende Frage formulieren lernen. Jede Form von Rollenspielen, in denen die Kinder die Rolle der Fragenden (als Journalist/in, Polizist/in, Lehrer/in) übernehmen, eignet sich zur Entfaltung der Mitteilungskompetenz Nachfragen. Diese lassen sich dann auch sehr gut unter metakommunikativen Aspekten auswerten: Welche Fragen wurden gestellt? Wie sind Fragen aufgebaut? Mit welchen Fragen findet man am besten etwas heraus?

Tipps für die Praxis: Nachfragen

1.1.1.

Wie heißt du?/Wer bist du?

Aufgabe zu W-Fragen, A

Vorbemerkung

W-Fragen werden in der Regel durch Fragen nach dem Namen, Alter, nach Freunden, Wohnort, Familiensituation etc. geübt. Damit die Kinder nicht nur Antworten geben, sondern auch die entsprechenden Fragen stellen, porträtieren sie andere – Klassenkameraden (z.B. während der Kennenlernphase) oder auch Menschen in ihrer schulischen und/oder außerschulischen Umgebung.

Ablauf

Das Kreisspiel „Wie heißt du?“ läuft ähnlich ab wie „Koffer packen“: Das erste Kind stellt sich vor, die nachfolgenden Kinder müssen alle Namen wiederholen.

- *Ich heiße Antonia und wie heißt du?*
- *Du heißt Antonia, ich heiße Vadim und wie heißt du?*
- *Du heißt Antonia, du heißt Vadim, ich heiße Yasemin und wie heißt du?* etc.

Bemerkung

Wichtig ist, dass auf die Einhaltung der Satzmuster geachtet wird und die Kinder in dieser frühen Phase des Spracherwerbs nicht durch unbedachte Variationen verwirrt werden.

Wenn die Kinder die Struktur sicher beherrschen, kann das Spiel um andere Satzmuster mit W-Fragen erweitert werden:

- *Wie alt bist du?*
- *Wie ist dein Nachname/Familienname?*

Nach der Behandlung des Wortfelds „Essen und Trinken“ bieten sich folgende Fragen an:

- *Was isst du gern?*
- *Was trinkst du gern?*

Variante

▲ Die Kinder füllen einen Fragebogen, z.B. für einen Schülerausweis, mit den entsprechenden Angaben aus. Anschließend überlegen sie sich die passenden Fragen zu den Feldern *Name, Wohnort, Schule* etc.

Die Kinder erzählen, wenn sie dazu bereit sind, noch mehr über sich (ggf. auf Nachfrage: *Woher kommt deine Familie? Wann seid ihr nach Deutschland gezogen? Welche Sprachen sprichst du hier und zu Hause?*

Sie erhalten die Aufgabe, einen anderen Schüler oder eine andere Schülerin zu interviewen. Um das Hörverstehen besonders zu schulen, können sie ihre Informationen über die anderen am Telefon einholen oder auf Kassette aufzeichnen. Damit sie keine Frage vergessen, schreiben sie sie vorher auf.

In der Klasse erzählen sie, was sie über die Befragten erfahren haben.

Bemerkungen

In der Auswertung werden die Fragepronomen gesammelt; die Struktur des Fragesatzes mit Fragepronomen wird entschlüsselt und ggf. im Vergleich zu anderen Fragesätzen gefestigt.

Sollten die Kinder nicht bereit sein, über sich und ihre Lebenssituation Auskunft zu geben, kann dieses Fragespiel abgewandelt werden zu: Wer ist wer? Dann wird nicht das eigene Leben, sondern das von literarischen Figuren (aus Märchen, Kinderliteratur oder Filmen) erfragt.

1.1.2.

Was bist du?/Was machst du?

Aktivität zu Entscheidungsfragen, B

Vorbemerkung

Entscheidungsfragen lassen sich durch Ratespiele zu Berufen oder berühmten Persönlichkeiten, aber auch zu Sachen und Tätigkeiten üben.

Ablauf

Einfach ist das Erraten von Sachen, indem die Kinder sagen: *Ich sehe was, was du nicht siehst und das ist ....* (Angegeben wird die Farbe oder auch die Form). Zum Erraten bilden die Kinder einfache Fragen: *Ist es .....?*

Ebenso einfach ist das Erraten von Tätigkeits- oder Fortbewegungsverben. Dazu machen die Kinder alleine oder zu zweit eine Tätigkeit oder eine Fortbewegungsart vor und die anderen fragen: *Spielst du Fußball? Streitet ihr?* Die Gefragten antworten: *Ja, ich spiele Fußball. Nein, wir streiten nicht.* Mit dieser Übung lassen sich auch Personalpronomen (ich – du, wir – ihr) und die entsprechenden Personalendungen der Verben üben.

Ähnlich lassen sich auch Tiere erraten, die lautmalerisch oder pantomimisch dargestellt werden.

Variante

▲ Sie können auch Sätze auf Streifen schreiben und einzelnen Kindern geben:

Du isst ein Stück Kuchen.
Du liest ein lustiges Buch.
Du siehst einen traurigen Film.
Du machst ein Computerspiel.
Du denkst nach.
Du telefonierst mit einer Freundin.
Du rufst beim Arzt (oder in der Schule) an.
Ihr geht im Park spazieren.
Du spielst mit einem Tier.

Die Kinder stellen den Inhalt pantomimisch dar, die anderen erfragen *(Hast du etwas in der Hand? Bist du traurig?)*, was dargestellt wird.

Variante: Beruferaten

▲ Das Kind macht eine typische Hand- oder Körperbewegung vor und schweigt.

Die Spielleitung beantwortet die Fragen des Teams nur mit Ja oder Nein.

Jedes Kind darf solange fragen, bis die Spielleitung eine Frage mit Nein beantwortet, dann ist das nächste Kind dran.

In der Auswertungsphase überlegen die Kinder, welche Art Fragen sie gestellt haben (z.B. Fragen ohne Pronomen mit dem Verb an erster Stelle).

Dabei gibt es eine Spielleitung, ein Rateteam von ca. 6 Kindern und ein Kind, das den gesuchten Beruf oder die gesuchte Persönlichkeit verkörpert.

1.1.3.

Erzähle mehr!

Aufgabe zur Überarbeitung von Texten, C

Lernziel

SchülerInnen überarbeiten den Text eines Mitschülers/einer Mitschülerin, indem sie ihn/sie v.a. zum Inhalt befragen.

Ablauf

Die Kinder erfragen Satz für Satz Unklares, nicht Gesagtes.

Sie klären sprachliche Unsicherheiten mit Hilfe der Lehrkraft und schreiben schließlich den Text in überarbeiteter Fassung gemeinsam auf.

Bemerkungen

Die Fragen an den Autor/die Autorin des Textes, Fragen an die Lehrkraft hinsichtlich Formulierung, Grammatik, Orthografie etc. und gemeinsame Überlegung zur Gestaltung des Textes *(Ich schreibe jetzt ..., ja?)* sind ebenfalls ein Beitrag zur Ausbildung der Mitteilungskompetenz Nachfragen.

Falls der Einsatz von Computern geübt werden soll, bietet sich diese Übung an: in Kleingruppen können einfache Textüberarbeitungen erstellt werden.

1.1.4.

W-Fragen im Vergleich

Herkunftssprachen einbeziehen

Es ist sinnvoll, bei der Einführung in die Struktur der Fragen die Herkunftssprachen der Kinder mit einzubeziehen, um ein Grundverständnis zu sichern. Im Folgenden werden Vorschläge zur Integration des Türkischen und des Arabischen gemacht.

Während der Einführung der W-Fragen kann eine leere Tabelle, die an der Wand hängt, nach und nach durch die Kinder mit den herkunftssprachlichen Entsprechungen der einfachen Fragepronomen gefüllt werden. Die ausgefüllte Tabelle könnte wie folgt aussehen:

Deutsch	***Türkisch***	***Arabisch***
Wer?	Kim?	مَنْ ؟
Wie?	Nasıl?	كَيْفَ (لِمَ)؟
Was?	Ne?	ماذا (ما)؟
Warum?	Niçin? Niye?	لِماذا ؟
Wieso?	Niçin? Niye?	كَيْفَ بأيّ وجه؟
Weshalb?	Neden?	لِماذا ؟
Wann?	Ne zaman?	متى ؟
Welche? Welcher?	Hangi? Hangisi?	أيّ ؟ أيّةُ؟

Auf der Tabelle mit den Entsprechungen der Fragepronomen kann den Kindern der Unterschied zwischen der Frage nach Sachen und der Frage nach Personen verdeutlicht werden.

Fragen mit den Pronomen *wen* (oder was)

Auch hier ist es sinnvoll, den Kindern das Verständnis der veränderten Fragepronomen durch Vergleiche mit den Herkunftssprachen zu erleichtern. Hierzu kann erneut eine Tabelle hergestellt werden. Die Lehrkraft sollte sich hierbei allerdings die Entsprechungen der Fragepronomen vorher notieren, um Fehlern vorzubeugen. Hilfreich wären kurze Beispielsätze, die in die Herkunftssprachen übersetzt werden.

Deutsch	***Türkisch***	***Arabisch***
Wer? **Wer** ist das?	Kim? Bu **kim?**	مَنْ ؟ مَنْ هذا ؟
Wen? **Wen** hast du gesehen?	Kimi? **Kimi** gördün?	مَنْ ؟ مَنْ رأيت؟
Wem? **Wem** gehört die Tasche?	Kimin? Bu çanta **kimin?**	لِمَنْ ؟ لِمَنْ هذه الحقيبة؟
Wessen? **Wessen** Buch ist das?	Kimin? Bu kitap **kimin?**	لِمَن ؟ لِمَن هذا الكتاب؟
Was? **Was** ist das?	Ne? Bu **ne?**	ما ؟ ما هذا ؟
Was? **Was** hast du gesehen?	Ne? **Neyi** gördün?	ماذا ؟ ماذا رأيت ؟

Bei dieser Frageform ist es ebenfalls nützlich, auf die Herkunftssprachen hinzuweisen, da in anderen Sprachen manchmal ganz andere Mittel für die Formulierung von Fragen zur Verfügung stehen und den Kindern die Verbindung zwischen beiden Sprachen durch diese Hilfestellung erleichtert werden kann.

Im Türkischen werden z.B. auch Entscheidungsfragen, die im Deutschen mit dem Verb an der ersten Stelle gebildet werden, mit einer Fragepartikel wiedergegeben, die vier verschiedene lautliche Formen aufweist: *mı, mi, mu, mü.* Je nachdem, wonach gefragt wird, verändert sich die Stellung der Fragepartikel im Satz. Diese komplizierten Regeln des Türkischen sind mit den Kindern allerdings nicht zu besprechen. Es genügt, wenn die Kinder die Möglichkeit erhalten, die deutschen Fragesätze durch den Vergleich mit dem Türkischen zu verstehen. Die Kinder könnten hierzu in der Klasse einige einfache deutsche Fragesätze übersetzen bzw. sie können einige Sätze zu Hause übersetzen lassen und die Übersetzungen in der Klasse vortragen, z.B.:

- Gehst du mit ins Kino?
- Sinemaya gidiyor musun?

- Hast du Geld?
- Paran var mı?
- Spielst du gerne Ball?
- Top oynamasını seviyor musun?

1.2. Ortsangaben machen

Ortsangaben machen wir, um die Position, Herkunft bzw. Richtung von Personen, Dingen, Handlungen, Geschehnissen zu benennen. Im Unterricht kommen zwar ständig Ortsangaben vor *(an der Tafel, in der Sporthalle, vom Schulhof, dort, hier, links, rechts ...)*, doch werden sie – wenn überhaupt – nur semantisch, nicht aber grammatisch behandelt. Der Grund dafür ist, dass Kinder mit Deutsch als Erstsprache die Bedeutung von Ortsangeben und deren grammatische Einbindung in den Satz intuitiv erfassen.

Ausnahmen bilden insbesondere bei SchulanfängerInnen Angaben wie *links, rechts, oben, unten, hinten, vorne* und Richtungsangaben wie *hinunter und herunter,* die allerdings erst später thematisiert werden. Auch die korrekte Verwendung des Kasus bereitet ggf. Probleme, v.a. bei zusammengezogenen Präpositionen und Artikeln *(von/vom Schulhof).*

Was ist an Ortsangaben schwierig?

Einzelne Aspekte des Lernbereichs Ortsangaben müssen somit auch Kinder deutscher Herkunft besonders trainieren. DaZ-Kinder haben hingegen grundsätzliche Schwierigkeiten mit Ortsangaben und zwar im Hinblick auf die Wortbedeutung und die Grammatik.

Beobachtungen zeigen, dass DaZ-Kinder nur wenige Ortsadverbien kennen und mit *dort, da, hier* auskommen müssen. Diese allgemeinen Angaben reichen für die mündliche Kommunikation durchaus aus, zumal dabei Ortsangaben oft durch Zeigen unterstützt werden. Aber schon für eine Bildbeschreibung in schriftlicher Form müssen sie entfaltet werden.

Immer wieder lassen DaZ-Kinder lokale Präpositionen ganz weg *(Ich gehe Hause, Kann ich Toilette gehen?),* vermutlich weil sie sie nicht kennen oder nicht wissen, dass und wie sie zu verwenden sind. Darauf deuten auch Sätze hin wie: *Das weiß ich von Schule.* In diesem Beispiel zeigt sich, dass die Präposition *von* falsch verwendet wird (vielleicht abgeleitet aus Aussagen wie: *Das weiß ich von Emine.).* Außerdem wurde der Artikel ausgelassen. Ein Erklärungsansatz: Vermutlich weiß das Kind, dass es einen Artikel braucht. Es weiß wahrscheinlich auch, dass es im Nominativ *die Schule* heißt. Aber es weiß nicht genau, welchen Kasus es hier hätte verwenden müssen. Um Fehler zu vermeiden, markiert es gar keinen Kasus und verzichtet deshalb ganz auf den Artikel.

Sobald Kinder Sätze mit Ortsadverbien am Satzanfang bilden, müssen sie die Inversionsregel anwenden. Diese bereitet auch nach intensivem Üben noch lange Schwierigkeiten. Die Kinder halten an der einfachen Satzstellung *(Dort sie gehen ins Wasser.* – Subjekt – Verb (– Objekt)) fest oder bilden Sätze wie *Dort gehen ins Wasser,* in denen das Subjekt aus Unsicherheit über seine korrekte Platzierung getilgt wird.

Kleine Grammatik der Ortsangaben

- **Adverbien:** Zu unterscheiden sind:

  Ortsadverbien: *dort, da, hier, draußen, drinnen, daheim, oben, unten, links, rechts ...*

  Richtungsadverbien: *hierhin, hierher, daher, dahin, vorwärts, rückwärts ...*

  Zu vermitteln ist einerseits die Bedeutung der Adverbien und ihre Stellung im Satz.

  Andererseits ist der Unterschied zwischen Ortsangabe *(Wo?)* und Richtungsangabe *(Wohin? Woher?)* anzusprechen.

- Lokale **Präpositionen:** *auf, unter, über, hinter, neben, zwischen, vor, in, bei, von, aus, nach ...*, darin enthalten die neun **Wechselpräpositionen** *an, auf, hinter, in, neben, über, unter, vor* und *zwischen*, die ihre Ergänzung ändern:

Auf die Frage 'wo' steht der Dativ, auf die Frage 'wohin' steht der Akkusativ!

Diese Besonderheit des Deutschen stellt ein großes Problem für DaZ-Lernende dar und bedarf einer spiralcurricularen Bearbeitung.

- **Positions- und Richtungsverben:** *liegen legen, stehen – stellen, sitzen – setzen, hängen – hängen, stecken – stecken*

  Hier ist die unterschiedliche Bedeutung der Verben anschaulich zu vermitteln. Die Verbindung dieser Verben mit den entsprechenden (Wechsel-)Präpositionen *(Ich liege auf dem Boden. Ich lege das Buch auf den Boden.)* trainiert sowohl die Verben als auch die schwierigen Wechselpräpositionen. Ihre Einbindung in Sätze verdeutlicht, dass Richtungsverben in der Regel zwei Objekte fordern, z.B.: *ich setze mich auf den Boden, du hängst* das Bild an die Wand (während Positionsverben auch ohne Objekt auskommen, z.B.: *sie steht, wir liegen, das Bild hängt (an der Wand), das Ding steckt fest.*

- **Inversion:** Stellung des Subjekts direkt hinter dem Verb, wenn am Satzanfang ein anderes Satzglied oder ein Gliedsatz steht.

Wir	*lesen*		*ein Buch.*
In der Pause	*lesen*	*wir*	*ein Buch.*
Wenn Pause ist,	*lesen*	*wir*	*ein Buch.*

Wie können Ortsangaben geübt werden?

Ortsangaben lassen sich hinsichtlich ihrer Bedeutung anschaulich vermitteln, indem die Kinder auf Stühle steigen, unter Tische kriechen, sich hinter Vorhängen verstecken, sich zwischen zwei Kinder stellen, vor die Klasse treten etc.

Notwendig sind sie für Bild- und Situationsbeschreibungen. In sehr vielen Lesetexten kommen Ortsangaben vor, ohne dass sie explizit geübt werden. Solche Texte können im DaZ-Unterricht herangezogen werden, auch um Ortsangaben zu üben.

Tipps für die Praxis: Ortsangaben machen

1.2.1.

Im Zirkus

Übung zu Richtungsangaben, A

Lernziel

Die Kinder sollen die Richtungsangaben *oben* und *unten* sowie *links* und *rechts* anwenden lernen.

Ablauf

Die Kinder strecken sich nach oben, ducken sich nach unten, strecken sich nach links und nach rechts, um diese Ortsadverbien zu erleben. Dabei werden Verben verwendet wie *strecken, zeigen, werfen, schauen, rufen* etc.

Danach fordern sie sich gegenseitig auf: Schau nach oben, unten ...! Zeige nach links, rechts ...! Wirf den Ball nach oben ...! Springe nach rechts (oder links)! (Wird der Imperativ nicht korrekt verwendet, so kann in dieser Übung darüber hinweg gesehen werden, denn es geht um Richtungsangaben.)

1.2.2.

Hier geht's lang!

Aufgabe zu Richtungsangaben, B, KV 1

Lernziel

Die Kinder sollen die Richtungsangaben (ggf. auch die Himmelsrichtungen) festigen.

Ablauf

Die Kinder fordern sich gegenseitig auf, einen bestimmten Weg zu gehen. Dazu wird die Kopiervorlage des Stadtplans auf den Overheadprojektor gelegt. Dort steht ein Kind und wird mit einem Stift den Weg einzeichnen, den die anderen ihm vorgeben.

Sie bilden Gruppen mit 4-5 Kindern; ein Kind geht an den Overheadprojektor, die anderen nehmen sich je eine Zielkarte, deren Inhalt sie dem Kind am Projektor nicht verraten.

Die Gruppe sagt dem Kind am Projektor zunächst, wo es den Stift ansetzen soll (z.B. an der Schule).

Dann wird der Weg angegeben: *nach links – halt, jetzt nach oben – halt, geradeaus – halt ...*, bis das Ziel (z.B. den Spielplatz) erreicht ist.

Das zweite Kind übernimmt von dort nun die Leitung zu seinem Ziel, bis alle dran waren.

Wird ein falscher Weg eingeschlagen, kommt die nächste Gruppe an die Reihe.

Differenzierung

▲ Die Wettbewerbssituation wird erhöht, wenn die Gruppen gegeneinander und zusätzlich auf Zeit spielen.

▲ Statt der Ortsadverbien können auch die Himmelsrichtungen verwendet werden: *nach Norden – nach Süden.*

1.2.3.

Versteckspiel mit Worten

Übung zu lokalen Präpositionen, B

Vorbemerkung

Verstecken Spielen fordert in der Regel wenig Sprachkompetenz. Doch es lässt sich für den Sprachunterricht umgestalten, wenn das suchende Kind die gefundenen Kinder nicht nur ‚anschlägt', sondern dazu sagt, wo es sich versteckt hat. Dabei werden lokale Präpositionen mit dem Dativ geübt.

Ablauf

Mehrere Kinder verstecken sich, während ein Kind die Augen bedeckt, auf 20 zählt und anschließend die Kinder sucht.

Nachdem es ein Kind gefunden hat, sagt es: *Mehmet ist hinter der Tür (gewesen).*

Die nicht mitspielenden Kinder beurteilen, ob die Aussage zutrifft.

Nach dem Spiel werden Präpositionen gesammelt.

Die Kinder formulieren schriftlich Sätze zu mindestens 5 Präpositionen.

Variante

Denkbar ist auch das Verstecken von Sachen, der Ablauf bleibt gleich.

Differenzierung

▼ Zunächst wird nur die inhaltliche Richtigkeit beurteilt, d.h. geprüft, ob die richtige Präposition (ggf. das richtige Ortsadverb) verwendet wurde.

▲ Später muss auch die Grammatik stimmen (d.h. der Dativ korrekt gebildet werden). Zur Unterstützung kann eine Tabelle eingesetzt werden.

Die Kinder entschlüsseln die zusammengezogenen Präpositionen *am* und *im.*

1.2.4.

Wo ist was los?

Übung zu Ortsadverbien, C

Lernziel

Die Kinder sollen die Ortsadverbien *drinnen* und *draußen* sowie *dort* und *hier* anwenden lernen. Dabei kann auch auf die Inversionsregel, wenn diese Adverbien am Satzanfang stehen, eingegangen werden.

Ablauf

Die Kinder beschreiben (beim Blick auf den Schulhof, in die Klasse oder auch auf ein Bild), was dort und was hier zu sehen ist. Im Vordergrund stehen kann dabei die Benennung von Dingen *(Dort ist die Tafel, hier stehen die Stühle.)* oder von Tätigkeiten *(Dort streiten zwei. Hier spielen drei Kinder Gummitwist.).* Achten Sie auf die Verwendung der Inversionsregel und geben Sie ggf. ein korrektives Feedback, damit sich die Regel formelhaft einschleift.

Die Kinder nennen Dinge, die sie gerne haben, und Tätigkeiten, die sie gerne tun, und sortieren sie nach dem Ort, an dem sie vorkommen bzw. an dem sie sie ausüben:

	drinnen	***draußen***
Sachen	*der Computer*	*die Bäume*
	...	....
Tätigkeiten	*fernsehen*	*Ball spielen*
	....	.....

Anschließend formulieren sie dazu Sätze, indem sie sagen, was drinnen und was draußen passiert. Dabei ist auf die Stellung der Ortsangabe im Satz (im Satzinneren, am Satzanfang oder am Satzende) zu achten. Dazu werden einzelne Sätze durch die Umstellprobe verändert:

Die Kinder	*spielen*		*Fußball.*
Draußen	*spielen*	*die Kinder*	*Fußball.*
Die Kinder	*spielen*	*draußen*	*Fußball.*
Fußball	*spielen*	*die Kinder*	*draußen.*

Bemerkungen

Es fällt den Kindern in der Regel nicht schwer, die Bedeutung der Ortsadverbien zu erschließen und sie sinnvoll anzuwenden. Sollte allerdings die Inversionsregel Schwierigkeiten bereiten, muss sie explizit behandelt werden.

▲ Damit die Umstellprobe nicht nur eine Strukturübung bleibt, können die Kinder überlegen, wann man welchen der Sätze sagt. Zum Beispiel wird beim Blick aus dem Fenster festgehalten: *Draußen spielen (die) Kinder Fußball.* (Wenn hingegen Kinder im Zimmer Fußball spielen, werden sie ermahnt: *Fußball spielen (die) Kinder draußen!* Dabei geht es darum, für die kontextuelle Einbindung von Sprache zu sensibilisieren.

1.2.5.

Wohin gehst/fährst/fliegst du?

Übung zu lokalen Präpositionen, C

Vorbemerkung

Auf die Frage nach dem Ziel ist die Verwendung lokaler Präpositionen vielfältig:

Bei Personen und Plätzen heißt es **zu** (+Dativ): *zum Arzt und zum Bahnhof;*

Bei geschlossenen Gebäuden heißt es **in** (+Akk.): *in die Schule, ins Schwimmbad;*

Bei Städten und Ländern heißt es **nach** (ohne Artikel): *nach Berlin, nach Italien,* es sei denn das Land führt einen Artikel, dann heißt es **in**: *in die Türkei, in die Schweiz.*

Ablauf

Die Kinder erzählen, wohin sie nach der Schule gehen: *nach Hause, in den Hort, zu einer Freundin, zum Sportplatz etc.*

Sie sammeln die verwendeten Präpositionen und versuchen eine Systematik herauszufinden.

Sie erzählen von ihrem nächsten Ausflug: *zum Wannsee, auf den Fernsehturm, in einen Park, in den Zoo, zur Grill-Party, zu einer Familienfeier etc.*

An den Beispielen überprüfen sie ihre Systematik.

Sie überlegen, wohin die nächste Reise geht: *in die Türkei, zu den Großeltern, nach München, ins Landschulheim, ans Meer, in die Berge etc.*

Sie überprüfen erneut ihre Systematik und versuchen außerdem herauszufinden, was *ans, zur* und *ins,* genau meint.

Bemerkungen

▼ Die Kinder nennen zunächst nur die Orte, zu denen sie nach der Schule gehen. Anschließend werden Sätze gebildet: *Ich gehe .....* oder *Erhan geht ....* oder *Nach der Schule gehe ich/geht Selma ....* Gleiches gilt für die Ausflüge und die Reisen.

Durch dieses kleinschrittige Vorgehen haben Sie die Möglichkeit, die Reihenfolge der gesammelten Orte (hinsichtlich der zu verwendenden Präpositionen) zu steuern und den Kindern die Entdeckung der Systematik Schritt zu erleichtern.

▲ Abschließend entschlüsseln sie den verwendeten Kasus.

▲ Die Kinder machen einen Spaziergang und umschreiben Wegweiser: *Hier geht's zur Autobahn, zum Bahnhof, zur U-Bahn, zum*

Strand ... Sie können auch Wegweiser erfinden *(Hier geht's zum Sportplatz, zum Hort, zu meiner Tante, zur Imbissbude, zum Kino ...).* Sie gestalten einen realen (Stadt-)Plan der Schulumgebung so um, dass die Orte, die für sie selbst wichtig sind, mit einem Wegweiser bezeichnet werden.

1.2.6.

Woher kommst du?

Übung zu lokalen Präpositionen, C

Vorbemerkung

Die Angabe des Herkunftsortes ist etwas weniger differenziert als die des Zielortes:

Bei Personen und Plätzen heißt es **von** (+Dativ): *vom Arzt, vom Bahnhof;*

Bei geschlossenen Gebäuden, Städten und Ländern heißt es **aus** (+Dativ):

aus der Schule, aus dem Schwimmbad, aus Berlin, aus Italien, aus der Türkei, aus der Schweiz.

Ablauf

Die Kinder erzählen, wo sie herkommen:

von Zuhause, vom Hort, von einer Freundin, vom Sportplatz etc.

Als Ergänzung formulieren sie Sätze:

Ich komme von/aus ... und gehe zu/nach/in ...

Die Kinder erzählen, woher sie (oder ihre Familien) kommen: *aus der Türkei, aus Russland, aus China etc.* Neben den Ländern sind auch die Regionen zu nennen, damit die Kinder sagen, wo der Ort liegt *(am Meer, im Gebirge, an einem See).*

Differenzierung

▼ Wie schon bei der vorigen Übung nennen die Kinder zunächst nur die Orte, von denen sie kommen. Anschließend werden die Präpositionen ergänzt und dann erst Sätze gebildet. Dadurch haben Sie die Möglichkeit, die Reihenfolge der gesammelten Orte (hinsichtlich der zu verwendenden Präpositionen) zu steuern und den Kindern die Entdeckung der Systematik Schritt zu erleichtern.

▲ Abschließend entschlüsseln sie die verwendeten Fälle.

▲ Die Kinder füllen eine Tabelle aus, die als neue Information angibt, wo jemand ist. Die ausgefüllte Tabelle kann als Merkposter aufgehängt werden:

Wohin geht Emine?	Wo ist Emine?	Woher kommt Emine?
Bild: Emine klingelt bei Selma	Bild: Emine spielt mit Selma	Bild: Emine verlässt Selma
zu Emine	bei Emine	von Emine
in die Schule	in der Schule	aus der Schule
nach Hause	zu Hause	von Zuhause

1.2.7.

Hier und *da* und *dort* im Deutschen und im Türkischen

Herkunftssprachen einbeziehen

Das Verständnis und die Funktion der Ortsadverbien und der lokalen Präpositionen des Deutschen kann den Kindern mit Hilfe von Vergleichen mit ihren Herkunftssprachen erleichtert werden. Kleine Beispielsätze sind sinnvoll, da in den Herkunftssprachen auch nicht immer Ortsadverbien oder lokale Präpositionen für eine Ortsangabe verwendet werden. Im Türkischen gibt es fast gar keine Präpositionen. Bei der Übersetzung der deutschen Beispielsätze können – wenn die Kinder nicht weiter wissen oder wenn unter den Kindern Unstimmigkeiten auftauchen – Eltern und andere der jeweiligen Sprache mächtige Personen um Hilfe gebeten werden. Die Kinder sollten in den Übersetzungen selbst nach der Entsprechung des jeweiligen Adverbs bzw. der jeweiligen Präposition suchen, die im deutschen Satz verwendet wird. Die Kinder werden durch die Vergleiche merken, welche Funktion die Ortsadverbien und lokalen Präpositionen im Deutschen haben und welche sprachlichen Mittel in der Herkunftssprache dieselbe Funktion erfüllen – auch wenn sie ganz anders klingen und aussehen. Möglicherweise entsprechen nämlich mehreren deutschen Präpositionen in der Herkunftssprache nur eine oder zahlreichere oder ganz andere syntaktische Elemente. Im Folgenden werden einige Beispiele zum Deutschen und zum Türkischen vorgestellt:

Entsprechungen der Ortsadverbien *dort* und *da* im Türkischen:

Dort ist es sehr heiß.
Orada hava çok sıcak.

Dort war ich noch nie.
Oraya hiç gitmedim.

Ergebnis des Vergleichs:
dt. *dort* = tr. *ora-*

Meine Tasche ist **da**.
Çantam **burada**.

Da möchte ich mich **hinsetzen**.
Buraya oturmak istiyorum.

Ergebnis des Vergleichs:
dt. *da* = tr. *bura-*

Entsprechungen der lokalen Präpositionen *auf* und *über* im Türkischen:

Das Buch liegt **auf** dem Tisch.
Kitap masanın **üstünde.**

Ich lege das Buch **auf** das Sofa.
Kitabı kanepenin **üstüne** koyuyorum.

Die Uhr hängt **über** der Tür.
Saat kapının **üstünde** asılı.

Das Bild hänge ich **über** das Bett.
Resmi yatağın **üstüne** asıyorum.

Ergebnis der Vergleiche:
dt. *über* und *auf* = tr. üst-

1.3. Begründen

Begründungen werden von SchülerInnen in vielen Situationen in und außerhalb der Schule erwartet: wenn sie zu spät kommen oder etwas Verbotenes getan haben, wenn sie etwas erklären, behaupten oder eine Meinung vertreten, wenn sie etwas haben, tun oder verändern wollen oder auch wenn sie etwas nicht wollen. Um Gründe nennen zu können, brauchen die SchülerInnen nicht nur einen breiten Sprachschatz, sondern auch die syntaktischen Mittel, um Begründungen formulieren zu können. Des Weiteren kann es wichtig sein, die Wahl des Registers der Situation und dem Gesprächspartner entsprechend anzupassen.

Warum müssen DaZ-Kinder Begründen besonders üben?

Betrachtet man Sachunterrichts- und Deutschlehrwerke für die Grundschule, so fällt auf, dass dort nur selten Nebensatzkonstruktionen vorkommen – und wenn überhaupt, dann eher *dass*-Sätze als *weil*-Sätze. Der Grund ist weniger, dass die Kinder solche Satzmuster noch nicht verwenden, sondern vielmehr, dass ihnen die damit verbundene Zeichensetzung noch nicht systematisch vermittelt wird.

Wenngleich diese Nebensatzkonstruktionen im regulären Deutschunterricht erst später auf dem Programm stehen, müssen DaZ-Kinder die Formulierung von Nebensätzen mit ***weil/da*** oder auch mit ***dass*** dennoch lernen, damit sie im Hinblick auf die mündliche Kommunikation mithalten können.

Statt mit untergeordneten Nebensätzen können Begründungen im Deutschen auch mit ***denn*** oder ***nämlich*** konstruiert werden: *„Den Igel sieht man im Winter kaum, denn er schläft versteckt im Laub./Er schläft nämlich versteckt im Laub."* Auch diese Formen von Begründungen sind DaZ-Kindern nicht immer geläufig und müssen deshalb vermittelt werden.

Damit die Kinder unterschiedliche Register (eine situationsangemessene Sprache) ausbilden, brauchen sie einen differenzierten Sprachschatz. Das gilt auch für Begründungen, die durch das Finden von Synonymen, Umschreibungen und situativen Strukturübungen entfaltet werden können. Kontrastiv zu betrachten, wären hier Formulierungen wie:

Ich hab' gekotzt!
(Ich musste mich übergeben.)

Kein Bock! (Ich habe keine Lust!)

Sprachliche Mittel für Begründungen

Die sprachlichen Mittel für Begründungen sind sehr vielfältig:

- Adverbien *darum, deswegen, deshalb, nämlich*
- Konjunktionen *denn, da/weil,* die Begründungen ausdrücken, aber auch *dass* und *damit*, die den Zweck, Ziele oder Absichten zum Ausdruck bringen. *Da/weil, damit* und *dass* leiten Nebensätze ein, bei denen das Verb am Ende steht. Allerdings zeigt sich in der gesprochenen Sprache immer häufiger, dass *weil* auch am Satzanfang steht (obwohl *da* die begründende Konjunktion für den Satzanfang ist und *weil* nur im Satzinneren stehen sollte). Außerdem werden *weil*-Sätze zunehmend ähnlich wie *denn*-Sätze als Hauptsätze konstruiert, bei denen nach der Konjunktion Subjekt und Verb folgen: *Denn ich habe keinen Hunger. Weil ich hab' keine Zeit.* Was für *denn*-Sätze grammatisch korrekt ist, ist für *weil*-Sätze bislang nur in der gesprochenen Sprache akzeptiert.
- Wendungen wie *aus Spaß, aus Wut, weil ich keine Lust/Zeit hatte, wegen gestern, wegen der Feier* etc. können formelhaft geübt werden.

Wie können Begründungen geübt werden?

Mitteilungskompetenz sollte in authentischen Situationen geübt werden, damit die Schüler auch den Sinn der Übung erkennen. Das gilt auch für das Begründen. Neben dem formelhaften Erwerb von sprachlichen Mitteln sollen diese auch metasprachlich bearbeitet werden, damit sich den Kindern erschließt, wie z.B. *weil*-Sätze gebildet werden.

Tipps für die Praxis: Begründen

1.3.1.

Löcher in den Bauch fragen

Übung zur Nebensatzstruktur, B

Lernziel

Fragen stellen und Gründe nennen sind wichtige sprachliche Strukturen, die früh und gründlich geübt werden müssen.

Ablauf

Ein Kind sagt einen Satz wie: *Ich gehe zum Sport.* Die Lehrkraft fragt: *Warum?* Das Kind antwortet und erhält sofort die neue Frage: *Warum?* Dieses Spiel lässt sich so lange spielen, bis das Kind wirklich genervt ist.

Dann erfolgt ein Rollentausch und das Kind fragt. Die Lehrkraft antwortet immer mit einem *weil*-Satz.

Nachdem das Spiel mehrfach mit unterschiedlichen Kindern gespielt wurde, werden einzelne Kinder die *weil*-Konstruktion sicher übernehmen.

Differenzierung

▲ Auf einer höheren Lernstufe wird die Satzstellung systematisch herausgearbeitet. Hilfreich ist die Verwendung eines Schemas, das das finite Verb und seine Stellung im Satz hervorhebt:

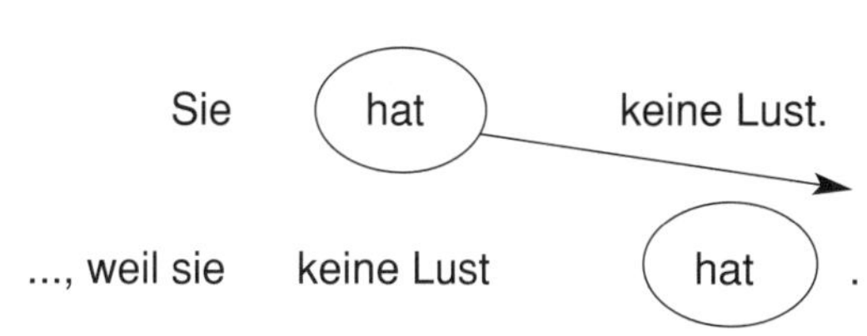

Variante
Warum ist die Banane krumm?

▲ Die SchülerInnen sammeln *warum*-Fragen und stellen sie anschließend ihren MitschülerInnen oder auch Lehrkräften.

Dabei können echte *(Warum müssen wir immer Hausaufgaben machen?)* oder auch witzige, nicht wirklich zu beantwortende Fragen gestellt werden *(Warum ist die Banane krumm?)*.

Vor allem bei den Nonsensfragen ist neben der vielleicht witzigen, häufig aber nichts sagenden Antwort *(weil es halt so ist)* das Interesse auf die Form zu lenken. Dadurch lassen sich die Antworten auch hinsichtlich der Verwendung eines *weil*-Satzes mit Verbendstellung analysieren.

1.3.2.

Warum tun sie das?

Aufgabe zu *weil*-Sätzen, C, KV 2

Vorbemerkung

Die Verwendung von *weil*-Sätzen erfolgt ohne die Differenzierung zwischen *weil* (im Satz) und *da* (am Satzanfang), aber im Hinblick auf die Verbendstellung im Nebensatz.

Ablauf

Die Kinder betrachten das Bild und benennen zunächst, was die Kinder tun.

Danach fragt die Lehrerin jeweils nach dem Warum: *Warum weint das Baby?* Vermutlich antworten die Kinder ohne einen Nebensatz zu bilden (z.B.: *Es hat Hunger.)* Das ist zu akzeptieren. Sollte ein Kind eine *weil*-Konstruktion verwenden, wird dies (z.B. durch bewusstes Lehrerecho) betont, damit sich mehr Kinder an eine solche Konstruktion wagen.

Anschließend formulieren die Kinder (zunächst mündlich), warum die Kinder auf dem Bild so reagieren: *Die Kinder streiten, weil jeder den Ball haben will. Die Mädchen lachen miteinander, weil sie Freundinnen sind.* Dabei ist die Verbendstellung zunächst als korrektives Feedback, dann auf der Ebene der Sprachreflexion einzubringen. Hilfreich ist die Verwendung eines Schemas (siehe oben).

Um die Struktur zu festigen, wird ein Arbeitsblatt mit Lückensätzen eingesetzt, die ab dem *weil* zu ergänzen sind:

Ich gehe zum Arzt, weil.....
Natascha geht in den Sportverein, weil....
Igor kauft eine Badehose, weil....
usw.

Ergänzungen

Die Kinder sammeln, was sie gern/ungern tun, wen oder was sie mögen/nicht mögen und liefern dazu eine Begründung.

Sie fragen ihre MitschülerInnen, was und warum sie etwas gern tun oder mögen.

Differenzierung

▲ Die Lehrkraft fragt nach den Gefühlen der Kinder auf dem Bild: *Der Junge ist traurig. Das Mädchen hat gute Laune. Die Kinder freuen sich.* Im Anschluss werden Begründungen genannt (z.B.: *weil er allein ist.).* Zunächst werden diese Begründungen erneut aus dem Bild herausgelesen.

Anschließend erzählen die Kinder, warum sie selbst (manchmal) traurig, fröhlich sind, gute/schlechte Laune haben, warum sie weinen, lachen, streiten, sich vertragen, mit der oder jenem nicht (oder besonders) gern spielen.

1.3.3.

Ich will das haben!

Aktivität zum Nennen von Gründen, D

Lernziel

Es wird trainiert, Gründe zu nennen.

Ablauf

Sie zeigen den Kindern einen Gegenstand oder auch nur das Bild eines Gegenstands und versprechen ihnen, dass die Person es bekommt, die die besten Gründe vorbringt, warum sie den Gegenstand unbedingt braucht.

Die Kinder begründen, warum, wozu oder auch für wen sie den Gegenstand brauchen:

wegen der Farbe, weil es so schön rot ist, damit ich auch so etwas habe, ich kann das nämlich gut gebrauchen, für meinen Bruder ....

Die Lehrkraft oder eine Jury oder die Gruppe entscheidet, welche Argumente die besten waren. Allerdings sollen die Argumente und nicht die Personen beurteilt werden.

Differenzierung

▼ Brauchen die Kinder Unterstützung, so können Sie auch nachfragen: *Wofür brauchst du das Ding? Was willst du damit machen? Warum gefällt es dir?*

Variante

▲ Dieses Spiel lässt sich auch in Verbindung mit einem Experiment (aus dem Sachunterricht) durchführen. Die Kinder wollen z.B. herausfinden, welche Kugel schneller rollt.

Sie notieren, was sie dazu brauchen (verschieden große Kugeln, ein Brett, Bausteine etc.).

Dann begründen sie, warum sie die Sachen für die Versuchsanordnung brauchen (z.B.: Brett und Bausteine, um eine schiefe Ebene zu bauen).

Am Ende halten sie das Ergebnis mit Begründung fest.

2. Wortschatz und Wortbildung

2.1. Wortschatz

Wortschatzarmut, also nicht genügend ausdifferenzierter Wortschatz, ist ein häufig diagnostiziertes Problem bei DaZ-Kindern.

Wortschatz wird immer aus situativen Kontexten bzw. aus Texten gewonnen. Somit spielt die lebendige und anschauliche Inszenierung im Unterricht eine große Rolle. Und sie geht differenzierten Fragen auf der Ebene der Wortarten – also danach, welche Dinge oder Sachverhalte (Nomina) vorgekommen sind, wie diese sind (Adjektive) und was man da oder damit oder dafür tut (Verben) – sicher voraus.

2.1.1.

Das ist der/die/das ...

Übung zur Wortschatzfestigung, A

Vorbemerkung

Der Wortschatz muss in der Anfangsphase des Zweitspracherwerbs besonders geübt und gefestigt werden. Nomen und ihre Artikel sollten hierbei einen Schwerpunkt bilden und immer zusammen eingeführt und gelernt werden.

Die Arbeit mit einer Farbsymbolik bietet sich in diesem Kontext an: Den Nomen werden entsprechend ihrem Genus bestimmte Farben zugeordnet. Bewährt hat sich dabei folgende Farbgebung:

der/ein (maskulin) = rot
die/eine (feminin) = blau
das/ein (neutrum) = gelb

Die Farbsymbolik unterstützt die Kinder dabei, ein Nomen mit einem bestimmten Genus verknüpft zu erlernen. Auch wird im Zusammenhang das System der Deklination kindgerecht visualisiert: Das Genus und damit die gewählte Farbsymbolik ändert sich nie, auch wenn das Nomen in einem anderen Fall steht.

Vorbereitung

Bereiten Sie Bildkarten zu einem schon behandelten Thema vor, z.B. Schulutensilien, Lebensmittel oder Spielzeug. Besonders geeignet sind die „Flashcards: Bildkarten für den Sprach- und Förderunterricht. Deutsch, Englisch, Türkisch" (Schroedel Verlag, Hannover 2003).

Ablauf

Die von Ihnen gewählten Nomen werden an der Tafel aufgehängt oder in die Mitte des Gruppentisches gelegt und von Ihnen benannt:

Das ist der ...(Stift).

Das ist die ...(Schere).

Das ist das ... (Lineal)

Achten Sie darauf, den bestimmten Artikel zu verwenden. Nun schneiden die Kinder zur Wiederholung und Festigung des Wortschatzes aus den Katalogen die entsprechenden Gegenstände aus und begleiten ihre Aktivität flüsternd: *Das ist der ... . Das ist die ... Das ist das ...*

Anschließend werden die ausgeschnittenen Gegenstände auf Farbkarton sortiert. Dinge mit dem Artikel *der* auf den Karton mit der entsprechenden Farbe (rot), Dinge mit dem Artikel *die* auf den Karton mit der entsprechenden Farbe (blau) und Dinge mit dem Artikel *das* auf den Karton mit der entsprechenden Farbe (gelb). Wieder wird die Handlung sprachlich von den Kindern begleitet.

Bemerkung

Am Anfang sollten nur die bestimmten Artikel geübt werden. Erst wenn die Kinder in der Farbsymbolik sicher sind und gelernt haben nach Artikel zu sortieren, kann auch mit den unbestimmten Artikeln ebenso geübt werden. Auch hierbei ist es sinnvoll, die unbestimmten Artikel immer auf die entsprechenden bestimmten Artikel zurückzuführen

▲ Um die unbestimmten Artikel zu üben können schon eingeführte Nomen an die Tafel gezeichnet werden. Die Pädagogin flüstert einem Kind einen Begriff ins Ohr, dieses zeichnet den Begriff an die Tafel. Schon während des Zeichnens dürfen die anderen Kinder raten. Sie müssen sich dabei an das vorgegebene Satzmuster *Das ist ein.... Das ist eine...* halten. Es ist sinnvoll, im Vorfeld die zu zeichnenden Begriffe nach Artikel auszuwählen und in Gruppen zu üben. Sagen Sie den Kindern, dass der gesuchte Begriff *ein* ist bzw. *eine,* also maskulin/neutrum oder feminin. Die Auswahl der Bilder sollte sowohl inhaltlich als auch nach Genus-Gruppen erfolgen.

Variante

Es ist auch möglich, die gewählten Flashcards auf Folie zu kopieren. Decken Sie die Abbildung langsam, Stück für Stück auf. Die Kinder raten, halten sich dabei an das Satzmuster.

2.1.2.

Mein Lieblingsessen

Aktivität zu Oberbegriffen, A

Vorbemerkung

Bedeutungsvolles Üben ist für DaZ-Kinder bei der Wortschatzerweiterung und Festigung wichtig, um eine Vernetzung der zu lernenden Begriffe zu erleichtern.

Diese Aktivität sollte in Kleingruppen von 3 bis 4 Kindern durchgeführt werden.

Ablauf

Jedes Kind bekommt die Aufgabe aus Katalogen oder Werbeprospekten vier Abbildungen zu einem bestimmten Motto, z.B. Lebensmittel, auszusuchen und auszuschneiden. Sie versuchen dann in der Kleingruppe, alle ausgeschnittenen Abbildungen (mit Artikel) zu benennen: *die Banane, der Joghurt, das Eis.* Bei Unsicherheit kann eine andere

Kleingruppe gefragt werden. Anschließend klebt jedes Kind seine zwei persönlichen Favoriten auf ein Blatt Papier und unterschreibt mit seinem Namen. Im Plenum werden die Blätter vorgestellt mit dem Satzmuster *Mein Lieblingsessen ist...* Auch eine kleine Ausstellung oder eine Art Steckbrief der einzelnen Kinder kann arrangiert werden.

Bemerkung

Achten Sie darauf, dass das Satzmuster nicht abgewandelt wird in *Ich esse gern...,* da hier der Akkusativ verlangt wird.

Variante

Auch andere Mottos können nach dem gleichen Aufgabenprinzip bearbeitet werden:

Mein Lieblingsspielzeug
Mein Lieblingstier
Meine Lieblingsfarbe
Mein Lieblingsfach

2.1.3.

Wortschatznetze

Übung zu Wortschatzvernetzung, B

Vorbemerkung

Wenn neue Wörter mit vertrauten verknüpft werden, sind sie leichter zu lernen.

Vorbereitung

Alle für das Sprachwachstum der Kinder wichtigen Wörter (Kernwortschatz) werden auf Karten geschrieben. Anfangs kann die Rückseite ein entsprechendes Bild aufweisen (Skizze, Ausschnitt aus Zeitschriften, Reklame o. ä.).

Ablauf

Diese Karten können in Bezugsbündeln, in Rastern oder als strukturiertes Themenvokabular genutzt werden (und z.B. an die Stecktafel geheftet oder auf den Fußboden geheftet werden).

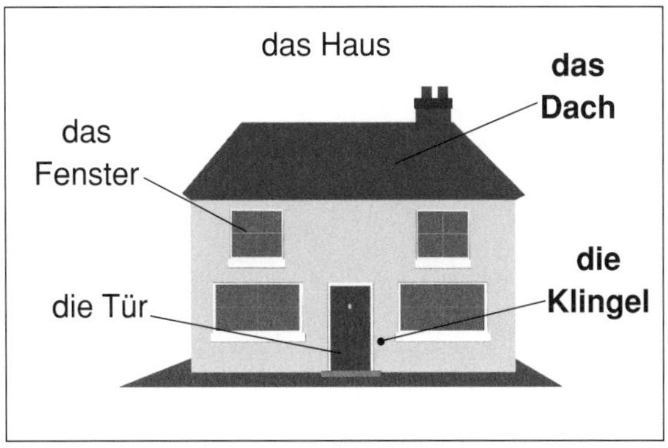

Die fett gedruckten Begriffe sind neu und fügen sich dem vertrauten Wortbestand ein.

Die Sprechanlässe eines solchen Wortverbundes sind vielfältig und können leicht auf andere Kontexte übertragen werden.

Bemerkung

Verben, Adjektive und Nomina sollen immer aus einem aus Schülersicht anschaulichen und sinnvollen Kontext stammen. Sie prägen sich dann dem Wiedererkennens- und/oder Abrufgedächtnis besser ein.

2.1.4.

Geschichtenschatz – Wortschatz

Übung zur Wortschatzerweiterung, B

Lernziel

Aus Gehörtem oder Gelesenem soll ein aktiver Wortschatz werden.

Vorbereitung

Als Grundlage dient die folgende Geschichte vom Elefanten, die die Kinder global verstehen sollten.

In alten Zeiten hatten die Elefanten keine lange Nasen wie heute, sondern kurze Nasen wie du und ich oder wie ein Hase oder ein Igel. Ein Elefant sah zum ersten Mal eine Giraffe. „So lang. Ein so langer Hals!!! Warum hat das Tier einen so langen Hals?" Ein Krokodil hörte das und sagte: „Ich kann dir das sagen. Aber leise. Komm näher. Noch näher. Komm mit deinem Ohr ganz nahe an mein Maul." Der Elefant war sehr neugierig. Er ging immer näher an das Krokodil heran. Das schnappte plötzlich seine kurze Nase und zog und zog. Der Elefant war stark und zog auch. Beide zogen. So kam es, dass alle Elefanten nun lange Nasen haben. Die lange Nase nennen wir Rüssel.

Ablauf

In einem ersten Schritt werden die Nomen und Adjektive gemeinsam an der Tafel zu bedeutsamen Gruppen sortiert:

Nomina	Adjektive
Krokodil	*hungrig*
	listig
	stark
Zähne	*scharf*
	spitz
	gefährlich
	.....

Dass sich Adjektive leicht einprägen lassen, wenn man sie in Gegensatzpaaren lernt, ist einsichtig:

groß	*klein*
stark	*schwach*
lang	*kurz*
dick	*dünn*
schwer	*leicht*
hungrig	*satt*

Auf die Verben und ihre zentrale Bedeutung im Satz kann ein Raster aufmerksam machen, das zugleich hilft, den Inhalt zu erschließen und strukturelle Parallelen im Satzbau zu erkennen.

Eine solche Tabelle kann auch für die Planung eigener Texte genutzt werden.

Bemerkung

Eine gute Unterstützung, insbesondere für visuelle Lerner, ist die Arbeit mit Bildsymbolen.

	Der Elefant/Er	**Das Krokodil/Es**	**Die Giraffe/Sie**	**Transfer/Ich**
hatte	eine kurze Nase	Hunger	einen langen Hals	Zeit
sah	die Giraffe	den Elefanten	–	einen Film
dachte	„So lang!“	„Den schnappe ich mir“		an die Schule
hörte	den Elefanten			meine Mutter
sprach		„Komm näher!“		sie an
war				müde
ging				ins Bett
schnappte				
zog				mich aus

2.1.5.

Adjektivstern

Aktivität zu Adjektiv-Antonymen, C, KV 3

Lernziel

Adjektivbedeutungen sollen gefestigt werden.

Vorbereitung

Die Kopiervorlage wird an den Linien in Dreiecke zerschnitten. Diese Arbeit können die Kinder auch selber übernehmen.

Ablauf

Die einzelnen Dreiecke werden gemischt und wieder als Stern zusammengelegt. Dreiecke mit nur einem Adjektiv bilden dabei den Rahmen.

Differenzierung

▼ Leichter wird diese Aufgabe, wenn Rauten und nicht Dreiecke ausgeschnitten werden, da sich so die Zahl der Möglichkeiten verringert.

Bemerkung

Die Übung eignet sich zur Partnerarbeit.

Die Sterne können auch mit anderen Inhalten beschriftet werden: Satzanfang – Satzfortsetzung, Singular – Plural usw.

2.2. Wortfelder

In Wortfeldern werden Wörter zusammengefasst, die einen gleichen oder ähnlichen Ausschnitt der Wirklichkeit benennen oder bezeichnen.

Können DaZ-Kinder mit Wortfeldern arbeiten?

Das Erstellen von Wortfeldern ist eine wichtige Wortschatzübung, soweit es um die Zuordnung und Sammlung von Wörtern zu einem Oberbegriff geht.

Die Zusammenstellung von Wortfeldern bzw. die Arbeit mit Wortfeldern setzt einen schon sehr differenzierten Wortschatz voraus, z. B. beim Erarbeiten von Bedeutungsnuancen (Differenzierung von *laufen* und *rennen*).

Kleine Grammatik der Wortfelder

Zu den Wortfeldern im engeren Sinn gehören Wortgruppen, die eine Wortbedeutung weiter differenzieren.

Zum Wortfeld *gehen* gehören:

- flitzen, rennen, wetzen, laufen, pesen, rasen, schleichen, schlurfen, bummeln, schlendern

Zum Wortfeld *Trinkgefäße* gehören:

- Becher (Pappbecher, Kaffeebecher, Plastikbecher), Tasse (Teetasse, Kaffeetasse, Plastiktasse, Schnabeltasse), Glas (Weinglas, Bierglas, Schnapsglas, Cognacglas, Wasserglas, Trinkglas, Teeglas)

Diese Differenzierungen sollten beispielsweise beim Wortfeld *gehen* einmal aufgezeigt werden, damit deutlich wird, dass es nicht immer nur ein Wort für eine Sache gibt. Im Übrigen sind Übungen dieser Art weniger im DaZ-Unterricht zu berücksichtigen.

Wichtig sind die Wortfelder, die eigentlich semantische Felder zu einem Gegenstandsbereich beinhalten und Zusammenstellungen zu einem Oberbegriff darstellen.

Was kann man mit Wortfeldern üben?

Unter der Überschrift „Was gehört zusammen?" können auch im Zusammenhang mit dem Sachunterricht Wörtersammlungen entstehen, die einen wichtigen Bestandteil der Wortschatzarbeit bilden; zum Beispiel zum Oberbegriff *Körper, Tiere, Familie.* Die DaZ-Kinder lernen so, die Dinge ihrer unmittelbaren Umgebung und Lebenswelt mit den deutschen Wörtern zu bezeichnen.

Tipps für die Praxis: Wortfelder

2.2.1. Passt das zusammen?

Aktivität zu Wortfeldern, A

Vorbereitung

Stellen Sie Bildsammlungen zu folgenden drei Wortfeldern zusammen: *Körper, Obst* und *Tiere.* Benützen Sie evtl. Flashcards. Pro Wortfeld sollten Sie ca. 4 Bildkarten vorbereiten.

Ablauf

Legen Sie alle Karten auf den Gruppentisch. Die Kinder sollen die Karten jetzt benennen (natürlich mit dazugehörigem Artikel). Wenn der Wortschatz noch nicht sicher verankert ist, sollten Sie alle Nomen mit Artikel vorsprechen und die Kinder nachsprechen lassen.

Was passt zusammen? Die Kinder sollen nun erkennen, dass es sich um drei verschiedene Wortfelder handelt, und die Karten entsprechend sortieren. Zum Abschluss werden die Wortfelder benannt.

Differenzierung

- ▲ Wenn der Wortschatz schon gesichert ist und nur wiederholt werden soll, bietet es sich an, pro Wortfeld noch eine falsche Karte, die aus einem vollkommen anderen Wortfeld stammt, beizulegen. Aufgabe der Kinder ist nun das Sortieren und Auffinden der Karten, die nicht dazu passen.

2.2.2.

Schultasche packen

Aktivität zum Wortfeld Schulsachen, A, KV 4

Vorbereitung

Kopieren Sie den unteren bebilderten Teil der Kopiervorlage, sodass Sie für je 2 Kinder eine Kopie haben.

Ablauf

Die Kinder benennen die abgebildeten Gegenstände und versehen sie mit Artikelpunkten (s. S. 108).

Nun werden die Kopiervorlagen laminiert und evtl. mit Hilfe der Pädagogin in Kärtchen zerschnitten. Die Kinder finden sich in 4er Gruppen zusammen, pro Gruppe haben sie 2 x 12 Kärtchen vor sich, mit denen sie Memory spielen können.

Bemerkung

Beziehen Sie die Kinder auf jeden Fall mit in die Vorbereitungen ein, denn innerhalb dieser Vorbereitung findet die wichtige Phase des Wortschatzvertiefens statt.

Differenzierung

- ▲ Mit Gruppen, die schon alphabetisiert sind, können Sie die gesamte Kopiervorlage benützen.

Laminieren Sie die Kopiervorlage und scheiden Sie die Felder auseinander. Es entsteht ein Spiel, das entweder als Domino (dem jeweiligen Bild kann der entsprechende Gegenstand zugeordnet werden) oder als Memory (alle Karten werden umgedreht, gefundenes Bild und gefundenes Wort bilden das Memory-Paar) gespielt werden kann.

Geben Sie die Wort- und Bildkärtchen in kleine Gruppen.

Entscheiden Sie für die Gruppe, was gespielt werden kann – Domino oder Memory.

- ▲ Gibt es Blankovorlagen, können Sie die für die Kinder kopieren. Die Kinder können selbst ein Wort-Bild-Memory herstellen. Dabei sollten als Vorlage in der Klasse bereits erarbeitete und aufgehängte Lernplakate zu anderen Wortfeldern dienen.

2.2.3.

Laufen lernen

Aktivität zum Wortfeld *gehen,* B

Vorbemerkung

Die Wörter zum Wortfeld *gehen* müssen vorgegeben werden: *flitzen, rennen, wetzen, laufen, pesen, rasen, schleichen, schlurfen, bummeln, schlendern.* Die pantomimische Darstellung sollte auch mindestens einmal vorgemacht werden, damit klar ist, welche Geste und Bewegungsform zu welchem Wort gehört.

Ablauf

Die oben genannten Begriffe zum Wortfeld *gehen* werden von einzelnen SchülerInnen pantomimisch umgesetzt und sollen erraten werden. Sofern Platz und Gruppengröße es zulassen, kann man auch als Gruppe spielen.

Differenzierung

- ▲ Man kann den unterschiedlichen Arten des Gehens bekannte Personen zuordnen: entweder MitschülerInnen oder Gestalten aus (Schul)-Büchern: Arne bummelt, Sarina wetzt usw.

2.2.4.

Wo gibt es was?

Übung zum Thema *Einkaufen,* C, KV5 + KV 6

Vorbemerkung/Lernziel

Die in der Kopiervorlage enthaltenen Fragekarten *Wo?* und *Wohin?* eignen sich zum Üben von Ortsangaben mit lokalen Präpositionen im Kontext des Sachkundethemas Einkaufen/Geschäfte. Gleichzeitig wird ein bestimmtes Wortfeld bearbeitet.

Ablauf

Frage- und Antwortkarten werden verdeckt auf zwei Stapel gelegt. Es bietet sich an, zunächst nur mit den *Wo*-Karten zu spielen.

Die Kinder nehmen entweder eine Frage- oder eine Antwortkarte, lesen sie vor und lassen sie von einem Kind beantworten. Hat das Kind die richtige Antwort gegeben, so ist es selbst an der Reihe, eine Karte zu ziehen.

Anschließend wird mit den *Wohin*-Karten genauso verfahren.

Im dritten Schritt werden die Karten gemischt. Es kommt darauf an, nicht nur das richtige Geschäft, sondern auch die passende Präposition zu nennen.

Differenzierung

▼ Die Antwortkarten liegen aufgedeckt auf dem Tisch und werden gelesen, ggf. werden die Geschäftsbezeichnungen geklärt – durch Fragen wie: *Was kauft man da?,* die gleichzeitig den Wortschatz für die Fragekarten sichern.

Anschließend bleiben die Antwortkarten offen liegen; jedes Kind nimmt eine Fragekarte und sucht die passende Antwortkarte.

Oder es wird wie oben beschrieben gespielt.

▲ Das Spiel lässt sich auch im Kontext des Spiels *Kreuz und quer* (vgl. S. 138) nach den dort genannten Regeln spielen. Dazu werden die entsprechenden Anfangsbuchstaben auf die Fragekarten und in die Felder des Spielplans geschrieben. die Karten werden gefaltet und zusammengeklebt, evtl. laminiert.

2.2.5.

Deutsche, türkische und arabische Verwandtschaft

Herkunftssprachen einbeziehen

Am Beispiel der Anredeformen für die Verwandten Tante und Onkel kann herausgearbeitet werden, dass im Türkischen und Arabischen im Gegensatz zum Deutschen die Tante und der Onkel je nachdem, ob es Verwandte mütterlicher- oder väterlicherseits sind, unterschiedlich angesprochen werden.

Gehen Sie folgendermaßen vor:

1. Die deutschen Wörter Tante und Onkel werden an die Tafel geschrieben; die Kinder werden dazu aufgefordert, die türkischen und arabischen Entsprechungen zu nennen. Diese Wörter werden unter die deutschen Bezeichnungen geschrieben. Gemeinsamkeiten und Unterschiede zwischen den Sprachen werden besprochen. Zum Schluss könnte folgendes Schema entstehen:

dt.:	Tante	mütterlicherseits
	Tante	väterlicherseits
türk.:	teyze	mütterlicherseits
	hala	väterlicherseits
arab.:	خالة	mütterlicherseits
	(ausgesprochen etwa „chale")	
	عمّة	väterlicherseits
	(ausgesprochen etwa „amme")	

dt.:	Onkel	mütterlicherseits
	Onkel	väterlicherseits
türk.:	dayı	mütterlicherseits
	amca	väterlicherseits
arab.:	خال	mütterlicherseits
	(ausgesprochen etwa „chal")	
	عمّ	väterlicherseits
	(ausgesprochen etwa „amme")	

Ein zusätzliches Gespräch über Sprachen kann angeregt werden, indem über die lautlichen Ähnlichkeiten zwischen den türkischen und arabischen Wörtern nachgedacht wird.

Weitere Bereiche, die für Sprachvergleiche geeignet sind, lassen sich in vorhandenen Sprachvergleichen entdecken bzw. können – nach einer gewissen Routine – spontane Vorschläge der Kinder aufgegriffen werden. In Schulen, an denen der *Herkunftssprachliche Unterricht* angeboten wird, können Lehrkräfte dieses Unterrichtsfaches in Bezug auf geeignete Bereiche für Sprachvergleiche befragt werden.

2.3. Wortfamilien und Ableitungen

Die Zusammensetzungen und vor allem die zusammengesetzten Nomen haben schon gezeigt, wie assoziativ sich ein Wortschatz entwickelt.

Anhand einer Wortfamilie, die die Ableitungen rund um ein Kernwort aufzeigt, kann man die Verästelungen der Wortbildung im Deutschen gut erkennen.

Sind Wortfamilien nicht viel zu kompliziert für DaZ-Kinder?

Eine richtige Wortfamilie umfasst Wörter gleicher Herkunft mit allen ab- und umlautenden Formen, Ableitungen und Zusammensetzungen. Für DaZ-Kinder wird man Darstellungsformen einer Wortfamilie wählen, bei denen die Zusammengehörigkeit über ein Kernwort zu erkennen ist. Wortfamilien eignen sich gut, um Zusammenhänge im Wortschatz und in der Wortbildung zu verdeutlichen und die Kinder zum intuitiven Erschließen und Bilden von Wörtern zu ermuntern.

Kleine Grammatik zur Wortfamilie

Die folgende Aufstellung enthält nur einen Teil der Wörter, die man zur Wortfamilie *schließen* rechnen kann.

schließen

Schließfach	Schlüsselbrett
Schließkette	Schlüsselblume
	Schlüsselloch
	Schlüsselwort
aufschließen	Schlosshund
zuschließen	Schlossgarten
verschließen	Schlossherr
	Schlossruine
Schlusspunkt	Schlosserei
Schlusssatz	
Schlusswort	

Exemplarisch werden hier Möglichkeiten der Wortbildung in der deutschen Sprache gezeigt; unübersehbar ist wieder die Vielzahl der zusammengesetzten Nomen. Es gibt

Zusammensetzungen: z.B. Schlüsselbrett

Zusammenbildungen: Schlosserei

Ableitungen mit Vor- und Nachsilbe: z.B. abschließen, erschließen

Umbildungen: das Schließen

Neben den Zusammensetzungen, von denen im Weiteren auch noch die Adjektivzusammensetzungen aufgegriffen werden sollen, sind für die DaZ-SchülerInnen die Ableitungen, und zwar vor allem die trennbaren Verben, von Bedeutung.

Was kann man mit einer Wortfamilie üben?

Alle Übungen zur Wortbildung sind Wortschatzübungen. Der Wortschatz einer Sprache wird prozesshaft erworben und entwickelt sich. Das Aufzeigen von Strukturen und Zusammenhängen ist dabei hilfreich.

Tipps für die Praxis: Wortfamilien und Ableitungen

2.3.1.

Antwort erwünscht

Übung zu trennbaren Verben, C

Vorbemerkung

Abgeleitete Verben mit Vorsilben stellen eine besondere Schwierigkeit für DaZ-Lernende dar. Manche Vorsilben können nämlich nie abgetrennt, manche müssen abgetrennt werden.

Untrennbar sind die Vorsilben: *be-, ge-, ent-, emp-, er-, ver-, zer-, miss-.*

Ablauf

In dem folgendem Frage-Antwort-Spiel sollen die Kinder ein Gespür für die Trennbarkeit der Verben bekommen.

Stellen Sie in kurzen Sequenzen in unterschiedlichen Stunden Sammlungen trennbarer Verben auf; sehr produktiv sind folgende Vorsilben: *ab-, an-, auf-, aus-, mit, vor-, zu-.* Die Sammlungen können um ein Verb herum entstehen: *anrufen, aufrufen, zurufen.*

Oder Sie können um eine bestimmte Vorsilbe herum entstehen: *abmalen, abzeichnen, abschreiben, abbrechen, abschneiden, abschalten, abstellen, abrutschen.*

Geben Sie ein Frage-Antwort-Muster an der Tafel vor:

- *Willst du (möchtest du, kannst du) aus dem Buch abmalen?*
- *Ja, ich male aus dem Buch ab.*
- *Möchtest du von mir abzeichnen?*
- *Ja, ich zeichne von dir ab.*
- *Kannst du von der Tafel abschreiben?*
- *Ja, ich schreibe von der Tafel ab.*
- *Kannst du mir ein Stück Brötchen abbrechen?*
- *Ja, ich breche dir ein Stück Brötchen ab.*
- *und so weiter ...*

Wichtig ist das Modalverb in der Frage, damit der Infinitiv auftaucht. Als Frage-Antwort-Muster ist vorgegeben, dass die Antwort den Wortlaut der Frage aufgreift.

Wie stark Ihre Lenkung dabei erforderlich ist, indem Sie beispielsweise immer auf das Verb zeigen, das vorkommen soll, hängt davon ab, wie oft Ihre Klasse solche oder ähnliche Frage-Antwort-Spiele schon gespielt hat.

Frage-Antwort-Spiele, die in einem gewissen Tempo vonstatten gehen müssen, kann man gut mit einem Softball spielen. Das fragende Kind wirft den Ball einem Kind zu, das nun die Antwort gibt, die nächste Frage stellt und den Ball weitergibt.

2.3.2.

Wortfamilie *schließen*

Aufgabe zu einer Wortfamilie, C

Vorbemerkung

Das Zusammenstellen einer Wortfamilie mit DaZ-Lernenden braucht die Unterstützung bzw. Lenkung der Lehrkraft.

Ablauf

Das Kernwort, um das die Wortfamilie entstehen soll, geben Sie an der Tafel vor: beispielsweise *schließen.*

Um Anstöße zu den verschiedenen Begriffen zu geben, geben Sie eventuell einzelne Wortzusammensetzungen oder auch abgeleitete Verben vor.

Alternativ oder ergänzend dazu können Sie aber auch Fragen in die Klassenrunde werfen, die den gesuchten Begriff immer neu umschreiben und sich ihm auf Grundlage der Schülervorschläge nähern. *Wer bewacht das Schloss? Wie heißt ein verfallenes Schloss? Was braucht man, um ins Schloss zu gelangen? Was muss der Wächter tun, damit niemand die Kronjuwelen stiehlt? Was braucht auch ein König, wenn er sein Gepäck am Flughafen lassen will?*

Diese oder ähnliche Fragen sind sinnvoll, wenn das Thema „Märchen" erarbeitet wird. In einem anderen Zusammenhang bietet sich der eher praktische Bereich rund um *das Türschloss* oder *den verlorenen Hausschlüssel* an; die Erfahrung der SchülerInnen ist dabei gefragt. Auch bei der Zusammenstellung der Wortfamilie ist es wichtig, Vorwissen zu aktivieren und alles Neue in Zusammenhänge einzubinden.

Ziel ist es, eine möglichst umfangreiche Wortfamilie an der Tafel stehen zu haben. Lassen Sie das Tafelbild von einer Schülergruppe auf ein Lernplakat übertragen.

Wiederholen Sie die Übung in anderen Stunden, so dass die SchülerInnen zum Schluss 3–5 Lernplakate erstellt haben. Als Kernwörter eignen sich unter anderem noch *fahren, spielen, laufen, gehen.*

Bemerkung

Da der Wortschatz nicht vorausgesetzt werden kann, sondern noch erarbeitet werden soll, kann man die SchülerInnen bei dieser Assoziationsübung nicht allein lassen. Je nach Zusammensetzung der Lerngruppe könnte man statt mit der ganzen Klasse auch in kleinen Gruppen arbeiten und die Ergebnisse dann an der Tafel oder auf einem Lernplakat zusammentragen lassen.

2.3.3. Eine verschlüsselte Geschichte

Aufgabe zum kreativen Schreiben, D

Vorbemerkung

Willkürlich ausgewählte Wörter einer Wortfamilie – beispielsweise durch das Auslosen von vorgefertigten Wortkärtchen – können das Gerüst einer kreativen Schreibaufgabe bilden.

Ablauf

Schreiben Sie die Wörter einer möglichst umfangreichen Wortfamilie, die bereits erarbeitet wurde, auf einzelne Karteikärtchen.

Wenn Sie Wörter mehrfach verwenden wollen, legen Sie Wörtersammlungen in getrennten Umschlägen an; Doppelungen in einer Sammlung sollen so vermieden werden.

Mischen Sie die Kärtchen und losen Sie pro Schreibaufgabe 8-10 Wörter aus.

Die Schreibaufgabe verlangt die Unterbringung aller gezogenen Wörter im Text. Die SchülerInnen müssen also zum Teil etwas eigenartige oder verrückte Zusammenhänge herstellen, die aber dennoch eine gewisse Stimmigkeit aufweisen, wie Sie sehen werden.

Die Schreibaufgaben können allein oder in Gruppen gelöst werden.

2.4. Wortzusammensetzungen

Grundwortschatz, Ergänzungswortschatz, Fachwortschatz: Wortschatz ist ein wichtiges Thema im DaZ-Unterricht. Man bekommt leicht den Eindruck, bei den verschiedenen „Wortschätzen“ handele es sich um feste Größen, die man lernen und lehren könne. Dem ist nicht so: Viele Wörter werden zusammengesetzt, es wimmelt von Bedeutungsübertragungen und doppelten Bedeutungen.

Wortschatzerwerb im DaZ-Unterricht ist folglich nicht über Wörterlisten zu leisten. Als hilfreich hat sich aber die Vermittlung bestimmter Prinzipien der deutschen Wortbildung erwiesen.

Grundsätzliches zum Wortschatz ist schon im Abschnitt „Integrativer Sprachunterricht“ unter 5.4. gesagt worden; dort ist auch die sinnvolle Unterscheidung zwischen den so genannten Strukturwörtern und den Inhaltswörtern vorgenommen worden. Im Folgenden geht es um Inhaltswörter, vor allem um Nomen, Adjektive und Verben.

Auch wenn die Inhaltswörter aus der Lebenswelt der SchülerInnen stammen, wird man sie oft erklären müssen, denn es sind fremde Wörter. Deshalb ist zweierlei wichtig:

1.) Wählen oder gruppieren Sie die Lernbereiche so, dass sich über Zusammenhänge und Vorwissen möglichst viele Wortbedeutungen selbst erklären bzw. erschließen lassen.

2.) Ist das nicht möglich, versuchen Sie selbst aus bekannten Zusammenhängen heraus zu erklären. Es hilft den Kindern nicht, wenn man versucht das unbekannte Wort wortreich mit weiteren (unbekannten) Wörtern zu erklären. Diese Erklärungsmethode ist nur im Unterricht der Erstsprache gängig und sinnvoll.

Drei Bereiche der Wortbildung und des Wortschatzes werden im Folgenden betrachtet:

- **Zusammensetzungen und Bedeutungsübertragungen**

- **Wortfamilien und Ableitungen**
- **Wortfelder**

Zusammensetzungen und Bedeutungsübertragungen

Migrantenkinder suchen – wie andere Kinder auch – oft aus Mangel an vorhandenem Wortschatz nach eigenen Wörtern, die benennen, was sie meinen: ein türkischer Junge erfand zur Beschreibung seiner im Kunstunterricht angefertigten Malerei das Wort „Außenbild" für Hintergrund, ein polnisches Kind das Wort „Rothimmel" für Morgenrot, ein italienisches Mädchen das Wort „Hochschuss" für einen gezielten Schuss beim Ballspiel. Fehlerhaft im Sinne der grammatischen Norm ist keines dieser Worte.

Auch aus dem Erstspracherwerb ist bekannt, dass Kinder ihre eigenen Begriffe bilden. Als Beispiele seien genannt: „Verreisezimmer" statt Gästezimmer, „Ritterhut" statt Helm; Ebenso tauchen Analogiebildungen auf: „Schneitflut" zu Sturmflut, „Hintername" zu „Vorname".

Warum sind Wortzusammensetzungen für DaZ-Kinder schwer zu verstehen und doch so wichtig?

Die Wortzusammensetzung aus einzeln verwendeten Wörtern ist ein sehr produktives Mittel der deutschen Sprache. Oftmals handelt es sich dabei um Neuschöpfungen, die mit Hilfe übertragender Bedeutungen einen neuen Begriff bilden, z.B. SCHULTASCHE. Schwierig ist diese Art der Wortbildung für DaZ-Kinder, weil die einzelnen Bestandteile der Zusammensetzung vielleicht in anderen Kontexten verwendet werden. Deutlich wird diese Schwierigkeit, wenn das zusammengesetzte neue Nomen eine völlig andere Bedeutung (z.B. der STUNDEN-PLAN) oder eine übertragene Bedeutung (z.B. die ESEL-S-BRÜCKE) hat. Die Bedeutungserklärung ist in diesen Fällen nicht mehr aus der einfachen Umschreibung „ein Plan für Stunden", „Brücke für Esel" zu erschließen. Manche von diesen neuen Wörtern bleiben so genannte „Augenblickswörter", viele gehen in den Wortschatz ein; der Begriff „Wortschatz" gehört übrigens auch dazu.

Besonders wichtig, aber ggf. auch nur schwer zu verstehen, sind Zusammensetzungen im Bereich der Fachwortschätze, beispielsweise im Sachunterricht: Erdkugel, Wasserstoff, Kreislauf etc. Nicht zuletzt begründet dies, warum DaZ-Kinder bei der Erarbeitung von Fachwortschätzen verstärkt sprachliche Förderung brauchen.

Kleine Grammatik der zusammengesetzten Nomen

Zusammengesetzte Nomen sind charakteristisch für den deutschen Wortschatz. Am häufigsten sind dabei die Zusammensetzungen aus zwei Nomen; es gibt aber auch andere Bildungen:

der STUNDEN-PLAN
(Nomen + Nomen)

die FEDER-TASCHE
(Nomen + Nomen)

das TREPPEN-HAUS
(Nomen + Nomen)

das SCHWER-GEWICHT
(Adjektiv+ Nomen)

die SCHREIB-WEISE
(Verb + Nomen)

der MIT-SCHÜLER
(Präposition + Nomen)

der EIN-GANG
(Nichtflektierbare Wortart + Nomen)

Die Zusammensetzung besteht immer aus einem Grundwort und einem Bestimmungswort. Das Grundwort steht an letzter Stelle und bestimmt Wortart und Genus des zusammengesetzten Wortes.

Ein weiterer möglicher Bestandteil der Zusammensetzung ist die so genannte Kompositionsfuge. Als einzelne Fugenelemente können *-(e)s-, -e-, -(e)n-, -er-* auftreten, wie in *Eselsbrücke* oder *Treppenhaus.*

Wie kann man zusammengesetzte Nomen üben?

Um DaZ-LernerInnen die Bildungsweise zusammengesetzter Nomen zugänglich zu machen, sollte man die bildhaften Assoziationsprozesse, die diesen Wortbildungen selbst zu Grunde liegen, nutzen und üben.

Nicht gebräuchliche und ungewöhnliche Bildungen sollten auf jeden Fall akzeptiert werden, vor allem, wenn sie als Ersatzwort für einen fehlenden Begriff erkennbar sind.

Tipps für die Praxis: Wortzusammensetzungen

2.4.1.

Wie blau ist der Himmel?

Übung zu bildhaften Adjektiven, B, KV 7

Lernziel

Wortbildung von zusammengesetzten Adjektiven, Wortschatzerweiterung, Wechsel in eine andere Wortart

Vorbereitung

Wiederholen Sie Wortarten Nomen und Adjektive, wiederholen Sie die Schreibweise Nomen – groß, Adjektive – klein, wiederholen Sie Farbbezeichnungen.

Ablauf

In zusammengesetzten Adjektiven stecken häufig Metaphern: himmelblau = blau wie der Himmel, grasgrün = grün wie das Gras, feuerrot = rot wie das Feuer, nachtschwarz = schwarz wie die Nacht, schneeweiß = weiß wie der Schnee, riesengroß = groß wie die Riesen, bärenstark = stark wie die Bären, honigsüß = süß wie der Honig, zitronengelb = gelb wie die Zitronen, blutrot = rot wie das Blut.

Die Kopiervorlage setzt das Bildhafte dieser Zusammensetzungen in den Bildern, die von den Kindern auch ausgemalt werden, um.

Besprechen Sie mit den Kindern das Muster der Zusammensetzung: Das letzte Wort tritt an die erste Stelle, das erste an die letzte, es geht also über Kreuz; die Kreuze kann man auch einzeichnen.

Weisen Sie darauf hin, dass dabei Adjektive entstehen, die klein geschrieben werden.

Bemerkung

Auch hier taucht das Problem mit der Fuge auf; deshalb wurden *Riesen, Bären* und *Zitronen* in den Plural gesetzt.

2.4.2.

Wolkenbildung

Übung zur Zusammensetzung von Nomen, C

Lernziel

Wortbildung, Wortschatzfestigung, Wortschatzerweiterung und Genus bei zusammengesetzten Nomen

Vorbereitung

(Wortmaterial für bis zu 16 Kinder)

Wolken als Grundwort:

- Schäfchenwolken
- Gewitterwolken
- Sturmwolken
- Wattewolken

Wolken als Bestimmungswort:

- Wolkenfarbe
- Wolkendecke
- Wolkenhimmel
- Wolkenberg

Wiederholung der Wortart Nomen. (Bezeichnet eine Sache, wird groß geschrieben, hat einen Artikel/Begleiter)

Ablauf

Teilen Sie DIN A 4 Papier aus, pro Kind ein Blatt.

Verteilen Sie mündlich und auf kleinen Kärtchen die Nomen, pro Kind ein Wort:

Wolken (8x), *Schäfchen, Watte, Gewitter, Sturm, Farbe, Decke, Himmel, Berg*

Bitten Sie die Kinder, ihr Wort groß und in Großbuchstaben auf ihr Blatt zu schreiben.

Klären Sie im Plenum die Bedeutung aller verteilter Nomen, indem Sie die Kinder die Worte erklären lassen, zeigen lassen. Nennen Sie auch die Artikel dazu. Schreiben Sie alle Wörter mit Artikel noch einmal an die Tafel.

Bitten Sie nun die 8 „Wolken"-Kinder mit ihrem Zettel in die Mitte.

Fragen Sie: Welches der anderen Wort(-Kinder) passt zu dem Wort *Wolken*?

Wenn ein Kind eine passende Zusammensetzung nennt, so bitten Sie es auch in den Kreis: Die Grundwort-Wolken-Kinder halten ihren Bestimmungswort-Partner an der Hand, die Bestimmungswort-Wolken-Kinder ihren Grundwort-Partner.

Klären Sie im Kreis die Bedeutungen der neuen Wörter (Was sind Schäfchenwolken? Warum heißen die so?).

Bitten Sie die Kinder, sich zu sortieren in „Wolken vorne" und „Wolken hinten". Es entstehen 2 Gruppen mit jeweils 4 Paaren.

Lassen Sie kurz innerhalb der Gruppen die Genus-Frage diskutieren, bevor sich alle wieder hinsetzen.

Lassen Sie sich als Ergebnis alle Zusammensetzungen an die Tafel diktieren, sortieren Sie hier in die zwei Gruppen (s. oben).

Thematisieren Sie dann noch einmal die Genus-Frage und schreiben dann die Artikelwörter zu den Zusammensetzungen.

Differenzierung

▲ Führen Sie die Übung wie oben erläutert durch, aber lassen Sie alle schriftlichen und bildlichen Hilfen bis auf die letzten beiden Punkte weg. Als rein mündliche Übung erhöht sich der Höranteil.

Anschließend kann die Reihenbildung als Anlass zum kreativen Schreiben genommen werden:

Die Wortbildungen können wortwörtlich genommen werden (Schreibe eine Minigeschichte über eine Wattewolke, eine Schäfchenwolke.).

Die Reihenbildung kann als Wörtersammlung das Gerüst für einen Text bilden. (Schreibe einen kurzen Text, in dem die Wolkenwörter vorkommen.).

▼ Wählen Sie eine einfachere Wortfamilie, und nur eine Variante:

z B. Grundwort – BUCH

Bringen Sie Wort-Bildmaterial mit (Kopiervorlagen), auf denen die Einzelworte und die zusammengesetzten Nomen sowie deren Verschriftlichung zu sehen sind.

BUCH als Grundwort

Schulbuch	Kinderbuch
Lesebuch	Bilderbuch
Märchenbuch	Liederbuch

Bei der Paarbildung müssen Sie darauf achten, dass das Buch-Kind immer hinten steht.

Ziel dieser Übung ist, die Zusammensetzung zu üben, nicht aber die Genera zu thematisieren.

Beispiel für Bestimmungswort, AUTO –

Autobahn	Autodach
Autospiegel	Autofahrer
Autositz	Autofarbe

2.4.3.

Müllauto – Autotür – Türschlüssel

Aufgabe zur assoziativen Kettenbildung, C, KV 8

Lernziel

Wortbildung auf Ebene der zusammengesetzten Nomen, Wortschatzfestigung, Wortschatzerweiterung, Genus

Vorbereitung

Wiederholung der Wortart Nomen. (Bezeichnet eine Sache, wird groß geschrieben, hat einen Artikel/Begleiter.

Ablauf

Geben Sie einige Beispiele vor (an der Tafel oder als Bildkarte oder im Klassenzimmer), um das Prinzip klar zu machen: *Grundschule – Schultasche – Taschenbuch – Buchseite – …*

Vergewissern Sie sich, dass alle das Prinzip der Zusammensetzung verstanden haben und dass es im Folgenden um Assoziation/Fantasie geht, also auch ungewöhnliche Kombinationen erlaubt sind, die der Regel (Nomen + Nomen) entsprechen.

Starten Sie die Kette selber mit einem zusammengesetzten Nomen und geben Sie es weiter an einen Schüler. Achten Sie auf ein zügiges Tempo. Sie können helfend eingreifen, indem Sie fragen: Was fällt dir zu (Grundwort) ein?

Hier einige Start-Wörter: *Pausen-Brot, Haus-Tür, Spinnen-Netz, Garten-Zaun, Fuß-Ball, Sonnen-Blume, Märchen-Buch*

Mögliche Zusatzübung

Notieren Sie sich die Wortschöpfungen, um im Anschluss oder zu einem späteren Zeitpunkt die Genusregeln für zusammengesetzte Wörter erschließen zu lassen.

Differenzierung

▼ Schneiden Sie die – eventuell laminierte – Kopiervorlage auseinander und geben Sie den SchülerInnen die Kärtchen für ein Domino zum Zusammensetzen einzelner Wörter oder zum Zusammensetzen zu einer Dominoschlange.

Bemerkung

Um die Zusammensetzungen der einzelnen Nomen optisch nicht zu verwischen, kommen die Anschlusswörter (MÜLL-AUTO/AUTO-TÜR) doppelt vor.

Ein Problem bei den Zusammensetzungen sind oft die Fugenzeichen (KISTE(N)-BRETTER).

2.4.4.

Teekesselchen

Übung zur Beschreibung von Gegenständen, D, KV 9

Lernziel

Wortschatzerweiterung: Beschreiben von Gegenständen.

Wortschatzdifferenzierung: Erfassen von Bedeutungsübertragungen und doppelten Bedeutungen.

Vorbemerkung

Das Teekesselchenspiel muss man für DaZ-Kinder unbedingt vorbereiten.

Ablauf

In der Kopiervorlage findet man etliche Teekesselchen-Wörter, die zur Lebenswelt der Kinder gehören; mit der Auswahl der Wörter kann man die Schwierigkeitsstufe nach oben ▲ oder nach unten ▼ differenzieren.

Geben Sie an jeweils zwei Kinder ein Wortpaar.

Folgendes Frageraster sollte an der Tafel stehen:

Wie sieht es aus? ____________________

Woraus ist es gemacht? ____________________

Was kann man damit machen? ____________________

____

Wo befindet es sich? ____________________

Wann braucht man es? ____________________

Die Kinder müssen nun zu zweit ihr Teekesselchen erarbeiten, dabei gehen sie nach dem Frageraster vor. Sie sollen sich dazu Stichworte auf ihr Kärtchen schreiben.

Die Klärung muss leise vonstatten gehen, da die Teekesselchen noch erraten werden sollen.

Sind die Partner mit der Charakteristik ihres Teekesselchens fertig, kann das Ratespiel beginnen.

Die Partner stehen auf und beginnen im Wechsel ihr Teekesselchen vorzustellen. Die teilnehmenden SchülerInnen sollen mindestens je 3 Charakteristika abwarten, bis sie mit dem Raten beginnen, weil der Übungsteil der mündlichen Beschreibung sonst viel zu kurz kommt.

Bemerkung

Man sollte einen Spieldurchlauf auf jeweils 3 oder 4 Teekesselchen beschränken.

2.4.5.

Zusammengesetzte Nomen: Deutsch – Türkisch

Herkunftssprachen einbeziehen

Auch hier dient die Einbeziehung der Herkunftssprachen dazu, den Kindern grundlegende Gemeinsamkeiten und Unterschiede zwischen ihrer Herkunftssprache und der Zielsprache Deutsch bewusst zu machen, um dadurch das Erlernen des Deutschen zu vereinfachen und der Entwicklung einer fundierten Zweisprachigkeit beizutragen. Es geht also nicht darum, den Kindern die Komplexität der behandelten Phänomene in aller Breite zu präsentieren, sondern darum, ihnen mit geeigneten Beispielen einen Einblick in die Meta-Ebene ihrer Zweisprachigkeit zu ermöglichen und ihren sprachbezogenen Lernprozess zu fördern. Auch zusammengesetzte Nomen eignen sich gut für diesen Zweck. Hierfür genügt es, den einfacheren Fall der Zusammensetzungen aus zwei Nomen zu behandeln. Die Besonderheit liegt darin, dass

- im Deutschen zwei Nomen zusammengesetzt werden können und dass
- dadurch eine neue Bedeutung entsteht und dass
- für die Zusammensetzung der Nomen manchmal Fugenelemente gebraucht werden.

Die Kinder können gebeten werden, herauszufinden, ob auch in ihren Herkunftssprachen Nomen zusammengesetzt werden können. Die Lehrkraft könnte von Beispielen aus dem Deutschen ausgehen und die Kinder dazu auffordern, zu überlegen, wie diese Wörter in ihren anderen Sprachen heißen. Dabei wird sich herausstellen, dass einige der zusammengesetzten Wörter manchmal direkt übersetzt werden können, manche ganz andere Bestandteile haben und manche in der anderen Sprache Einzelwörter sind. Einige Beispiele zum Deutschen und Türkischen veranschaulichen dies:

STUNDENPLAN

DERS PLANI

(DERS+PLAN+I = STUNDE + PLAN + Fugenelement)

FEDERTASCHE

KALEMLİK

(KALEM+LİK = STIFT + WORTBILDENDE ENDUNG)

TÜRGRIFF

KAPI SAPI (KAPI+SAP = TÜR + GRIFF)

Grundsätzlich zeigt sich, dass es auch im Türkischen zusammengesetzte Nomen gibt und dass sie manchmal direkt ins Deutsche übersetzt werden können, wie im ersten Beispiel. Das zweite Beispiel zeigt aber, dass dies nicht die Regel ist! Das erste und das dritte Beispiel zeigen außerdem, dass die zusammengesetzten Nomen im Türkischen nicht zusammen geschrieben werden und dass auch sie ein Fugenelement haben, das allerdings am Ende der Zusammensetzung platziert ist. Diese beiden Beispiele zeigen, dass auch im Türkischen zuerst das Grundwort erfolgt. Dies ist im Arabischen zum Beispiel umgekehrt. Das zweite Beispiel zeigt, dass der Zusammensetzung NOMEN+ NOMEN im Türkischen eine andere Art von Zusammensetzung entsprechen kann.

Diese Beispiele bieten bereits viel Stoff für die Reflexion. Die Kinder können dazu aufgefordert werden, zu Hause weitere Beispiele in Deutsch und in Türkisch zu sammeln und diese in der Klasse zu präsentieren. Wenn erwünscht, kann der Vergleich auf andere Arten von Zusammensetzungen erweitert werden. Auch dadurch würden andere interessante Gemeinsamkeiten und Unterschiede aufgedeckt werden, wie das folgende Beispiel zeigt:

EIN-GANG GİRİŞ

Hier zeigt sich, dass einer deutschen Zusammensetzung im Türkischen manchmal ein Einzelnomen entspricht.

Um das Ganze etwas witziger zu gestalten, könnte mit Bildkärtchen gearbeitet werden, die auf Deutsch und Türkisch benannt werden müssen. Da die Zusammensetzung der Namen der Bilder in den verschiedenen Sprachen nicht immer sinnvolle Wörter ergeben, wird es sicher mehrere Gelegenheiten zum Lachen geben!

3. Lernbereiche

3.1. Anfangsunterricht

Für alle Kinder bildet die erfolgreiche Alphabetisierung die Basis und den Ausgangspunkt ihrer Schullaufbahn. Für DaZ-Kinder kommt dem Anfangsunterricht im Lesen und Schreiben eine besondere Bedeutung zu, denn alphabetisiert wird in der Zweitsprache. Folgende Punkte sollten deshalb Beachtung finden:

Die **Integration von Lesen- und Schreibenlernen von Anfang an** ist Unterrichtsprinzip, denn es handelt sich beim Lesen und Schreiben zwar um sehr unterschiedliche, doch sich gegenseitig durchdringende und stützende Tätigkeiten. Auf die Effekte dieser wechselseitigen Durchdringung darf bei DaZ-Lernenden keinesfalls verzichtet werden.

Mit Beginn des Leselernprozesses soll jedes DaZ-Kind **das, was es liest, auch verstehen** und in den Texten seine Erfahrungen widergespiegelt finden. Die Einengung mancher Fibeltexte auf die heile Welt der deutschen Mittelstandsfamilie ist kontraproduktiv.

Jedes Kind soll das **Wortmaterial und die syntaktischen Strukturen,** die es zur Sinnentnahme bei einem Fibel- oder Eigentext braucht, auch selbst **aktiv verwenden** können. Die grammatischen Strukturen der Lesetexte können hier als Basis dienen, eigene mündliche Übungen mit den Kindern zu gestalten. Anhaltspunkte für DaZ-spezifische Grammatik-Aspekte können die Stolpersteine der Deutschen Sprache sein (s. S. 213).

Lernen mit Kopf und Hand bzw. **Lernen mit allen Sinnen** ermöglichen – kleben, zerschneiden, stempeln, puzzeln … . Der handelnde Umgang mit dem Wort und mehrkanalige Angebote sind nicht nur kindgemäß, sondern haben auch den Vorzug des besseren Einprägens. Darüber hinaus fördern sie Kindern mit motorischen Koordinationsproblemen und feinmotorischem Nachholbedarf.

Ähnliches gilt für die Einbeziehung **rhythmisch-musikalischer Angebote,** die Kinder emotional ansprechen und zur Ausweitung des Lexikons beitragen, da der Text unmittelbar mit dem übereinstimmt, was gezeigt, getan oder erlebt wird.

Das Ziel ist: **A**lle **K**inder **b**eherrschen **a**lle **B**uchstaben **u**nd **L**aute **l**ückenlos! („AKBA-BULL“ nennt es Renate Valtin 1994). Das bedeutet, kein Kind beim Erwerb der Grundlagen zurückzulassen, weil es ohne diese nie zum sinnerfassenden Lesen und sicheren, flüssigen Schreiben kommen kann. Die häufig beobachtete einseitig kommunikative Orientierung des Anfangsunterrichts (die v.a. den Kindern zugute kommt, die das Lesen und Schreiben bereits gut gelernt haben) geht auf Kosten des **Erwerbs solider Grundlagen.**

DaZ-Kinder brauchen absolute Sicherheit für die technische Seite des Lesevorganges, um vorhandenen Lücken im deutschsprachigen inneren Lexikon nicht noch zusätzliche, vermeidbare Schwierigkeiten beim Erlesen der Wörter hinzuzufügen. Überdies bewirken Phonem-Graphem-Unsicherheiten zwangsläufig Lese-Rechtschreib-Schwierigkeiten, von denen DaZ-SchülerInnen nachweislich deutlich häufiger betroffen sind als Lerner in der Muttersprache.

Leises, aber hörbares Lesen für sich statt lautem Lesen reihum! Viele Leseanfänger, erst recht DaZ-Kinder, brauchen die hörbare Erzeugung des Wort-Klangbildes quasi als Zwischenstation, häufig können sie erst mit dieser Hilfe das Wort/den Wortsinn (wieder-) erkennen. Selbstverständlich werden sie dazu angehalten, recht leise, später flüsternd zu sprechen. Um die Lesefreude zu erhalten, gilt generell: Die Lehrkraft soll das hörbare Erlesen der Wörter unterstützen und zur Leistungsermittlung bzw. im Rahmen der Förderdiagnostik sich vom Kind die Texte leise vorlesen lassen.

Dagegen ist das laute Lesen reihum absolut schädlich, denn gute Leser langweilen sich dabei und schwache werden bloßgestellt, geraten in helle Aufregung und können daher meist nur einen Bruchteil ihres Leistungsvermögens zeigen.

Um den Lernenden die Lesefreude zu erhalten, ist auch das „paired reading – das Lesen zu zweit" zu empfehlen, das neben intensiven Lesebemühungen auch soziales Lernen begünstigt.

Dem **Schreiben in allen Modalitäten –** dem kommunikativen Schreiben, dem Nachschreiben, der Arbeit mit Lückentexten, dem pädagogisch sinnvollen Schönschreiben – kommt von Anfang an größte Bedeutung zu. Kinder mit Lernproblemen profitieren von Schreibübungen aller Art. Vermutlich ist das auf die intensive Aufmerksamkeit und Motivation infolge der körperlichen Beteiligung zurückzuführen. Dabei scheint auch eine Rolle zu spielen, dass beim Schreiben stets (irgend-)ein Ergebnis erreicht wird: Es kann zwar mangelhaft sein, ist aber sichtbar vorhanden und wirkt so motivierend.

Neben dem sorgfältigen analytisch-synthetischen Durchgliedern der Wörter, um sie dadurch erlesen zu können, sollte auch das **Soforterkennen der so genannten „kleinen Wörter"** trainiert werden! Um ein altersgerechtes Lesetempo zu erreichen, hat es sich bewährt, mit den Kindern ein wachsendes Repertoire an „kleinen Wörtern" zu erarbeiten, die auf einen Blick wiedererkannt werden (eine Leistung, die ein guter Leser ohne Unterstützung im Laufe der Zeit ohnehin erwirbt). Es handelt sich dabei vorrangig um kurze Funktionswörter (Artikel, Pronomen, Präpositionen), zu denen einige klassentypische Schlüsselwörter ergänzend hinzukommen. Daraus kann eine „Klassenkartei zum Schnelllesen" entstehen, die für vielfältige, auch wettspielähnliche Übungen zu nutzen ist.

Tipps für die Praxis: Anfangsunterricht

3.1.1.

A wie Aysel

Aktivität zum eigenen Namen, A

Vorbemerkung

Mit 5 oder 6 Jahren können viele Kinder ihren eigenen Namen oder wenigstens den ersten Buchstaben ihres Namens schon schreiben.

Vorbereitung

Sie benötigen Fimo oder Knete in verschiedenen Farben. Möglich ist auch die Arbeit mit einer Modelliermasse, die luftgetrocknet und anschließend bemalt wird.

Ablauf

Die Kinder sollen als Vorbereitung ihre Namen auf ein großes Plakat oder auf die Tafel schreiben, wenn nötig mit Hilfe der Pädagogin. Regen Sie ein Gespräch an: Die Kinder sollen dabei herausfinden, welche Namen mit dem gleichen Buchstaben anfangen.

Anschließend soll jedes Kind den Anfangsbuchstaben seines Namens mit Knete oder Fimo gestalten. Es ist besser dauerhaftes Material wie Fimo oder Modelliermasse zu wählen, sodass die Kinder ein haltbares Ergebnis bekommen.

Variante

- ▲ Für Gruppen, die schon sprachsicherer sind, kann sich ein Anlautspiel anschließen. Die Kinder nennen ihren Namen und einen Vergleich. Hierbei können verschiedene Wortarten gewählt werden.

  – *Ich heiße Aysel mit A wie Apfel.*

3.1.2.

Namensplakat

Aktivität zum eigenen Namen, A

Vorbemerkung

Buchstaben aus ihrem Namen können die Kinder in der Schuleingangsphase relativ bald auch in anderen Wörtern identifizieren.

Vorbereitung

Bringen Sie Kataloge, Prospekte und Zeitungen mit farbigem Wortmaterial zum Zerschneiden mit.

Bereiten Sie für jedes Kind ein Din A 3 Bogen vor, auf dem der Name des Kindes in Hohlbuchstaben steht.

Ablauf

Jedes Kind sucht und schneidet aus den Prospekten die für seinen Namen benötigten Buchstaben aus. Für den Namen *Can* werden also viele Cs, viele As und viele Ns benötigt, die das Kind dann in den jeweiligen Hohlbuchstaben seines Namens klebt.

Differenzierung

- ▲ Sehr viel schwieriger und gleichzeitig eine gute Übung zum Anlauttraining ist die Aktivität, wenn die Kinder Bilder mit dem entsprechenden Anlaut suchen, ausschneiden und anschließend in ihre Namensbuchstaben kleben.

3.1.3.

Finde uns!

Übung zur optischen Wahrnehmung, A, KV 10

Vorbemerkung

Viele Kinder haben im Bereich optische Wahrnehmung und Motorik Nachholbedarf. Ausmal- und Nachspurübungen, die speziell auf DaZ-Kinder zugeschnitten sind, sollten deshalb nicht fehlen.

Ablauf

Kriterium für die Auswahl der Buchstaben auf der Kopiervorlage war die Tatsache, dass die Aussprache des *E* (vor allem in Abgrenzung zum türkischen ı (i ohne Punkt) und des z (das im türkischen wie ein stimmhaftes s gesprochen wird) mit den Kindern ausreichend geübt und thematisiert wird. Aufgabe ist es, zwei Farben zu wählen und alle E bzw. alle Z in einer Farbe auszumalen und diese Handlung sprachlich zu begleiten, in dem die Kinder den jeweiligen Laut, den sie gerade bearbeiten, sprechen.

3.1.4.

e hören

Übung zur akustischen Differenzierung, A, KV 11

Vorbemerkung

Untersuchungen haben ergeben, dass Kinder die mit anderen Herkunftssprachen aufwachsen auch andere Hörgewohnheiten haben und evtl. bestimmte Laute im Deutschen nur schwer richtig erfassen. Übungen zur akustischen Differenzierung sollten DaZ-Kindern deshalb ausreichend angeboten werden. Auch hier bieten Lese-Lehrgänge gutes Material.

Ablauf

Die dargestellten Nomen sind Anlauttabellen entnommen oder gehören zum Basiswortschatz, den DaZ-Kinder spätestens in der Schuleingangsphase lernen sollten. Sichern Sie also den Wortschatz ab (Nomen und dazugehörige Artikel) bevor Sie mit der Kopiervorlage beginnen.

Aufgabe ist es nun, den Laut *e* am Anfang, in der Mitte oder am Ende des Wortes zu hören und den entsprechenden Kreis zu markieren. Hierbei gilt nicht das Silbenprinzip. Die Kinder sprechen dabei die Worte leise vor sich hin.

Anschließend malen sie noch zwei Worte, in denen der Laut e vorkommt, und lassen ihren Partner markieren, an welcher Position das *e* steht.

3.1.5.

Hör – Mal!

Übung zur akustischen Differenzierung, A, KV 12

Vorbemerkung

Vorschul- und Fibel-Materialien sind zur Förderung von DaZ-Kinder grundsätzlich geeignet. Zu beachten ist jedoch die Auswahl des Wortmaterials. Zu besonderen Schwierigkeiten kann es kommen, wenn die Kinder noch nicht gelernt haben, Laute zu hören, die in ihren Herkunftssprachen nicht vorkommen, oder noch keinen ausreichenden Wortschatz erworben haben.

Ablauf

Die Kopiervorlage zeigt in drei Dreiergruppen angeordnete Illustrationen. Mit der ersten Gruppe wird der Anlaut *Au-* geübt, mit der zweiten die lautliche Diskriminierung *Bi-, Be-, Ba-,* und mit der dritten Gruppe *He-, Ha-, Hu-.*

Die Pädagogin wählt für sich eine Dreiergruppe aus und nennt in vertauschter Reihenfolge und mehrfach die Nomen mit dazugehörigen Artikeln: *das Auge, das Auto, das Haus.* Dies geschieht sehr langsam, sodass die Kinder während des Sprechens die richtige Illustration vervollständigen können.

Wenn Sie mit Artikelpunkten arbeiten (s. S. 108), bietet es sich an, bei Übungen dieser Art auch die Artikel mitzuüben, indem Sie Artikelpunkte setzten und anmalen lassen.

Variante

- Haben die Kinder schon einen Lese-Schreib-Lehrgang absolviert, können die fertigen Illustrationen mit Nomen und Artikel versehen werden.

3.1.6.

Lies und verbinde

Übung zur Artikelfestigung, A, KV 13

Vorbemerkung

In vielen Fällen bereitet die Auswahl des richtigen Artikels den DaZ-Kindern Schwierigkeiten: Sie kennen das Nomen, wissen aber nicht, ob sie der, die oder das wählen sollen. Eine Art die Artikel zu visualisieren sind die Artikelpunkte (s. S. 108), eine weitere Möglichkeit sind die Artikelrahmen. Sie funktionieren nach dem gleichen Prinzip wie die Artikelpunkte: Jedem Genus wird eine Farbe zugeordnet, die auch in den einzelnen Kasus beibehalten wird.

Ablauf

Die Kinder erlesen die Nomen und verbinden Wort und Bild. Anschließend malen sie die Artikelrahmen in den entsprechenden, vorher festgelegten Artikelfarben aus.

Sind die Kinder unsicher in der Artikelverwendung, so bietet es sich an, Spielfigürchen in den entsprechenden Farben setzen zu lassen. Diese können Sie leicht kontrollieren, bevor die Rahmen dann ausgemalt werden.

Bemerkung

Aus farbiger Pappe oder farbigem und laminierten Papier können Sie auch einfach Artikelrahmen herstellen, die sich immer wieder verwenden lassen. Eine Größe von 10x10 cm ist dabei günstig.

3.1.7.

Der, die oder das?

Übung zur Festigung des Wortschatzes, A, KV 14

Vorbemerkung

Die Wörter der benutzen Anlauttabelle sollte bei DaZ-Kindern besonders gefestigt werden, sodass das Lesen- und Schreibenlernen nicht auf Grund sprachlicher Unklarheiten erschwert wird. Nomen und ihre Artikel sollten immer zusammen eingeführt und gelernt werden.

Das Genus der Nomen bereitet den DaZ-Kindern oftmals Schwierigkeiten.

Die Arbeit einer Farbsymbolik bietet sich in diesem Kontext an: Den Nomen werden entsprechend ihrem Genus bestimmte Farben zugeordnet. Bewährt hat sich dabei folgende Farbgebung:

der/ein (maskulin) = rot
die/eine (feminin) = blau
das/ein (neutrum) = gelb

Die Farbsymbolik unterstützt die Kinder dabei, ein Nomen mit einem bestimmten Genus verknüpft zu erlernen. Auch wird im Zusammenhang das System der Deklination kindgerecht visualisiert: Das Genus und damit die gewählte Farbsymbolik ändert sich nie, auch wenn das Nomen in einem anderen Fall steht.

Vorbereitung

Wenn in Ihrer Schule noch keine Farben für die Artikel festgelegt sind, bietet sich die oben genannte Farbverteilung an, die Sie dann auch in Zukunft beibehalten sollten.

Für das Würfelspiel benötigen Sie: Würfel, Spielfiguren und Bildmaterial aus Anlauttabellen auf Kärtchen geklebt.

Ablauf

Bieten Sie den Kinder so oft wie möglich das Bildmaterial gängiger Anlauttabellen an. Präparieren Sie das Bildmaterial mit Artikelpunkten oder Artikelrahmen (ein kleiner Kreis vor dem Nomen oder ein Rahmen zum Ausmalen um das Nomen herum). Wiederholen Sie die dargestellten Nomen mit den dazugehörigen Artikeln. Fordern Sie die Kinder anschließend auf, die Rahmen/Punkte in den entsprechenden Artikelfarben anzumalen und dazu zu sprechen.

Nach dieser Wiederholung kann das Würfelspiel losgehen. Jede Gruppe bekommt einen Spielplan (KV), einen Würfel, Spielfiguren, einen Satz Bilder aus der Anlauttabelle. Jedes Kind sucht sich einen Startpunkt, würfelt, geht die entsprechende Augenzahl. Dann nennt es ein Nomen aus dem Stapel mit dem entsprechenden, richtigen Artikel. Das Kind darf dabei die Karten aus dem Stapel in die Hand nehmen und durchgehen. Hat es eine „richtige“ Karte gefunden und mit Nomen und Artikel benannt, darf es die Karte behalten. Kommt ein Kind auf ein Artikelfeld zu dem es keine Bildkarte mehr gibt, so ist der nächste dran. Gewonnen hat, wer zum Schluss die meisten Kärtchen hat.

Bemerkung

Dieses Spiel eignet sich auch gut für den Regelunterricht.

3.1.8.

Anlauttabellen

Herkunftssprachen einbeziehen

Bei der Verwendung allgemeiner Fibel-Materialien wie zum Beispiel illustrierter Anlauttabellen ergeben sich für DaZ-Kinder oft Schwierigkeiten: Von vielen Bildern kennen sie das deutsche Wort nicht, oder können es vielleicht nicht aussprechen.

Ein Ansatz ist die Arbeit mit einer koordinierter Anlauttabelle, die sicherstellt, dass ein Buchstabe mit einem Substantiv/Bild belegt wird, das in Erst- und Zweitsprache denselben Anlaut hat.

Ziel ist die Verinnerlichung der deutschen Laut-Buchstaben-Beziehung. Grundlage wäre also z.B. das deutsche Alphabet, nicht das türkische.

3.2.
Hörverstehen und Aussprache

Hörverstehen bedeutet Hören + Verstehen: Es kann auf vielfältige Weise zum Ausdruck kommen; es wächst durch abwechslungsreiche Übungen, durch die immer sicherer Laute und Lautgruppen, Wörter und Wortgruppen, Sätze und Satzkerne identifiziert werden.

- Manche Schüler/innen hören zunächst nur vertraute Signalbegriffe oder solche, die sich mit anschaulichen Vorstellungen verknüpfen.
- Andere können bereits selektiv das heraus hören, was dem jeweiligen Text Sinn verleiht.
- Wieder andere Kinder hören kursorisch zu, konstruieren sich unbewusst oder bewusst einen Sinnzusammenhang und können das auch durch Gesten, Spiel, Zeichnungen oder geknetete Figuren nachstellen und erläutern.
- Einige werden immer schon das Erzählte im Detail verstehen und können daher leicht Teile rekonstruieren oder nacherzählen.

Diese unterschiedlichen Strategien des Hörverstehens führen alle irgendwann zum Ziel. Die Kinder können auf ihrem Weg jedoch unterstützt werden, indem man ihre Aufmerksamkeit auf bestimmte Aspekte und Dimensionen des Hörens richtet.

Das Hörverstehen ist in diesen Übungsphasen nicht Mittel zum Zweck, sondern zentraler Gegenstand des Lernprozesses.

Varianten des Hörens: ein Überblick

Inhaltsorientiertes Hören

Diese Form des Hörens, auch als authentisches Hören bezeichnet, zielt auf das globale Verstehen: Durch die Verbindung zwischen Lauten und Bedeutungen werden zumindest die Grundinhalte des Gehörten verstanden. Neben ihrem inhaltsgerichteten Vorwissen aktivieren die Kinder dabei ihre gesamten DaZ-Kompetenzen (und zwar hinsichtlich der Bedeutungs- und der Handlungsebene, des Wortschatzes sowie hinsichtlich der Lautstruktur und der Grammatik der deutschen Sprache.

Bei Übungen zum Hörverstehen ist die Erweiterung des individuellen Lexikons der offensichtlichste Erfolg. Die Voraussetzung dafür ist jedoch die weitgehend unbewusst ablaufende Aktivierung abgespeicherter Lautmuster.

Detailorientiertes Hören

Hierbei ist das zielgerichtete Hören in Bezug auf bestimmte sprachliche Elemente gemeint. Es setzt das globale, inhaltliche Verständnis voraus und erfordert eher abstrakte Denkleistungen. In der Grundschule spielt das analytische Hören eine nebengeordnete Rolle, kann aber z.B. beim Artikel-Training oder bei Deklinationsübungen hilfreich sein.

Wichtig für das Üben

Je lebendiger die Kinder ihre jeweiligen Verstehenshorizonte äußern und gemeinsam die Bedeutungen herstellen, desto rascher wächst in einer Gruppe auch kollektiv das Hörverstehen.

Tipps für die Praxis:
Hörverstehen und Aussprache

3.2.1.

Obstsalat

Aktivität zum Hörverstehen, A

Vorbemerkung

Bei diesem Spiel sind genaues Hinhören, Konzentration und Schnelligkeit gefragt. Die Kinder müssen außerdem Singular- und Pluralformen von Nomen verstehen.

Ablauf

Die Kinder sitzen im Stuhlkreis und ein Freiwilliger steht in der Mitte. Die Pädagogin teilt jedem Kind den Namen einer Obstsorte zu, auch mehrfaches Vergeben eines Sortennamens ist möglich. Das Kind in der Mitte ruft nun zwei Sorten auf *(Bananen und Orangen),* die Kinder mit diesen Sorten tauschen die Plätze, während das Kind aus der Mitte auch versucht, einen Platz zu bekommen. Der, der übrig bleibt, ruft die nächste Kombination auf. Ruft das Kind in der Mitte *Obstsalat,* müssen alle ihre Plätze tauschen.

Bemerkung

Das Spiel kann mit unterschiedlichen Wortfeldern durchgeführt werden: Kleidungsstücke, Tiere, Schulsachen, Farben, Zahlen.

3.2.2.

Tafelrallye

Aktivität zur Hör- und Ausspracheschulung, A

Vorbemerkung/Lernziel

Die Kinder reagieren schnell auf Gehörtes, die jeweilige SpielleiterIn übt die genaue Artikulation der Wörter.

Vorbereitung

Bildkarten (20-40) werden mit Magneten an der Tafel befestigt. Die Klasse wird in zwei Gruppen geteilt, jeder Gruppe wird eine Farbe zugeteilt.

Ablauf

Die Kinder beider Gruppe stellen sich riegenähnlich hintereinander auf, ca. zwei Meter von der Tafel entfernt, das erste Kind in jeder Gruppe bekommt ein farbiges Stück Kreide.

Nun sagt die SpielleiterIn laut einen Begriff, zu einem vorne hängenden Bild. Die beiden ersten Kinder der Riegen versuchen schnell das entsprechende Bild einzukreisen, nennen jeder noch einmal das Wort, dann geben sie die Kreide weiter und stellen sich hinten in ihrer Gruppe an. Das nochmalige Nennen bringt auch Ruhe in das Spiel. Sind alle Bilder eingekreist, wird ausgezählt, welche Farbe dominiert.

Bemerkungen

Rangeleien vor der Tafel bedeuten Disqualifikation oder Punktabzug.

Differenzierung

Können die Kinder schon lesen, können die Wörter auch angeschrieben werden.

Varianten

- Alle Zahlen können so geübt werden.
- Verbformen können konjugiert oder in Zeitformen angeschrieben, jedoch im Infinitiv angesagt werden.
- Teile von zusammengesetzten Nomen können erscheinen, der dazugehörende Teil wird genannt.

3.2.3.

Alle Kinder schwimmen

Aktivität zum Hörverstehen, A

Vorbemerkung

In dieser Abwandlung des bekannten Spiels „Alle Vögel fliegen hoch“ wird Hörverstehen mit Bewegung gekoppelt.

Ablauf

Folgende Verben lassen sich gut pantomimisch darstellen und sollten zum Wortschatz der Kinder gehören: *schwimmen, rennen, gehen, hüpfen, tanzen, lachen, weinen, singen.*

Stellen Sie sicher, dass die Kinder die Bedeutung dieser Verben kennen, bevor Sie mit dem Spiel starten. Gespielt wird stehend: Die Pädagogin sagt an, *(Alle Kinder schwimmen. Alle Kinder gehen. ...)* die Kinder müssen hören, verstehen und die entsprechende Bewegung ausführen. Natürlich kann auch eines der Kinder die Rolle des Ansagers übernehmen.

3.2.4.

Ich sehe, was ich höre

Übung zum globalen Verstehen, B

Vorbemerkung

Deutsche Laute und Lautfolgen können Kinder ohne Deutschkenntnisse weder in gebundener Rede unterscheiden noch mit ihrer inneren Vorstellungen verknüpfen. Deswegen bedarf es visueller Stützen und körperlicher Handlungen, sozusagen als Szenerie einer Geschichte oder eines Sachverhaltes. In dieser Szenerie verbinden die Kinder die sichtbaren Stationen und wiederholten Handlungen mit dem Gehörten. Dabei sind nicht der Reim oder die Geschichte allein Hörschulung, sondern alles, was zum Aufbau der Szene(n) und als Auslösung von Handeln gesagt wird.

Der nachfolgende Vorschlag zur Anbahnung des globalen Hörverstehens ist inhaltlich an eine fiktive Tier-Erzählung geknüpft. Die beschriebene Methode ist aber selbstverständlich auf andere Inhalte und Texte übertragbar.

Vorbereitung

Nach einem Zoobesuch oder anhand eines aktuellen Zirkusplakats wird durch ein Bild, eine Skizze oder nur das Wort/das Signal „Elefant" aufgegriffen.

Ablauf

Die Lehrkraft fordert auf: „Stell dir vor, du bist jetzt ein Elefant. Wie siehst du aus als Elefant?" Die Kinder ahmen auf unterschiedlichste Weise die Gestalt und Motorik eines Elefanten nach.

Im Anschluss können vertraute Begriffe gesammelt und angeschrieben werden, z.B.

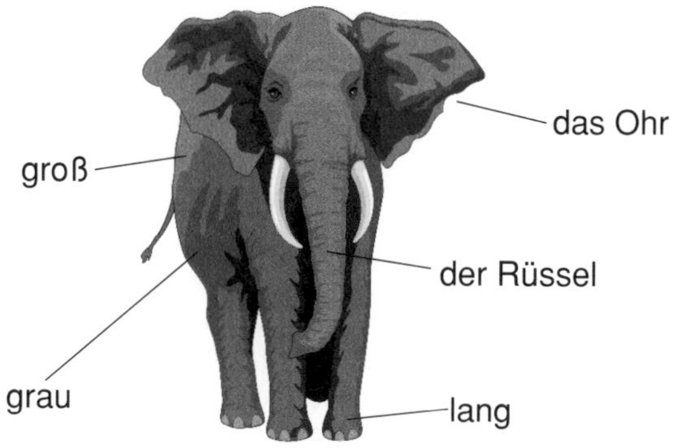

Nächster Schritt: Die Kinder bilden eine Elefantenkette und verankern die erworbenen Begriffe durch einen Sprechtext:

1. Wir sind die Elefanten und kommen von weit her. Mit unseren dicken Füßen stapfen wir durch die Welt: Rumpumperum, rumpumperum, bum bum bum.
2. Wir sind die Elefanten und kommen von weit her. Mit unseren langen Rüsseln machen wir gern: törö tötö, törö tötö, tö tö tö.
3. Wir sind die Elefanten und kommen von weit her. Mit unseren großen Ohren hören wir gern zu: tsching tsching trara, tsching tsching trara.

Die Lehrerin spricht vor, die Gruppe spricht nach, während die Lehrerin nur die Lippen bewegt. Dadurch hören die Kinder sich selbst und die Gruppe, lesen aber die Sprache von den Lippen ab.

Den Text kann man auch nach der Melodie „Wir sind die Musikanten und komm'n aus Schwabenland" singen.

Das Hörverstehen ist in dem Sinne global, als die Kinder viele Wörter nicht zu verstehen brauchen, weil sie der Handlung anhand der gemeinsam erarbeiteten Szenerie und der pantomimischen Handlungen folgen können.

Variante

Reime haben den Vorzug, dass die Kinder immer auch die Prosodie (den Gesamtklang) der Sprache hören und Freude am Chor- und Nachsprechen haben, wobei man als Lehrer/in während des Lippenlesens diejenigen

Schüler/innen heraushört, die spontan eine gute Aussprache zeigen. Diese Kinder sind für die Klasse ein wirksameres Sprachvorbild als der Lehrer.

Textvorschlag: Gedicht vom Krokodil

Das Krokodil
liegt faul am Nil,
doch seine Augen sind stets offen,
weil Krokodile immer hoffen,
dass sie was zum Fressen seh'n.
Drum darfst du im Nil nie schwimmen geh'n.

Zur Verankerung sollte die bildliche Vorstellung der Kinder aktiviert werden, zum Beispiel durch ein Foto oder eine szenische Beschreibung der Lehrkraft.

Zu dem Gedicht kann man zeichnen lassen oder auch Plakate erarbeiten.

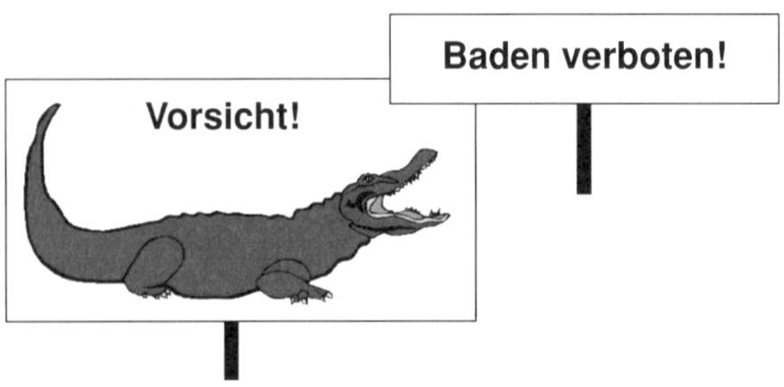

3.2.5.

Ich denke mir ein Tier

Aufgabe zu Entscheidungsfragen, C

Vorbemerkung

Der Ablauf ähnelt dem Spiel „Ich sehe was, das du nicht siehst!", ist allerdings zielgerichtet auf Begriffe, die zu einem Oberbegriff gehören. Durch geschicktes Fragen, sollen Eigenschaften, Fähigkeiten, Verhaltensweisen, Lebensraum, Vorkommen, Nutzungsart etc. von Personen, Tieren oder Gegenständen herausgefunden werden. Wichtig ist, anderen MitspielerInnen zuzuhören, um möglichst viele Informationen zu erhalten.

Vorbereitung

Bild oder OH-Folie mit verschiedenen Bildern (ca. 20) zu einem Thema, z.B. Tiere, Möbel, Kleidung, Berufe, Gebäude, Fahrzeuge usw.

Ablauf

Die SpielleiterIn (SchülerIn) wählt sich beispielsweise ein Tier, das auf dem Bild zu sehen ist, und notiert es auf einem Zettel, oder flüstert es der Lehrerin ins Ohr. Die Spieler stellen der Reihe nach Fragen, wobei darauf geachtet werden soll, dass die Fragen in einer Spielrunde immer dieselbe Struktur haben, damit sie als Satzmuster eingeübt werden. Es wird also in der ersten Runde z.B. nur nach Eigenschaften gefragt:

Ist das Tier groß?
Ist das Tier stark?
Ist das Tier gefährlich?

Solange die Frage mit „Ja" beantwortet wird, darf der Spieler, der an der Reihe ist, weiter fragen. Bei „Nein" ist der oder die nächste dran. Wer glaubt, die Lösung zu kennen, kann sich nach einem „Nein" melden und den Begriff erraten. Ist die Lösung allerdings falsch, scheidet dieser Spieler in der Runde aus. Wer richtig löst, ist der neue Spielleiter.

Bemerkungen

Je nachdem, welche Fragestruktur vorgegeben wird, können mit diesem Spiel sehr differenzierte Sachverhalte abgefragt und geübt werden. Selbst Themen des Sach- und Fachunterrichts lassen sich durch einige Spielrunden auflockern.

Lebt das Tier in Afrika?
Lebt das Tier in der Wüste?
Lebt das Tier in der Savanne?

Komplexe Grammatikstrukturen wie die Adjektivdeklination können trainiert werden:

Hat das Tier lange Ohren?
Hat das Tier ein zotteliges Fell?
Hat das Tier einen spitzen Schnabel?

Durch die mehrmalige Wiederholung der gleichen Struktur hören die DaZ-Kinder im Regelunterricht genügend korrekte Fragen, um selbst eine Frage formulieren zu können.

3.2.6.

Sprechende Namen

Übung zur Adjektivdeklination, D

Lernziel

Die Kinder üben die Adjektivdeklination, indem sie den Namen der anderen Kinder jeweils ein Adjektiv mit demselben Anfangsbuchstaben hinzusetzen.

Vorbereitung

Die Übung setzt eine recht große Kenntnis von Adjektiven voraus, wenn nicht die LehrerIn sich im Voraus geeignete Wörter ausdenkt, sie auf Karten schreibt und diese in der Gruppe inhaltlich bespricht.

Ablauf

Auch in dieser Übung wird eine Satzkette gebildet.

1. Kind: Ich bin der freundliche Florian, und wer bist du?

2. Kind: Das ist der freundliche Florian, ich bin die liebe Lisa, und wer bist du?

3. Kind: Das sind der freundliche Florian und die liebe Lisa. Ich bin der nette Nadim, und wer bist du?

4. Kind: Das sind der freundliche Florian, die liebe Lisa und der nette Nadim. Ich bin die traurige Tara, und wer bist du? ...

Bemerkung

Für jeden Namen könnten ein neutral, ein negativ und ein positiv wirkendes Adjektiv gefunden werden, so dass die Kinder auch über ihre Gefühle sprechen können, wenn ihr Name eine positive bzw. negative Beschreibung erhält. Eine Erweiterung als Alliteration ist denkbar, Sätze wie „Die tolle Tara trägt Tomaten" werden an die Tafel geschrieben.

3.3.

Sprechen

Um Sprechen zu üben, muss man sich weitgehend vom Frontalunterricht befreien.

Interessante Sprechanlässe, schöne Sprachspiele und erzählte Erlebnisse oder Geschichten ergeben erst einen Sinn, wenn sich der Unterricht in Formen vollzieht, die tatsächlich Zeit und Raum zum Sprechen eröffnen und zwar möglichst für alle Kinder.

Diesem Postulat widerspricht nicht, dass bestimmte Sprachhandlungen ritualisiert werden können und dass Verabredungen vorgegeben und eingehalten werden müssen.

Zu ritualisierten Gesprächsformen zählen das Chorsprechen ebenso wie der institutionalisierte Morgenkreis oder der Umgang mit bestimmten Spielen zum Sprechen.

Varianten des Sprechens: ein Überblick

Freies, authentisches Sprechen

Gemeint ist jede Äußerung, die vom Kind selbst initiiert wird und bei der es seine Wortwahl frei gestalten kann. Die Kommunikation mit MitschülerInnen in der Pause, aber auch das Sprechen in Alltagssituationen gehören in diese Gruppe. Es handelt sich hierbei um authentische Sprache. Der Sprecher ist ganzheitlich beansprucht, weil er bedeutsame und komplexe Handlungen planen und versprachlichen muss.

Wo kann die Schule echte Kommunikation erzeugen, die einen großen Teil der Wahrnehmung aktiviert und diese proaktiven Handlungsstrukturen fördert?

Das einzig Authentische im Unterricht ist der Klassenraumdiskurs selbst (abgesehen von kleinen echten Fragesituationen zwischendurch: *Emre, was meinst du dazu?).* Daher sollten die Kindern von Anfang bei der Auswahl sprachlicher Mittel eigene Akzente setzen dürfen, das Ziel und den Verlauf des Unterrichts mitbestimmen. Indem kommunikative Sozialformen gewählt werden und jedes Kind sich in die Unterrichtshandlung nach seinen Kräften einbringen kann, wird ein hohes Anregungspotenzial freigesetzt.

Das freie Sprechen findet meist auf umgangs- evtl. alltagssprachlichem Niveau statt, sprachliche Norm bzw. Korrektheit stehen nicht im Vordergrund.

Gelenktes Sprechen

Jede Übungssituation bedingt gelenktes Sprechen, denn der Sprecher wird in der Wahl dessen, was er sagen will, vorstrukturiert.

Zwar sollte DaZ-Förderung ein selbstständiges Arbeiten nach individuell entwickelten Lernstrategien ermöglichen, doch bedeutet dies nicht, gelenkte Sprechsituationen aus dem Unterricht zu verbannen. Die Automatisierung wichtiger Sprach- und Satzmuster ist die Voraussetzung für freies richtiges Sprechen, das mit zunehmendem Alter der Kinder auch schul- und fachsprachlichen Anforderungen genügen muss.

Einzelsprechen

Im gelenkten Unterrichtsgespräch ist auch die Einzelantwort einer SchülerIn auf eine Fragestellung eher dem gelenkten als dem freien Sprechen zuzuordnen. Denn außer der genauen Wortwahl sind ggf. viele sprachbegleitende Faktoren vorbestimmt (Zeitpunkt des Sprechaktes, Grund für die sprachliche Reaktion, erwarteter Inhalt, oft auch sprachliche Mittel).

In Sprechübungen wird eine konkrete, definierte sprachliche Reaktion des Kindes erwartet. Einzelsprechen kann daher besonders ängstliche Kinder sehr verunsichern, wodurch der Lernprozess stark beeinträchtigt werden kann. In nicht stabilen Gruppen muss genau überlegt werden, welches Kind einer solchen Exponierung standhält.

Nachsprechen

Nachsprechübungen sollten im Einzel- und im Gruppensprechen nicht fehlen, damit die Kinder ein Gefühl für die Intonation entwickeln. Wie beim Kleinkind erhöhen diese Übungen den sprachlich korrekten Input und geben die Möglichkeit, sich ganz auf den lautlichen Aspekt der Sprache zu konzentrieren.

Rhythmisches Sprechen

Auch das rhythmische Sprechen stellt ein gutes Training für Wortklang und Satzmelodie dar. Und wird Sprache zum Beispiel durch Klatschen, Stampfen oder mit einem Rhythmusinstrument begleitet, hat dies zudem den Vorteil, dass beide Gehirnhälften aktiviert werden.

Aus diesem Grund wird Rhythmisierung auch in der Sprachheilpädagogik mit Erfolg eingesetzt. Diese Methode empfiehlt sich insbesondere, wenn noch offen ist, ob die Artikulationsprobleme allein im Zweitspracherwerb begründet sind oder ob auch logopädische Befunde vorliegen.

Gruppensprechen, Chorsprechen, Singen

Da man sich beim Sprechen auch selbst hört, setzt automatisch eine Art Kontrolle ein. Ein Problem dabei ist die Angst vor Fehlern, sei es in der Aussprache oder in der Wahl der grammatischen Formen. Gerade für unsichere, schüchterne SchülerInnen kann es hier sinnvoll sein, im „Schutz“ einer Gruppe zu üben: Der Stress fällt weg *hier jetzt allein das Richtige sagen zu müssen.* Das Sprechen im Chor kann helfen, Zutrauen zu sich selbst und zu der Artikulation zu finden. Reime und Rhythmen sind gefällig, prägen sich gut ein und machen bestimmte Betonungen deutlich.

Beim Gruppensprechen müssen im Übrigen nicht alle dasselbe sagen, es gibt Spielformen, wo paarweise gesprochen wird, ohne dass daraus ein Chorsprechen wird.

Das Chorsprechen kann eingesetzt werden, wenn die Artikulation besonders geübt werden soll, wenn Inhalte ein abwechselndes Sprechen (ähnlich der Liturgie in der Kirche) nötig oder möglich machen und wenn Sprache in wiederkehrenden Reimen oder Strophen wiedergegeben werden kann. Um den eigenen Rhythmus in der Sprache zu finden, kann man mit den Kindern auch selbst zum Dichten greifen, z.B. in Formen des RAP.

Sprechen und Erzählen

Beim Sprechen und Erzählen geht es um die Förderung des narrativen Aspekts der Sprache. Nicht nur im Rahmen von PISA werden die „Sprachlosigkeit“ und mangelnde Sprachkompetenz von Kindern, und zwar von allen Kindern, beklagt. Man kann von Kindern nicht erwarten, dass sie sich differenziert über sich selbst, ihre Empfindungen, Erlebnisse, Vorstellungen und Wünsche äußern, wenn man nicht mit ihnen spricht. Auf nie gestellte Fragen gibt es auch keine Antworten.

Der institutionalisierte Morgenkreis sollte in keiner Grundschulklasse fehlen. Um das Erzählen nicht uferlos werden zu lassen, kann man bestimmte Gesprächsformen verabreden, zum Beispiel das Einhalten bestimmter Zeiteinheiten oder bestimmter Regeln zum Zuhören.

Dialogisches Sprechen

Entwicklung und Lernprozesse können nur stattfinden, wenn das Kind sich in geistiger Aktivität mit Sachverhalten, Problemen und vor allem anderen Menschen auseinandersetzt. Dieser Gedanke liegt der kommunikativen Sprachvermittlung zugrunde, so dass Sprachbücher meist dialogische Texte enthalten und der Sprachunterricht in Form von Rollenspielen Alltagssituationen dialogisch simuliert. Dieser Unterricht ist im Vergleich zum reinen Grammatikunterricht sicher motivierender.

Darüber hinaus sollten aber, wann immer möglich, echte Dialogsituationen geschaffen werden. Die einfachste Form besteht darin, Gespräche in kleinen Gruppen zu initiieren: Jedes Kind bekommt beispielsweise die Aufgabe den anderen zu einer gezogenen oder gewählten Bildkarte etwas zu erzählen, das Gespräch geht reihum.

Unkomplizierter ergibt sich der Austausch untereinander, wenn in der Gruppe gemeinsam eine Aufgabenstellung zu lösen ist, zum Beispiel bei kleinen Projekten. Da das Ergebnis immer in irgendeiner Form dokumentiert werden sollte – das ist für die SchülerInnen eine wichtige Orientierung und ein Ziel – fällt dann natürlich auch ein Teil der Aufgabe ins Schriftliche.

Kurzvorträge

Je älter die Kinder werden, desto häufiger werden ihnen Vorträge abverlangt. Vorträge tragen auch Züge des gelenkten Sprechen, der Anteil an freiem Sprechen sollte aber zunehmend überwiegen.

Kurzvorträge können auch mit Kindern der unteren Klassenstufen trainiert werden, wenn sie z.B. im Morgenkreis über ein vorher vereinbartes Thema „referieren“ (das Haustier beschreiben, berichten, wie Familienfeste gefeiert werden...).

Später können dann die freien Vorträge durch selbstgefertigte Merkkarten (Schlüsselbegriffe) strukturiert und unterstützt werden.

Handlungsbegleitendes Sprechen

Unsere erste Sprache üben wir im Kleinkindalter besonders dadurch, dass wir all unsere Tätigkeiten laut kommentieren, also „Selbstgespräche“ führen. Viele Sinne (fühlen, sehen, hören, oft auch schmecken und riechen) werden dabei aktiviert. Das Schulkind hat dieses Verhalten überwiegend abgelegt, obwohl gerade für den Zweitspracherwerb die Aktivierung vieler Bereiche des Gehirns hilfreich wären.

Die LehrerIn muss also in einen Dialog eintreten und die Kinder möglichst oft fragen, was sie gerade tun, wenn sie mit einer Tätigkeit beschäftigt sind. Der projekt- und handlungsorientierte Unterricht bildet die Basis für diese Sprechanlässe. Auch wenn bestimmte Arbeitsschritte von Schülern selbst anderen Kindern erklärt werden müssen, wird handlungsbegleitendes Sprechen erforderlich, ohne das Kind in eine peinliche Situation zu bringen.

Gerade der handlungsorientierte Unterricht birgt allerdings auch die Gefahr eher nonverbal zu agieren (man kann alles vormachen, alle sind beschäftigt, es ist schön ruhig). Darum muss sich die LehrerIn bewusst für das permanente Versprachlichen entscheiden.

Wichtig für das Üben

Das freie, authentische Sprechen muss zweifellos einen großen Raum in der Unterrichtsgestaltung einnehmen, dennoch sollten auch gelenkte Übungsformen ihren Anteil haben dürfen. Der Wechsel zwischen den sehr anspruchsvollen offenen Unterrichtsformen und den meist klarer strukturierten gelenkten Formen kann wie ein Wechsel zwischen Anspannung und Entspannung den Lernprozess bereichern.

Sprechen kann und muss aber auch sehr kleinschrittig geübt werden. Die SchülerInnen müssen lernen die Wörter im Satz grammatisch richtig zu gebrauchen. Das Deutsche mit seinen drei Genera und den Tücken in der Deklination macht dabei jedem Lernenden zu schaffen.

Um einer Verfestigung von Fehlern vorzubeugen, sollte auch im Mündlichen Wert auf grammatische Richtigkeit gelegt werden. Um den Redefluss nicht zu unterbrechen, können nonverbale Korrekturzeichen verabredet werden. Noch besser ist es, wenn den SchülerInnen selbst bewusst wird, wo ihre Schwierigkeiten liegen. Spiele wie Wettspiele, Bingos, Dialogspiele etc. bieten sich hier zum Üben an.

Tipps für die Praxis: Sprechen

3.3.1.

Geschichten erzählen

Aufgaben zur Erzählplanung, A

Vorbemerkung

In der Schule lernen die Kinder planvoll mit Sprache umzugehen und so auch ihre Gedanken zu differenzieren und zu systematisieren.

Das heißt, Kinder sollen eine Ahnung davon bekommen, dass es so etwas wie eine Erzählplanung oder einen Erzählplan gibt. Am besten beginnt man mit der Reihenfolge.

Ablauf

Ähnlich wie beim Schnipseltext werden den Kindern vermischte Bildkarten, die eine Abfolge von Handlungen zeigen, gegeben, z.B. aus der Materialkiste „Ein Tag mit Flo“. Die Folge „Zur Schule gehen“ umfasst beispielsweise 8 Bilder, die in die Gruppe oder an den Einzelnen gegeben werden.

Die Inhalte der Bilder müssen einzeln erfasst werden, dann werden die Bilder in eine Reihenfolge gelegt. Man kann eine Überschrift finden lassen und der Text dazu kann erzählt werden.

3.3.2.

Nette Bekanntschaften

Übung zum dialogischen Sprechen, A

Lernziel

Die Kinder üben durch häufiges Wiederholen einen zuvor besprochenen Dialog.

Vorbereitung

Es wird ein Minidialog zu relevanten Alltagsthemen erstellt und gemeinsam geübt. (Kennenlernen, Einkaufen, Verabredung...).

Beispieldialog:
Hallo..., schön dich zu sehen!
Hallo ...!
Wollen wir zusammen spielen?
Ja, gerne.

Angenehme Musik wird benötigt.

Ablauf

Die Klasse wird in zwei Gruppen geteilt, die jeweils einen Kreis bilden. Es soll ein Außen- und ein Innenkreis entstehen, die Kinder sollen gegenläufig zur Musik in ihrem Kreis laufen. Wenn die Musik stoppt, wird mit dem Partner, der gerade vor einem ist, der Dialog ausgetauscht. Die Musik setzt wieder ein, alles läuft im Kreis, tanzt dabei oder schnipst mit den Fingern, bis die nächste Zufallsbekanntschaft kommt.

3.3.3.

Gespenstisches

Übung zur Prosodie, B, KV 15

Lernziel

Die Kinder erleben, das Sprache sich je nach Gefühlslage rhythmisch oder in der Lautstärke verändert.

Vorbereitung

Der Text „Hundertzwei Gespensterchen" wird benötigt, evtl. brauchen Sie verschiedene Klanginstrumente zur Untermalung.

Ablauf

Der Text des Liedes wird den Kindern mehrmals „normal" vorgesprochen oder vorgesungen.

Nachdem der Inhalt und die Wortbedeutungen *(vertrackt, Takt, schlich, fand, famos, bloß)* geklärt sind, werden die Kinder dazu aufgefordert, zu überlegen, wie der Text noch anders gesprochen werden kann. Wie klingt das Lied besonders gruselig, besonders spannend, besonders uninteressant.

Es sollte dann in verschiedenen Lautstärken, Sprechgeschwindigkeiten oder rhythmisch betont gesprochen/gesungen werden.

Bemerkungen

Mit instrumenteller Begleitung mit selbstgefertigten Instrumenten macht es besonders viel Spaß.

3.3.4.

Bilder legen – Gedanken hegen

Aktivität zum freien Sprechen, C

Lernziel

Die Kinder üben, sich auf einen Bildimpuls hin frei zu äußern. Sie beziehen sich dabei auf Äußerungen anderer Kinder, üben sich auch im Zuhören.

Vorbereitung

Eine Sammlung von Bildern oder Fotos aus Zeitungen, alten Lehrbüchern u.ä. wird benötigt.

Ablauf

Jede SchülerIn erhält eine festgelegte Anzahl an Bildern (3 oder 5). Ein Bild wird auf den Tisch gelegt. Die Bilder sollen nun durch eine Geschichte miteinander verbunden werden.

Jedes Kind sagt einen Satz zu einem seiner Bilder und bezieht sich dabei auf das davor abgelegte Bild. Wer zuerst alle seine Bilder ablegen kann, hat gewonnen.

Differenzierung

▼ Alle abzulegenden Bilder beziehen sich auf das erste, auf dem Tisch liegende Bild. Diese Spielvariante ist leichter, weil nicht immer wieder eine neue Verknüpfung hergestellt werden muss und das Kind dadurch seine Gedanken besser versprachlichen kann, sie ist aber nicht so dynamisch, die entstehende Geschichte wird langweiliger.

Bemerkungen

Die Geschichten, die durch die aneinandergereihten Einzelsätze entstehen, sollten hinterher besprochen oder auch aufgeschrieben werden, um etwaige Fehler zu korrigieren. Im Spielverlauf sollten nur sehr fehlerhafte oder fragmentarische Äußerungen nicht akzeptiert werden, sonst schwindet die Motivation.

Spielt man an mehreren Tagen mit den gleichen Bildern, können die Geschichten miteinander verglichen werden und von den Schülern bewertet werden.

3.3.5.

Alles, was du kannst, . . .

Lernen durch Lehren, D, KV 16

Vorbemerkung

Die Kinder erwerben nach der Methode „Lernen durch Lehren" (LDL) die Fähigkeit, Durchführungsfunktionen und evtl. Planungsfunktionen für den Unterricht zu übernehmen.

Die Kinder werden angehalten, Präsentationsstrategien selbst zu entwickeln, wodurch ihnen auch der Lernprozess an sich bewusst wird.

Durch die Übernahme der Organisation einzelner Unterrichtsphasen (oder sogar einer ganzen Stunde) werden sprachliche Automatismen entwickelt, weil viele unterrichtsrelevante Aussagen immer wieder vorkommen.

Die SchülerInnenaktivität wird gesteigert.

Vorbereitung

Auf einer Karteikarte werden dem Kind zunächst klare Impulse vorgegeben.

Sage: Nehmt die Hefte raus!

Wenn die Kinder etwas Erfahrung gesammelt haben, reichen allgemeinere „Regieanweisungen" wie *Hausaufgabenkontrolle* aus.

Anfänglich werden nur kurze Unterrichtsphasen von Kindern selbst geleitet, bzw. die Unterrichtsphasen werden von der LehrerIn in kleine Abschnitte geteilt, die jeweils von verschiedenen Kindern übernommen werden. Das Klassenklima sollte partnerschaftlich sein, damit ängstliche Kinder nicht unter Stress gesetzt werden, allerdings verändert sich die Gruppe erfahrungsgemäß auch positiv, weil jedes Kind an die Reihe kommt und natürlich bei nicht so guter Präsentation seiner Aufgabe nicht ausgelacht werden möchte.

Die LehrerIn sollte die Vergabe der Lehrfunktionen zu Beginn so steuern, das sichere Kinder die schwierigen und unsichere Kinder leichte Aufgaben übertragen bekommen, um in ihrer Position gefestigt zu werden. Wird die Methode häufig angewandt, können die Kinder „Misserfolge" leichter verkraften, falls einmal die Präsentation nicht so gelingt. Auf alle Fälle sollte den Kindern klar gemacht werden, dass es hierbei keine Misserfolge geben kann, denn sie waren ja ihren Kräften entsprechend aktiv.

Verlauf

Übungs- und Kontrollphasen sind anfänglich besonders zur Übernahme durch die Schüler geeignet, weil sie meist klar strukturiert sind. Die Kinder bestimmen selbst, wie viele Meldungen sie berücksichtigen, wen sie herannehmen, wie oft etwas wiederholt wird usw.

Zwar handelt es sich dabei oft um frontal geleiteten Unterricht, dennoch ist er auch für die MitschülerInnen anregender, wenn er von Kindern durchgeführt wird.

In Ergänzung zur Übernahme von Lehrfunktionen eignen sich alle Formen von Partnerübungen und Differenzierungsmaterialien mit Selbst- oder Partnerkontrolle, die den agierenden Kindern von der LehrerIn zur Verfügung gestellt werden sollten. Mit Hilfe dieser Zusatzmaterialien können die Kinder lernen, Fragen zu entwickeln und trainieren die für das Unterrichtsgespräch wichtigen Frageformen oder Anweisungen.

Längere Unterrichtsphasen, in denen die Kinder selbst neue Inhalte vermitteln oder in denen sie als Experten für einen bestimmten Handlungsablauf auftreten, sollten von zwei bis drei Kindern übernommen werden. Die SchülerInnen müssen Gelegenheit bekommen, sich die Lerninhalte, die sie weitervermitteln sollen, zunächst selbst anzueignen. Dieses sollte in arbeitsteiliger Gruppenarbeit in der Klasse erfolgen. Dieses Vorgehen dauert zwar länger als im traditionellen Unterricht, die Kinder scheinen weniger Stoff zu erlernen, das Gelernte ist aber gesicherter, so dass unter dem Strich die Lernziele besser erreicht werden.

Hierfür bietet sich das Erarbeiten und Einführen von Lehrbuchtexten gut an. Die Klasse wird in Dreiergruppen geteilt und jede Gruppe ist für die Bearbeitung eines kurzen Lehrbuchtextes oder eines Abschnittes zuständig. Die Dreiergruppe sucht gemeinsam unbekanntes Vokabular aus dem Text heraus, klärt die Wortbedeutungen mit Hilfe eines Wörterbuches, der Lehrerin oder einer Kartei und überlegt gemeinsam, wie sie diese Wörter den anderen vermitteln will (als Bilder, als Realien, mit leichten Erklärungen, mit Gestik...) und wer diese Aufgabe in der Gruppe übernimmt.

1. Aktionskarte: Gruppe 1

1) Stelle den anderen die neuen Wörter vor!
2) Die anderen sollen die Wörter nachsprechen!
3) Schreibe dann die Wörter an die Tafel!

Die SchülerInnen einer Gruppe hören einzeln ihren Text mehrmals über einen Walkman und üben leise das Vorlesen innerhalb der Gruppe und entscheiden dann, wer den Text laut vorlesen soll.

2. Aktionskarte: Gruppe 1

1) Lies den Text laut und langsam vor!
2) Die anderen Kindern sollen dann den Text mehrere Male leise lesen!

Die Gruppe entwickelt in der Vorbereitung gemeinsam Fragen zum Textverständnis, notiert diese und lässt sie von der Lehrerin Korrektur lesen. (In dieser Phase sind die Kinder erfahrungsgemäß am unsichersten und brauchen die Unterstützung durch die Lehrerin. Da die Gruppen aber unterschiedlich schnell arbeiten, bleibt meist die Zeit in jede Gruppe zu gehen.)

Die Gruppe entscheidet, wer die Fragen stellt. Im Normalfall bekommt jedes Gruppenmitglied eine Präsentationsaufgabe zugewiesen. Bei unsicheren Kindern kann das anders sein, sie sollten dann langsam durch Einwirken der Lehrerin an die Aufgabe herangeführt werden.

3. Aktionskarte: Gruppe 1

1) Stelle den anderen deine Fragen!
2) Verschiedene Kinder sollen antworten.

Bemerkungen

Bei der Übernahme von Lehrfunktionen sollte nicht nur auf Freiwilligkeit eingegangen werden, weil es immer einige Kinder gibt, die dominanter sind als andere und die Schüchternen dann wieder nicht zum Sprechen kommen.

Den affektiven Lernzielen kommt neben den kommunikativ-linguistischen bei dieser Methode eine zentrale Rolle zu, denn die SchülerInnen lernen partnerschaftlich-kooperatives Verhalten und gewinnen an Selbstvertrauen in der Anwendung des Deutschen.

Es empfiehlt sich, einen Katalog mit den im Unterricht gebräuchlichsten Redewendungen zusammenzustellen, damit die Kinder befähigt werden, die Interaktionen in Deutsch auszuführen. Eine Liste mit Unterrichtswortschatz finden Sie auf der KV. Aus dieser können Sie passende Wendungen auswählen. Ggf. übertragen Sie sie auf Karten oder übersichtliche Handlisten.

3.3.6.

Sprüche kloppen

Übung zu Redewendungen, D

Vorbemerkung/Lernziel

Für das fortgeschrittene Ausgestalten der mündlichen Äußerungen ist die Kenntnis von Redewendungen und Aussprüchen unverzichtbar. Die Kinder sollen die Bedeutung der Redewendungen erkennen und sie kontextuell richtig anwenden lernen.

Vorbereitung

Heraussuchen einiger Redewendungen.

Ablauf

Die Kinder sollen ein Sprücheheftchen selbst erstellen, welches nach übergeordneten Aspekten sortiert sein kann (z. B. negative – positive Sprüche, thematisch zugeordnete Sprüche). Dazu werden den Kindern zunächst einige Redewendungen vorgestellt (wie: *die Katze aus dem Sack lassen, jemanden in die Pfanne hauen, mit jemandem ein Hühnchen rupfen...)* und sie werden aufgefordert, das aufzumalen, was darin gesagt wird. Die Redewendung soll unter das Bild geschrieben werden. Dann wird mit den Kindern der übertragene Sinn der Redewendungen herausgearbeitet und die Umschreibung bzw. Erklärung für die Redewendung wird hinten auf das Bild geschrieben. So erhält jeder sein Lexikon der Sprüche.

3.4. Lesen

Lesen und Schreiben erfährt im Deutschland eine hohe Wertschätzung. Abgesehen davon, dass es eine unabdingbare Voraussetzung für beruflichen Erfolg bedeutet, wird es auch als Bildungsgut geschätzt: Lesen bedeutet sprachlichen Input in schönster und effektivster Form. Dieser Input kann sich auf verschiedenen Ebenen vollziehen:

- Inhaltliche Ebene: ein Zuwachs an Weltwissen entsteht, jeder Text enthält Aufgaben und Denkanstöße.
- Sprachliche Ebene: Neue Wörter werden gelernt, der gängige Wortgebrauch schleift sich ein, Konjugation und Deklination tragen im Satz zur Sinnerfassung bei.
- Strukturelle Ebene: Satzmuster und Erzählmuster schleifen sich ein, der Textaufbau wird deutlich, aufgegriffen und eingesetzt.

Im Verstehensprozess selbst sind diese Ebenen nicht zu trennen, für die Aufgabendifferenzierung kann die Trennung aber sehr sinnvoll sein.

Varianten des Lesens: ein Überblick

Es lassen sich (je nach Leseziel) vier Lesestile unterscheiden. Den SchülerInnen sollten möglichst viele Arten des Herangehens an Texte bekannt sein. Alle Lesestile sollten also geübt und möglichst weiter differenziert werden, damit die SchülerInnen selbst mit entscheiden können, welche Lesart ihnen den Zugang zu bestimmten Texten am besten eröffnet.

Detailliertes (oder auch totales) Lesen

Darunter wird ein sehr genaues Lesen verstanden. Für das Lesen mit DaZ-Kindern bedeutet das – neben den anfänglichen Übungen zum Buchstabieren und Artikulieren – das Erlesen und Ergänzen kurzer Texte; semantische Zusammenhänge, Bedeutungsdifferenzierungen und Bedeutungszuordnungen gehören zu dem Bereich des detaillierten Lesens.

Globales (oder auch kursorisches) Lesen

In der Literatur wird oft angegeben, es gehe beim globalen Lesen darum, sich einen Überblick zu verschaffen; daher stammt auch die Gleichsetzung mit dem kursorischen Lesen. Für den erwachsenen Leser mag diese Gleichsetzung auch zutreffen, denn er erkennt unter Umständen beim Überfliegen des Textes gleich die Sinnzusammenhänge.

In der englischsprachigen Fachliteratur kommt dem globalen Lesen hingegen eine sich im Text orientierende Funktion zu. So wird es hier auch aufgegriffen: Globales Lesen dient dem Verstehen von Sinnzusammenhängen und vollzieht gedankliche Handlungen: der Leser hat Erwartungen an den Text, Hypothesen werden aufgestellt und bestätigt oder enttäuscht, Zusammenhänge ergeben einen Sinn.

Sollen Lücken im Text ergänzt werden oder Texte entflochten oder in eine richtige Reihenfolge gebracht werden, sind Denkhandlungen gefordert: Aus den gedachten Zusammenhängen, dem globalen Verstehen, werden Sinnzusammenhänge rekonstruiert und eingesetzt.

Suchendes (oder auch selektives) Lesen

Beim selektiven Lesen geht es um das Herausarbeiten von Einzelinformationen. Das selektive Lesen kann mit Methoden der Textentlastung arbeiten (Schlüsselwörter, Abschnittseinteilungen etc.). Es kann aber auch unmittelbar zur Textentlastung beitragen, indem ein Glossar angelegt wird o.ä.

Sortierendes (oder auch orientierendes) Lesen

Leseziel ist die Unterscheidung von Hauptsachen und Nebensachen in einem Text. Ein inhaltliches Sortieren kann anhand von Schlüsselwörtern und Abschnittseinteilungen vorgenommen werden. Anders als beim selektiven Lesen wird nicht mit gezielten Aufgabenstellungen gelenkt. Der Leser selbst muss Wichtiges von weniger Wichtigem trennen.

Wendet man das Ganze formal an, so kann man unter dem sortierenden Lesen auch eine Lesegrammatik bzw. die Elemente der Textgrammatik verstehen. Texte in Grundschulbüchern sind in der Regel einfach strukturiert; Satzgefüge bilden eher die Ausnahme. Die Verknüpfung der Sätze zu einem Text vollzieht sich meist über die Satzgliedstellung und den Einsatz von Pronomina.

Satzmuster, und vor allem auch Attribute, sollten immer wieder visualisiert werden. Denn Satzbaupläne zu erkennen bzw. zu verstehen, stellt eine große Hilfe zur Orientierung im Text dar.

Tipps für die Praxis: Lesen

3.4.1.

Lies – Mal!

Übung zum Erstlesen, A, KV 17

Vorbemerkung

Für DaZ-Kinder sind einfache Leseübungen oft unerkannte Hürden, da sie Satzkonstruktionen oder Wortschatz enthalten, die die Kinder nicht oder nur vage verstehen. Fällt diese frühe Phase des Spracherwerbs mit der Phase des Lesen-Lernens zusammen, ist oft besondere Förderung nötig. Prüfen Sie Ihre Lese-Lehrgänge auf mögliche Stolpersteine für DaZ-Kinder und entscheiden Sie sich ggf. für Differenzierungsmaterialien.

Ablauf

Die Kopiervorlage bietet einfache Sätze mit *ist* als Verb an. Die Kinder erlesen die Sätze und erfragen evt. unbekannte Wörter. Dann ergänzen sie die Illustration mit den dem Text entnommenen Begriffen: *Fisch, Drachen, blau, Tor.*

Das Thema der Kopiervorlage „Im Urlaub" bietet anschließend genug Möglichkeiten der mündlichen Thematisierung: Wortfelder können erstellt werden, Erlebnisse erzählt werden oder Wünsche formuliert werden.

3.4.2.

Wortkletten

Übung zum detaillierten Lesen, B

Vorbemerkung

Um sich in Texten besser zu orientieren, ist es wichtig, bestimmte Kombinationen der so genannten Inhaltswörter zu kennen; beispielsweise gehört zu *Hund bellen* und nicht *rufen, essen* und *trinken* oder *fragen* und *antworten* bilden Wortpaare. Die Kenntnis solcher Bedeutungszusammenhänge hilft bei der Texterfassung.

Ablauf

Übungen dazu sind in den meisten Sprachbüchern zu finden (das folgende Beispiel stammt aus: Primo, Arbeitsheft 2. Schuljahr, Hannover 2002, S. 20): Lebewesen (Katze) oder auch Gegenstände (Wasserhahn) werden mit ihren zugehörigen Tätigkeiten (schnurrt) oder Funktionen (tropft) verknüpft.

Jeder tut etwas

schnurrt | knurrt | schwimmt | tropft | liest | scheint

1 Verbinde die Bilder mit passenden Tuwörtern.

2 Schreibe die Sätze.

Die Katze
Die Sonne
Das Kind
Der Fisch
Der Hund
Der Wasserhahn

3 Lies die Tuwörter. Unterstreiche, was du gern tust, und schreibe.

lesen spielen aufräumen malen schreiben
warten schwimmen helfen singen schlafen

Ich lese gern.

20
Primo Arbeitsheft

Gleichzeitig ist damit auch ein inhaltlicher Zusammenhang vorbereitet, der nicht ausformuliert werden muss, der aber für die Texterschließung von Bedeutung ist: die Katze wird nicht im Käfig schnurren und der Wasserhahn wird nicht im Auto tropfen.

Ähnlich verfährt man mit vorgegebenen Wortpaaren von Verben: *lachen* und *weinen* gehören zusammen und deuten eine bestimmte Situation an: es geht um Emotionales. Die Beispiele zeigen auf, wie weitreichend schon minimale Wortkombinationen sind, welche Textvorgaben sie beinhalten und welche Hilfen zur Texterschließung sie damit bieten können.

Bemerkungen

Die oben angesprochene Hypothesenbildung für die Textinhalte erfolgt selbstverständlich nur assoziativ und wird nicht thematisiert.

Die Vorstellungsbilder, die der Leseprozess hervorruft, können auch in wirkliche Bilder umgesetzt werden. Lassen Sie die Kinder malen und Sie werden sehen: die Katze schnurrt nur in einer ihr genehmen Umgebung.

3.4.3.

Textsalat

Aufgaben zum globalen Lesen, B, KV 18

Vorbemerkung

Bei den Übungen zum globalen Lesen geht es um das Erfassen und das Herstellen von Sinnzusammenhängen in einem Text: Getrennte Textteile müssen – ähnlich wie beim Schnipseltext – wieder zusammengesetzt werden.

Bekannte Elemente des Textaufbaus (Einleitung, Hauptteil, Schluss) können dabei helfen und auch als Erzählmuster zum Schreiben dienen.

Ablauf

Der Text „Ben erzählt eine tolle Geschichte" arbeitet mit 4 vertauschten Abschnitten, die in eine richtige Reihenfolge gebracht werden und dann als Geschichte vorgelesen werden sollen.

Die Abschnitte enthalten unterschiedliche Informationen zu Orts- und Zeitangaben, Personenkonstellationen und Handlungsverlauf. Die Verknüpfungen der Abschnitte sind erstens über die Inhalte und zweitens über die jeweilige Satzgliedstellung zu vollziehen.

Die einzelnen Abschnitte sind mit jeweils einem Buchstaben versehen, die ein Lösungswort ergeben.

Die Kinder erarbeiten in Paararbeit die richtige Reihenfolge. Die Verknüpfung der Inhalte erfolgt über die Inhalte.

Bemerkungen

Ein Lösungswort erhöht den Wettbewerbscharakter der Aufgabenstellung, es kann aber auch an der eigentlichen Aufgabe vorbeiführen – und zwar dann, wenn die Lösung nach der Kombinierbarkeit der Buchstaben an der Seite der Abschnitte erfolgt und nicht nach den Inhalten.

Je nach Perspektive löschen Sie die Lösungsbuchstaben ggf. aus der Vorlage.

Beim Erstellen von „Schnipseltexten" ist zweierlei zu bedenken: Einerseits dürfen die Texte nicht zu umfangreich sein und der Sinn insgesamt muss eindeutig sein. Andererseits müssen die Schnittstellen der Abschnitte offen sein, damit überhaupt eine Fragehaltung erzeugt und es nicht langweilig wird.

3.4.4.

Dichtungen

Aufgaben zum globalen Lesen, C

Vorbemerkung/Lernziel

Das Lesen ist ein aktiver Prozess, der immer eigene Assoziationen hervorruft. Diesen fantasievollen Prozess kann man explizit nutzen, indem man Lücken im Text lässt, die die Kinder erzählend ergänzen.

Der Titel „Dichtungen" hat in diesem Fall wirklich die doppelte Bedeutung: Einerseits soll etwas hinzugedichtet, also erfunden werden. Andererseits soll die Geschichte an der offenen Stelle mit einer „Dichtung" versehen werden, damit sie wieder einen Sinn ergibt.

Ablauf

Das Ergänzen von Lücken im Text ist grundsätzlich eine der besten und erfolgreichsten Übungen zum Lesen bzw. Erzählen und auch zum Schreiben. Literarische Texte – Kindergeschichten, Kinderbücher, Märchen – eignen sich gut.

Wählen Sie eine Geschichte, die ausführlich erzählt und ausgeschmückt ist, damit sich die Bilder vor dem inneren Auge der Kinder aufbauen können.

Welche Textstellen man am besten weglässt, ist auch eine Erfahrungssache. Man stößt oft in der Arbeit mit den Kindern erst so richtig darauf.

Als Vorschlag ist hier „Eine Gespenstergeschichte" gewählt (aus: Primo Sprachbuch 2.Schuljahr, Hannover 2002, S. 93)

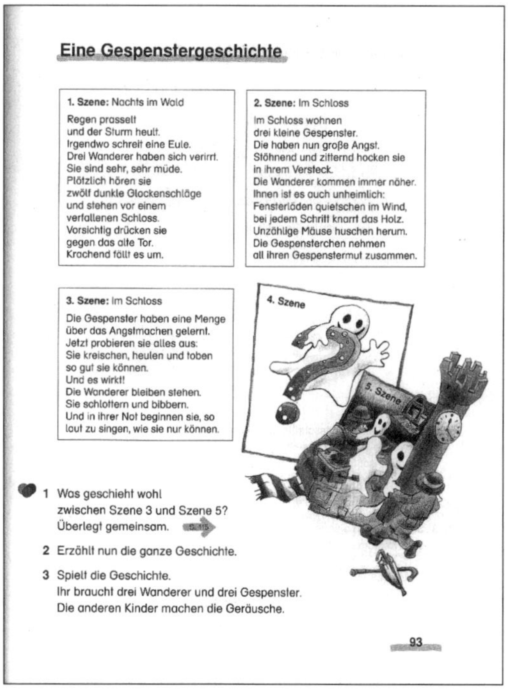

Eine Gespenstergeschichte

1. Szene: Nachts im Wald

Regen prasselt
und der Sturm heult.
Irgendwo schreit eine Eule.
Drei Wanderer haben sich verirrt.
Sie sind sehr, sehr müde.
Plötzlich hören sie
zwölf dunkle Glockenschläge
und stehen vor einem
verfallenen Schloss.
Vorsichtig drücken sie
gegen das alte Tor.
Krachend fällt es um.

2. Szene: Im Schloss

Im Schloss wohnen
drei kleine Gespenster.
Die haben nun große Angst.
Stöhnend und zitternd hocken sie
in ihrem Versteck.
Die Wanderer kommen immer näher.
Ihnen ist es auch unheimlich:
Fensterläden quietschen im Wind,
bei jedem Schritt knarrt das Holz.
Unzählige Mäuse huschen herum.
Die Gespensterchen nehmen
all ihren Gespenstermut zusammen.

3. Szene: Im Schloss

Die Gespenster haben eine Menge
über das Angstmachen gelernt.
Jetzt probieren sie alles aus:
Sie kreischen, heulen und toben
so gut sie können.
Und es wirkt!
Die Wanderer bleiben stehen.
Sie schlottern und bibbern.
Und in ihrer Not beginnen sie, so
laut zu singen, wie sie nur können.

1 Was geschieht wohl zwischen Szene 3 und Szene 5? Überlegt gemeinsam.

2 Erzählt nun die ganze Geschichte.

3 Spielt die Geschichte. Ihr braucht drei Wanderer und drei Gespenster. Die anderen Kinder machen die Geräusche.

93

Die Geschichte arbeitet mit 5 Szenen: Die Szenen 1–3 sind als Teile ausführlich formuliert und als Text abgedruckt, die Szene 4 ist die fehlende Szene, die Lücke bzw. Leerstelle. Die Szene 5 ist als Schluss gemalt –als Orientierungshilfe, worauf das Ganze hinauslaufen soll, und damit die Geschichte nicht uferlos wird. Es ist also eigentlich nur eine Szene zu ergänzen, der Schluss kann vielleicht auch etwas modifiziert werden.

Bemerkung und Differenzierung

- Literarische Texte sind besonders offen für die eigene Fantasie, sie evozieren Bilder, wie es immer so schön in der Literatur heißt. Gedichte tun das in besonderem Maße. Lassen Sie die Kinder zu Gedichten malen!

3.4.5.

Textbilder

Übung zum sortierenden Lesen, D, KV 19

Vorbemerkung

Das sortierende Lesen soll Haupt- und Nebensachen in einem Text auseinander halten und der Orientierung im Text dienen. Es wird vor allem wichtig, wenn die im Text wiedergegebenen Inhalte komplexer und die Formulierungen dichter werden und der Fachwortschatz zunimmt. Das trifft natürlich vor allem für Sachtexte zu.

Als eine Orientierungshilfe im Text wird hier das Prinzip der kurzen Zeilen genutzt.

Ablauf

Thema sind bedrohte Tierarten. Der Text „Fischotter" (vgl. Kopiervorlage) ist vor allem durch die Attribute und die Aufzählungen sehr dicht und kann, liegt er als Fließtext vor, wie eine Mauer vor einem DaZ-Kind stehen: eine Ansammlung vieler unbekannter Wörter ohne deutliche Gliederungselemente.

Das Beispiel versucht eine besondere Art der Textentlastung zu leisten, und zwar nach dem Prinzip der kurzen Zeilen: Es werden möglichst nicht mehr als 4 Wörter in eine Zeile geschrieben. Dadurch soll eine größere Übersichtlichkeit entstehen. Die Kinder können Haupt- und Nebensachen besser sortieren und so auch herausfinden, welche Wörter sie beispielsweise zum Verständnis noch klären müssen oder welche sie vielleicht auch weglassen können.

Die Anordnung der Textbilder greift im Grunde Ideen der „konkreten poesie" auf und versucht die Wörter und die Satz- und Textstrukturen selbst als graphische Mittel einzusetzen. Es handelt sich also um eine Form der Visualisierung.

Die Illustration im Hintergrund beschränkt sich nur auf die Darstellung der thematisierten Tierart, den Fischotter, und auf den angedeuteten Lebensraum, den Fluss.

Alles andere könnten die Kinder zeichnerisch ergänzen, wenn sie beispielsweise die Worterklärungen gefunden haben.

Der erste und der letzte Satz sind wie im Fließtext übernommen, weil die beiden Sätze einen Rahmen bilden sollen. Die Kinder könnten nun selbst versuchen, diese Sätze für sich zu segmentieren.

Bemerkung

Man kann Textbilder auch vor den Augen der SchülerInnen an der Tafel oder auf großflächigen Skizzen auf Karton entstehen lassen. Die bereits auf Blättern festgehaltenen Sätze oder Teilsätze werden um die Vorlage herum zum Text aufgebaut.

Die SchülerInnen sehen so, wie Textbilder entstehen und haben später die Möglichkeit, diese Form der Gliederung selbst anzuwenden.

3.4.6.

Expertenkarussell

Übung zum selektiven Lesen, D, KV 20 + KV 21

Vorbemerkung/Lernziel

Dargestellt wird im Folgenden eine Methode, die helfen soll, Fachbegriffe aus einem komplexen Text selbst zu erfragen oder zu erschließen.

Die Fragen müssen klar gestellt und einfach strukturiert sein, dürfen aber nicht den zu erschließenden Begriff enthalten.

Ablauf

Ausgangspunkt sind 4 Seiten Sachtext zum Thema Wald (vgl. Pusteblume, Das Sachbuch 4, Hannover 2001, S. 114-117).

Zu diesem Text sind Kopiervorlagen vorbereitet: Die 32 Fragen zu 8 Gebieten sind auf den Fachwortschatz abgestimmt und fragen Inhalte des Textes ab.

Die Kopiervorlagen werden laminiert und auseinander geschnitten.

Vor der Arbeit mit den Karten muss der Text natürlich gelesen werden. Was verstanden bzw. behalten wurde, wird sich beim Expertentreffen herausstellen. Mit ziemlicher Sicherheit wurde nicht alles verstanden und behalten. Das Nachfragen soll auch dazu dienen, noch einmal ordentlich nachzulesen.

Die Einteilung in Karussellgruppen hängt insgesamt von der Klassengröße ab. Geht man von einer großen Klasse mit 32 Kindern aus, wird die Klasse, vor allem beim ersten Mal, am besten in 2 Karussellgruppen geteilt, also in 2 Gruppen mit je 16 Kindern.

So kann man auch die zu lesenden Seiten (z.B. „Wald als Lebensraum", S.114-115; „Wald als Holzlieferant", S.116-117) besser aufteilen und vorbereiten. Die zu erarbeitenden Seiten können allein, zu zweit oder in der Kleingruppe gelesen werden. Wenn die Vorbereitung der Texte abgeschlossen ist, bilden sich die beiden Stuhlkreise im Klassenraum.

Beschrieben wird nun exemplarisch für ein Karussell: Die Gruppe wird halbiert, die Kinder verteilen sich gleichmäßig auf je einen Innen- und Außenstuhlkreis. Der Innenkreis sitzt nach außen gewandt, der Außenkreis nach innen gewandt: Die Kinder sitzen sich also in etwa gegenüber und schauen sich an.

Jedes Kind hat ein Fragekärtchen. Wie Sie die Karten verteilen, mit einer Systematik nach Themenschwerpunkten oder durcheinander, bleibt Ihnen überlassen und hängt eventuell von der Vorbereitung ab.

Die Kinder im Innenkreis stellen ihre Frage an ihr Gegenüber – zur Antwort wird eine Zeit vorgegeben: 1-2 Minuten. Anschließend stellen die Kinder im Außenkreis ihre Frage an ihr Gegenüber; Zeit: 1-2 Minuten.

Nun rückt der Außenkreis im Uhrzeigersinn einen Platz weiter, so dass alle Kinder ein neues Gegenüber haben.

Geht man von den Gruppen mit 16 Kindern aus, hat man also einen Innenkreis mit 8 Kindern und einen Außenkreis mit 8 Kindern. Jedes Kind stellt seine identische Frage insgesamt 8x und wird 8x jeweils etwas anderes gefragt.

Differenzierung

▼ Will man das Abfragen und das Nachlesen im Sinne des selektiven Lesens auf einfacherer Ebene gestalten, bildet man einfach Kleingruppen von 6 Kindern oder nimmt die Tischgruppen und initiiert ein Expertentreffen mit Interviews. Vorbereitete Fragen müssen auch da vorhanden sein.

Da es zum selektiven Lesen gehört, dass man auch immer wieder im Text nachlesen kann und soll, können beim Interview in der Kleingruppe auch Fragen zurückgegeben bzw. gewählt werden. Beim Karussell ist das nicht möglich, weil der Ablauf sonst ins Stocken gerät.

▲ Wenn die SchülerInnen das Prinzip der Fragekärtchen kennen, können diese auch von kleinen Gruppen (max. 6 Personen) erarbeitet und auf Karteikarten geschrieben werden. Klar umrissen sein, müssen das Oberthema des Fragengebietes, die Anzahl der Fragen (max. 4-6) und der Umfang des Textes (etwa eine halbe Seite), auf den sich die Fragen beziehen.

Die Gruppen können sich dann gegenseitig fragen oder alle Kärtchen werden für eine Karussellrunde eingesetzt.

Bemerkungen

Anfangs können organisatorische Schwierigkeiten auftreten, die sich aber erfahrungsgemäß schnell klären lassen bzw. sich erübrigen, sobald die SchülerInnen diese Arbeitsform kennen.

Auf jeden Fall müssen die Kinder im Karussellgespräch eine ganze Menge Wissen parat haben, weil viele konkrete Fragen auf sie zukommen.

Themen des Sachunterrichts behandeln sinnvollerweise Bereiche aus dem Lebensumfeld der Kinder in Deutschland. Das Thema Wald gehört dazu. Die DaZ-Kinder wachsen in Deutschland auf, haben aber vielleicht aus ihrem Herkunftsland ganz andere prägende Eindrücke von Landschaft. Zugleich gehört Waldlandschaft im Allgemeinen und der Schwarzwald im Besonderen zu den Klischeebildern von Deutschland.

Es ist also einmal mehr zu bedenken, dass viele Themen des Sachunterrichtes kulturell geprägt sind.

3. 5.
Schreiben

Der mündliche Sprachgebrauch ist auch für DaZ-Kinder zunächst vorrangig. Selbst wenn sie die deutsche Sprache als zweite Sprache erst beim Eintritt in die deutsche Schule kennen lernen und erlernen und das Schreibenlernen unmittelbar zum Unterricht gehört, vollzieht sich der Spracherwerb in erster Linie über das Sprechen.

Dennoch muss man von Anfang an ein besonderes Augenmerk auf den Erwerb des Schriftsprachlichen richten. Spätestens sobald das Schreiben in der Regelklasse als erlernt vorausgesetzt wird und es zum Unterricht gehört, dass kleinere Texte verfasst werden, tritt bei DaZ-Kindern häufig eine Diskrepanz zu Tage. Der Schulerfolg hängt aber, wie man weiß, erheblich von der Beherrschung des Schriftlichen ab.

Die Rechtschreibung ist für DaZ-Kinder oft nicht das größte Problem. Die lernen sie mit den anderen Kindern zusammen. Das Problem sind fehlender Wortschatz und fehlende grammatische Strukturen für Satz und Text. Um die Kinder zum Schreiben zu ermutigen, muss man ihnen – neben der verstärkten Vermittlung von Wortschatz und Satz- und Textgrammatik – einfache und einsichtige Schreibanlässe und Textgerüste anbieten. Gut strukturierte Aufgaben helfen auch einen Erzählplan zu entwickeln.

Varianten des Schreibens: ein Überblick

ICH-Texte

Themen des freien Schreibens eröffnen den SchülerInnen, etwas von sich persönlich mitzuteilen. ICH-Texte können in verschiedenen Formen entstehen: Die untereinander geschriebenen Buchstaben des Vornamens können Anlass bieten, Vorlieben oder Hobbys zu benennen und auf diese Weise bereits eine kurze Charakteristik zu erstellen. ICH-Texte können das assoziative Denken der Kinder aufgreifen und einfach einen aktuellen Gedankengang aufschreiben lassen, unter Umständen sogar mit dem Computer, um die motorischen Anstrengungen des Schreibens zu umgehen. ICH-Texte sollen die DaZ-Kinder dazu ermutigen, Schreiben als Ausdrucksmittel zu entdecken und zu gebrauchen. Texte sollten gesammelt und vielleicht illustriert werden, um zu verdeutlichen, dass man mit Geschriebenem auch sorgfältig umgehen soll.

Abbau von Schreibhemmungen

Neben den ICH-Texten können unterschiedliche Schreibspiele eingesetzt werden, um Spaß am Schreiben zu bekommen und eventuelle Schreibhemmungen abzubauen.

Thematisch gebundene Erzählungen

Kurze Aufsätze zu einem Thema stellen bereits deutliche Ansprüche an sprachlichen Äußerungen. Die Kinder müssen – zumindest teilweise – von sich abstrahieren und ein Thema bearbeiten. Dazu kommen erste Elemente von Textplanung: Personen und Handlung vorstellen, also die Einleitung formulieren, den Handlungsstrang in sinnvoller Reihenfolge aufschreiben, also den Hauptteil schreiben, ein Ende finden, also den Schluss formulieren.

Dokumentation von Arbeitsergebnissen

Auf Plakaten oder Wandzeitungen können Ergebnisse aus gemeinsamen Gruppenarbeiten dokumentiert werden. Diese Form des Schreibens ist von großer Bedeutung, weil es für die SchülerInnen sehr wichtig ist, von ihren MitschülerInnen verstanden zu werden. Es werden also treffende Formulierungen gesucht und eventuelle erste Gliederungsmerkmale – Abschnitte, Überschriften – eingesetzt. Alle veröffentlichten Texte müssen rechtschriftlich richtig sein!

Schreiben mit Bildimpulsen

Alle Formen von Bildimpulsen eignen sich als Schreibanlässe. Es kann ein einzelnes Bild sein, das zum Schreiben anregt, weil es das Kind anspricht. Der Text muss nicht lang sein, es kann ein Untertitel sein.

Es können aber auch ganze Bildergeschichten sein, die mit Auslassungen arbeiten und zur Ergänzung auffordern. Auch hier können Sätze genügen. Über gedankliche Rekonstruktionen wird der Sinn der Geschichte erkannt, das Fehlende wird ergänzt und aufgeschrieben.

Um das Schreiben in der richtigen Reihenfolge zu üben, kann man gut mit vertauschten Bildern einer Bildfolge arbeiten. Die vorgelegten Bilder ergeben keinen Sinn und müssen erst einmal sortiert werden.

Echotexte

Echotexte arbeiten mit Auslassungen im Text – sogenannten Leerstellen im Text. Die Kinder müssen Wesentliches der Handlung verstanden haben, um ergänzen zu können, gleichzeitig haben sie die Freiheit, etwas aus eigener Fantasie hinzuzufügen. Die Rahmengeschichte bietet einen bestimmten Wortschatz. Gerade bei den Leerstellen im Text müssen nur kurze Textpassagen von den Kindern geschrieben werden.

Paralleltexte

Paralleltexte können zu kurzen Texten mit einfachen Textstrukturen verfasst werden. Hier ist es weniger der Wortschatz, auf den zurückgegriffen werden kann, eher die Textstruktur. Gedichte der „konkreten poesie" bieten sich hier oft an.

Lückentexte

Lückentexte beschränken sich im Wesentlichen auf die inhaltliche Seite der Texterschließung, formuliert werden muss wenig. Lückentexte sollten aber mit tatsächlichen Informationslücken arbeiten und nicht nur mit Wortlücken, die nach irgendeinem Prinzip des Ratens auszufüllen sind. Sinnvolle Textlücken erzeugen Neugier und eine Fragehaltung. Wo wirklich in Zusammenhängen gelernt wird, werden auch Wörter und Formulierungen behalten. Beim bloßen Einsetzen nach einem Zufallsprinzip lernt man nicht.

Schnipseltexte

Schnipseltexte bieten sich als Übung an, wenn grammatische Textstrukturen erkannt und angewandt werden sollen. Sie können zum Beispiel eingesetzt werden, wenn Haupt- und Nebensätze zusammengefügt oder wenn Bezüge von Nomen und Pronomen erkannt werden sollen. Bei der Konzeption von Übungen mit Schnipseltexten sollte man bedenken, dass es unter Umständen mehrere Lösungen gibt. Und man sollte darauf achten, dass man nur einen Übungstyp, beispielsweise temporale Nebensätze, verfolgt. Als Schnipseltexe kann man durchaus bekannte, bereits gelesene Texte verwenden.

Kettentexte

Kettentexte haben eine sehr kreative Seite und entwickeln sich beim Schreiben. Kettentexte arbeiten mit inhaltlichen und formalen Verknüpfungen nach bestimmten vereinbarten Regeln. Meist wird vereinbart, dass das letzte Nomen oder Pronomen des jeweils abgeschlossenen Satzes den Anfang des neuen Satzes bilden muss. Kettentexte regen die Fantasie an und fördern das assoziative Denken, sie eignen sich auch sehr für das Schreiben in kleinen Gruppen. Man kann Kettenerzählungen als mündliche Textproduktion auch mit der ganzen Klasse starten.

Tipps für die Praxis: Schreiben

3.5.1.

Ohnepunktundkomma

Aufgabe zum Abbau von Schreibhemmungen, B

Vorbemerkung

Um Schreibhemmungen abzubauen, sind Sprachspiele mit Schrift hilfreich. Das Zutrauen zur eigenen Schrift und Schriftlichkeit soll gestärkt und der Übergang vom gesprochenen zum geschriebenen Wort soll erleichtert werden.

Ablauf

Geben Sie den SchülerInnen folgende Anweisung: Schreibt bitte 5 Minuten lang schnell, ohne Rücksicht auf Rechtschreibung und Grammatik und ohne den Stift abzusetzen, alles auf, was euch im Zusammenhang mit z.B. „Pause“ einfällt.

Es sollte immer ein konkreter Themenbereich, der dann auch das Startwort sein kann, vorgegeben werden.

Falls der Schreibfluss ins Stocken gerät, gibt es einen verabredeten Buchstaben (etwa „M“), mit dem das jeweils nächste Wort anfangen soll.

Wenn man das zu einer regelmäßigen Schreibübung machen möchte, kann man auch ein Tagebuch, also ein kleines Heft, dazu anlegen lassen.

Die Schüler dürfen und sollen ihre Texte vorlesen, freiwillig versteht sich. Die Übung dient dazu, sich und anderen zu zeigen, dass man mit Hilfe der Schrift bestimmte Inhalte ausdrücken kann – auch wenn ggf. nur der Schreiber selbst sie entziffern kann.

Bemerkung

Vertrauen Sie den Textinhalten Ihrer Schüler mehr als ihrer graphischen Gestalt!

Man sitzt als LehrerIn manchmal etwas verzweifelt über Schülertexten, weil man von der Fülle der Fehler aller Art entmutigt wird.

Lässt man sich den Text von dem Kind einfach vorlesen, ist man oft genug positiv vom Inhalt überrascht.

3.5.2.

Lehrer zum Diktat!

Aktivität und Übung zur Textproduktion, B

Vorbemerkung

Texte können auch gemeinsam mit der ganzen Klasse erstellt werden. Eine Geschichte wird in der Art einer Reihum-Erzählung in der Klasse entwickelt und vom Lehrer an die Tafel geschrieben, so dass sie für alle sichtbar und rechtschriftlich richtig fixiert ist. Reizvoll für die SchülerInnen ist auch der Rollentausch: sie diktieren, die Lehrerin bzw. der Lehrer schreibt.

Ablauf

Stellen Sie Themenbereiche aus dem Lebensumfeld der SchülerInnen zusammen. Die Themenbereiche dürfen nicht zu subjektiv und individuell gefärbt sein, da sich alle am Gespräch beteiligen sollen. Man könnte beispielsweise aus dem Bereich „wichtige Ereignisse“ Themen wie Geburtstag, Ferien oder auch Zahnarztbesuch nehmen.

Notieren Sie die Themen auf kleinen Blättchen, damit hinterher eine ganze Textsammlung zusammenkommt. Außerdem funktionieren solche Aktivitäten am besten, wenn sie öfter wiederholt werden. Das jeweilige Thema darf frei gezogen werden.

Ist ein Thema gewählt, geben Sie ein Stichwort oder Startwort vor, damit ein Anfang gegeben ist. Beim „Geburtstag“ beispielsweise *Einladung,* dann beginnt man sozusagen mit der Vorgeschichte, oder *Kuchen,* dann ist man schon mittendrin.

Ähnlich wie beim Kettentext wird eine Erzählung aufgebaut, die Vorgaben sind allerdings nicht so streng. Reihum wird von jedem Kind jeweils ein neuer Satz hinzugefügt. Inhaltlich anknüpfen und passen müssen die Sätze.

Da mit Sicherheit auch Satzvorschläge kommen, die nicht akzeptabel sind, müssen der Lehrkraft bestimmte einfache Korrekturen zugestanden sein, die aber auch verabredet sind oder sich eingeschliffen haben. Der Text muss der der Kinder bleiben.

Der Text entsteht so vor den Augen der SchülerInnen an der Tafel.

Es ist durchaus sinnvoll, einen solchen Text abschreiben zu lassen, denn es ist ein gemeinsamer Text der Klasse.

Findet diese Aktivität als gemeinsame Übung zum „Geschichten dichten“ allgemein Anklang in der Klasse, kann man sogar ein Textbuch anlegen und die Geschichten auch illustrieren lassen.

3.5.3. Texte schreiben mit Köpfchen

Aufgaben zur Textplanung, B

Vorbemerkung

In der Schule lernen die Kinder planvoll mit Sprache umzugehen und so auch ihre Gedanken zu differenzieren und zu systematisieren.

Um in diesem Sinn in sich geschlossene und stimmige Texte produzieren zu können, müssen die Kinder lernen,

- dass Texte in einer Reihenfolge geschrieben werden,
- dass Texte Teile wie Einleitung, Hauptteil und Schluss enthalten,
- dass spannende Texte einen Höhepunkt haben, der am Ende des Hauptteils liegt.

Das heißt, Kinder sollen eine Ahnung davon bekommen, dass es so etwas wie eine Erzählplanung oder einen Erzählplan gibt. Am besten beginnt man mit der Reihenfolge.

Ablauf

Ähnlich wie beim Schnipseltext werden den Kinder vermischte Bildkarten, die eine Abfolge von Handlungen zeigen, gegeben, z.B. aus der Box „Ein Tag mit Flo“ die Folge „Zur Schule gehen“ (8 Bilder).

Die Inhalte der Bilder müssen einzeln erfasst werden, dann werden die Bilder in eine Reihenfolge gelegt. Man kann eine Überschrift finden lassen und der Text dazu kann erzählt oder geschrieben werden.

Differenzierung

▲ Je mehr Bilder die jeweilige Folge hat, desto schwieriger wird die Aufgabe.

Einiges hängt aber auch von der geringeren Eindeutigkeit der Handlung ab. Die 10 Bilder zum Thema „Spielen“ enthalten unterschiedliche Spielhandlungen, nämlich Fahrrad fahren und verstecken spielen. Die Kinder müssten also zunächst nach Spielhandlung sortieren und dann beschreiben.

Eine in 11 Bildern sehr differenziert dargestellte Handlung wie z.B. „Duschen am Abend“ ist mit Ausziehen und Anziehen, Einseifen, Abduschen und Abtrocknen für Kinder sicher nicht leicht zu beschreiben, obwohl die einzelnen Bilder deutlich zeigen, was gemeint ist.

Bemerkung

Ein grundsätzliches Problem gibt es immer bei der Arbeit bzw. dem Schreiben mit Bildvorlagen: Auf der einen Seite geht es darum, die Handlung der Bilder in der richtigen Reihenfolge zu sehen und zu beschreiben, es geht also darum, dass jedes einzelne Bild genau erfasst werden muss. Auf der anderen Seite soll eine lebendige Geschichte entstehen und keine Aneinanderreihung von 6 oder 10 Einzelbildern, die ausführlich beschrieben werden. Es sollen ja nicht die Bilder beschrieben werden, sondern zu den Bildern soll geschrieben werden. Die Bilder dienen also lediglich als Impuls zum Schreiben, es geht um die Handlung auf den Bildern, die nachvollzogen werden soll. Um sich von den Bildern wieder zu lösen, nachdem man sie ausgiebig angeschaut hat, kann man sie beim Schreiben selbst weglegen lassen. Oder man kann, um deutlich zu machen, dass es um die Handlung geht, die Personen auf den Bildern in Aktion versetzen, indem man sie mit Sprechblasen versieht oder einzelne Bildsequenzen nachspielen lässt.

3.5.4.

Pizza backen und Zoobesuch

Übungen zum Rekonstruieren von Sätzen, B, KV 22

Vorbemerkung

Schreibweisen sind auch durch kognitive Entwicklungen bedingt. Kinder pflegen Texte zu schreiben, indem sie Sätze aneinanderreihen. Typisch ist dabei das *dann* und *danach.*

Die folgenden Schnipseltexte enthalten insgesamt auch eine zeitliche Abfolge.

Der Text 1 „Pizza backen“ beinhaltet diese Abfolge im Inhalt.

Der Text 2 „Zoobesuch“ beinhaltet diese Abfolge zum Teil im Inhalt, vor allem aber in der Zusammengehörigkeit von Haupt- und Nebensätzen.

Ablauf

Der Schnipseltext kann allein, zu zweit oder in einer kleinen Gruppe bearbeitet werden.

Als Kopiervorlage sind 2 Textangebote vorhanden.

1. Die Kopiervorlage Text 1 „Pizza backen“ wird laminiert und auseinander geschnitten. Der Text besteht nur aus Hauptsätzen, d.h. die 8 Schnipselteile müssen nur in eine Reihenfolge gebracht werden, dann ist die Geschichte fertig.
2. Die Kopiervorlage Text 2 „Zoobesuch“ wird laminiert und auseinander geschnitten. Es handelt sich um 6 Sätze, jeweils bestehend aus Haupt- und Nebensatz, also um 12 Schnipselelemente. Die Kinder puzzeln so lange, bis sie die einzelnen Sätze im Dominoverfahren zusammengelegt haben.

Die Ergebnisse sollten anschließend schriftlich gesichert werden.

Differenzierung

- ▲ Aus den 6 Sätzen des Textes 2 kann man auch noch einen Text zusammensetzen. Die Texte können abgeschrieben und illustriert werden
- ▲ Wenn man das Schwierigkeitsniveau weit oben ansetzen will, kann man die Schnipsel von Text 1 „Pizza backen“ und Text 2 „Zoobesuch“ vermischen und dann erstens nach Themenbereichen und zweitens nach Geschichte in sich sortieren lassen.

Bemerkung

Man kann auch bekannte Lesebuchtexte als Schnipseltexte verwenden.

Will man bestimmte grammatische Phänomene damit üben, z. B. Bezüge von Nomen und Pronomen, kann man die Texte auch etwas umschreiben.

3.5.5.

Copyright

Übung zum Umformen von Texten, C

Vorbemerkung

Freies Schreiben zu einem Thema ist in den Anfangsklassen meist eine Überforderung, es sei denn, es handelt sich um ICH-Geschichten. Um aber dennoch kleine in sich geschlossene Texte zu Papier zu bringen, kann man Texte aus den Lesebüchern als Vorlagen benutzen.

Ablauf

Wählen Sie eine Lesebuchgeschichte, die vielleicht 10 Zeilen umfasst, aus. Die Themenbereiche der Geschichten sind der Lebens- und Erfahrungswelt der Kinder entnommen, es geht beispielsweise um die Begegnung mit Tieren oder auch um die Faszination von bestimmten Naturphänomenen, z. B. das Auftauchen eines Regenbogens oder der erste Schnee des Jahres etc.

Die Geschichten sind meist in der 3. Person geschrieben, so dass man sie gut in die 1. Person umformen kann. Dazu müssen aber die Formen der Personal- und Possessivpronomen und die entsprechend konjugierten Verbformen bekannt und am besten an der Tafel festgehalten werden.

Bemerkung

Ist Ihnen diese Übung zu formal, können Sie die Kinder in einem gewissen Rahmen Eigenes ergänzen lassen; die Textvorlage soll aber noch zu erkennen sein, denn die Kinder sollen lernen, mit vorhandenem Sprachmaterial zu üben und das wirklich auch zu benutzen.

3.5.6.

Kettentexte

Aufgaben zur Textproduktion, D

Vorbemerkung

Kettentexte folgen einem Erzählmuster, das chronologisch angelegt ist. Dennoch werden die Texte nicht langweilig, weil man sich immer etwas Neues zum letzten Nomen oder Pronomen einfallen lassen muss. Um den Text weiterführen zu können, muss man einiges an Vorstellungskraft entwickeln.

Ablauf

Als Beispiel für einen Kettentext soll hier der Anfang des Märchens „Der goldene Schlüssel" dienen:

*Es war einmal ein **armer Junge.** Der **arme Junge** sollte im Winter, als es viel geschneit hatte, Holz auf einem **Schlitten** holen. Der **Schlitten** war bald mit dem **Holz** beladen. Das **Holz** lag so hoch auf dem Schlitten, dass er umkippte. **Er** fiel in den **Schnee.** Im **Schnee** fand der arme Junge einen **Schlüssel**. Der **Schlüssel** war aus **Gold**. **Gold** . . .*

Ob dieser nicht ganz einfache Text für Ihre Lerngruppe geeignet wäre, können am besten Sie selbst entscheiden. Deutlich gemacht werden sollte das Prinzip eines Kettentextes: Das letzte Nomen (oder auch Pronomen) des beendeten Satzes soll den Anfang des neuen Satzes bilden.

Die Geschichte wird in Partnerarbeit fortgeschrieben. Die Ergebnisse werden im Plenum präsentiert.

Man muss den SchülerInnen immer einen Anfang vorgeben und daran das Prinzip erklären. Das kann an der Tafel geschehen oder auch auf einer Folie vorbereitet sein. Die Themen der Kettentexte können sich an den gerade aktuellen unterrichtlichen Zusammenhängen orientieren.

Differenzierung

- Kettentexte lassen sich auch mündlich als Reihum-Gespräch produzieren.

4. Grammatik entdecken

4.1. Genus und Genusabhängigkeit

Betrachtet man die grammatikalische Richtigkeit von Texten, die von DaZ-Kindern in der vierten Klasse verfasst wurden, so verursacht das Genus der Nomen und das daran geknüpfte Deklinationssystem im Deutschen die größten Schwierigkeiten. Obwohl die Kommunikation nicht durch die Wahl eines falschen Nominativartikels oder durch fehlerhaft gebildete Satzergänzungen ernsthaft gefährdet wird, scheinen aber gerade diese Fehler Muttersprachler besonders zu stören. Ist das Geschlecht der Nomen einem Kind nicht vertraut, so hat es im Schriftlichen fast keine Chance, auch nur einen korrekten Satz zu produzieren. Zuviel baut auf dieser Kenntnis auf (die Wahl der Pronomina, der Adjektivgebrauch und die Deklination), als dass wir sie dem Zufall überlassen könnten.

Was macht das Erlernen des Genus so schwierig?

Zum einen bereiten die drei Genera deutscher Nomen Kindern Schwierigkeiten, deren Erstsprache gar keine oder nur ein bzw. zwei Genera unterscheidet. Zum anderen stimmen die Zuordnungen zu Maskulinum, Femininum und Neutrum natürlich in verschiedenen Sprachen nicht überein und entsprechen nur ganz selten dem natürlichen Geschlecht.

SchülerInnen, die an eine synthetische Markierung des Geschlechts z. B. am Ende des Nomens gewöhnt sind, haben wegen des analytischen Aufbaus große Probleme das geschlechtsmarkierende Wort (Artikel oder Pronomen) herauszufinden. Dies gilt insbesondere bei längeren Wortgruppen, z.B. *Ich sehe **einen** sich lang hinstreckenden tobenden und fast vor Wut überschäumenden **Fluss** vor mir.* Durch dieses Beispiel wird klar, dass SchülerInnen nicht damit geholfen ist, den richtigen Nominativartikel den Lernwörtern zuzuordnen, sondern dass ihnen bewusst werden muss, *Fluss* ist ein maskulines Wort, und diese Tatsache wirkt sich auf andere Wörter aus.

Der größte Teil der deutschen Nomen ist **maskulin**, dennoch fällt auf, dass DaZ-Kinder häufig Nomen als feminin einstufen. Dazu werden sie durch unsere eigene Grammatik verführt, denn unser Genussystem ist im Plural zum Glück einfacher, es sieht im Nominativ nur einen Artikel vor, nämlich ***die***. Dadurch, dass wir die Kinder Nomen im Singular und Plural mit Artikel als Vokabeln lernen lassen, ist die Frequenz des vermeintlich weiblichen ***die*** stark erhöht.

Die Vermittlung des Genus muss im Vordergrund stehen, denn spätestens, wenn gesagt wird *in **der** Schule* und das Kind doch ***die** Schule* gelernt hat, ist die Verwirrung groß. Es empfiehlt sich daher, das Geschlecht der Nomen noch anderweitig zu markieren, z. B. durch eine Farbgebung oder Symbolik, die möglichst in der Schule abgesprochen ist und die durchgängig bei allen Formen wie *die Mutter, der Mutter, meine Mutter, keine Mutter usw.* angewandt wird. (Vgl. S. 108)

Die Genuskongruenz oder auch die Abhängigkeit anderer Wörter, wie die der Pronomina oder der Adjektive vom Genus ist den DaZ-Kindern sehr schwer zu vermitteln und kann nur durch ständiges Wiederholen und frühe Bewusstmachung erlernt werden. *(Deine **Federtasche** liegt nicht richtig auf dem Tisch. **Sie** fällt gleich runter. Martas neuer **Füller** trocknet gleich ein. Such doch bitte **seine** Kappe und gib sie ihr zurück! Oh, was für ein **Bild**! So ein **schönes** habe ich noch nie bekommen.)*

DaZ- Kinder haben oft den Bezug auf den zu erst gesagten Satz wieder vergessen, wenn sie den zweiten Satz formulieren. Auch wenn das Genus eines Wortes eigentlich bekannt ist, machen sie hier die meisten Fehler *(**Der Junge** ist weggerannt. **Sie** hat mich geschubst.).*

Kleine Grammatik des Genus

Es gibt für die Genusbestimmung nur wenige Hilfen. Für einige (eher sehr komplexe) Suffixe bzw. Endbuchstaben gibt es aber Regeln:

Maskulinum sind alle deutschen Wörter auf *-ig* und *-ling* und alle Fremdwörter auf *-ant, -eur, -ist, -ismus* und *-loge.*

Meist maskulin sind Wörter auf *-el, -en, -er, -ent, -or.*

Neutrum sind alle deutschen Wörter auf *-chen, -lein,* alle Fremdwörter auf *-ett, -(i)um, -ment.*

Meist neutral sind die Wörter auf *-nis, -tum* und *-o.*

Femininum sind deutsche Wörter auf *-in, -ei, -heit, -keit, -schaft, -ung* und Fremdwörter auf *-age, -ät, -anz, -ie, -ik, -itis.*

Meist feminin sind Wörter auf *-e, -ion, -ur.*

Namen, Bezeichnungen (Berufe, Nationalität, Religionszugehörigkeit), Zeitausdrücke *(von Montag bis Sonntag)* und nicht zählbare Mengen *(Ich habe Hunger, Fieber, Angst...)* können ohne Artikelwort benutzt werden, müssen dennoch zum Teil mit einem Genus in Beziehung gesetzt werden.

Einige Wörter haben zwei Genera *(Bonbon, Gelee, Gummi, Keks, Knäuel, Liter* und weitere eher seltenere Wörter).

Homonyme *(der Harz – das Harz; Der Kiefer – die Kiefer; Das Tau – der Tau; Die Taube – der Taube...)* haben oft unterschiedliche Genera, müssen also begrifflich besonders gut verankert werden.

Wichtig für das Üben

Wenn die Artikelwörter im Nominativ sicher angewandt werden, muss im Akkusativ hauptsächlich das Maskulinum betrachtet werden.

Im Dativ verhalten sich maskuline und neutrale Wörter gleich, das Femininum muss besondere Beachtung finden.

Tipps für die Praxis: Genus und Genusabhängigkeit

4.1.1.

Laufen mit Genus(s)

Aktivität zur Genusfindung, A

Lernziel

Die Kinder verknüpfen sinnlich Nomen mit dem dazugehörenden Genus.

Vorbereitung

Benötigt werden drei große Filzkreise in den Farben, die für die Genuszuordnung vorgesehen sind, oder drei große Filzfiguren (Kreis, Quadrat, Dreieck), die das Genus symbolisieren. Es können auch farbige Pappen an die Wand gehängt werden. (Vgl. S. 108)

Ablauf

Die Filzkreise werden in verschiedene Ecken des Klassenzimmers gelegt, die Tische und Stühle werden beiseite geräumt und die SchülerInnen stehen in der Mitte des Raumes. Nun zeigt die Spielleiterin Bildkarten mit bekannten Gegenständen, und die Kinder laufen zu dem Kreis, der das Genus repräsentiert.

Abschließend stellen sich alle kurz auf den richtigen Kreis und bilden einen Satz mit dem Wort.

Natürlich kann anstelle der Bildkarte auch ein Nomen genannt werden, aber dann empfiehlt es sich, bei der Auflösung ein Bild zu zeigen, damit Wort und Wortbedeutung immer verknüpft werden.

Bemerkungen

Dieses Spiel bietet sich immer dann an, wenn wieder ein wenig Bewegung nötig ist. Die Kombination Bewegen und Lernen ist besonders vielversprechend, da beide Gehirnhälften aktiviert werden und die Kinder sich dadurch Erlerntes leichter merken.

Dadurch, dass in der Gruppe auf den Impuls der Spielleiterin reagiert wird, müssen schwächere SchülerInnen keine Blamage befürchten, sie können einfach der Mehrheit folgen. Das muss nicht immer richtig sein, aber dann haben sich ja viele geirrt.

Wichtig ist, dass am Ende alle Kinder kurz auf der richtigen Farbe bzw. dem richtigen Symbol stehen, bevor der Begriff (noch einmal) gesagt und in einen Kontext eingebunden wird, damit keine fehlerhafte Verknüpfung stattfindet.

Für die kontextuelle Einbindung der Begriffe sollten Satzmuster verwendet werden, denn häufiges Hören ist die Voraussetzung für aktives Sprechen.

4.1.2.

Sammellust

Übung zur Genusfindung, A

Lernziel

Die Kinder verknüpfen handelnd Begriffe und Genus.

Vorbereitung

Drei schöne, in den Farben der Genuszuordnung oder mit den Symbolen beklebte Schuhkartons oder etwas größere Kästen stehen zur Verfügung. (Vgl. S. 108)

Ausgeschnittene oder gekaufte Bilder bzw. reale Gegenstände liegen auf dem Tisch.

Ablauf

Die Kinder sortieren in Einzel- oder Partnerarbeit die Bilder/Gegenstände in die entsprechenden Genuskästen. Wenn alles weggeräumt ist, werden die einzelnen Bilder/Gegenstände aus dem jeweiligen Kasten geholt und mit Artikel benannt oder in einem Satzmuster angeboten *(Richtig, du hast* ***den Apfel*** *in den blauen Kasten gelegt, du hast auch den Stift und den Anspitzer . . . hier hineingelegt.).*

Bemerkungen

Je nach Klima in der Klasse kann auch ein anderes Kind den Inhalt der Kästen kontrollieren, es könnte auch (bei knapper Zeit) zur Selbstkontrolle ein Lösungsbilderbogen erstellt werden, allerdings ist das Verbalisieren der Handlungen für den Sprachlernprozess sehr wichtig.

Als Variante kann auch jedes Kind drei farbige A7 Lernboxen besitzen, in die nach jeder Lerneinheit der Wortschatz nach Genus einsortiert werden kann und mit denen in regelmäßigen Abständen die Nomen wiederholt werden.

4.1.3.

Schnapp das Bild!

Hörübung zum Genus, B

Lernziel

Die SchülerInnen üben, um schnell auf Genusmerkmale in der gehörten Sprache zu reagieren und diese mit einem Bild zu verbinden.

Vorbereitung

Ca. 30 Bildkarten werden auf einem Tisch verteilt, die SchülerInnen (5–10 Kinder) stellen sich so um diesen Tisch, dass alle an die Karten heranreichen.

Ablauf

Alle Hände werden auf den Rücken genommen. Die Spielleiterin formuliert nun je nach Sprachvermögen der Kinder Aussagen wie *Ich suche den..., Nehmt das blaue..., Holt euch ein...* Wer seine Hand zuerst auf die richtige Karte legt, darf sie wegnehmen.

Zur Unterstützung kann auch das Genus als Farbe oder Symbol auf der Bildkarte markiert sein, dann kann die Spielleiterrolle immer derjenige übernehmen, der die letzte Karte geschnappt hat. Er oder sie hat so eine Hilfe bei der Formulierung der korrekten Aussage.

Die SpielleiterIn sollte nach *Ich suche* ***den*** eine kurze Pause machen und den Artikel betonen und erst dann *Apfel* sagen, damit die Kinder schon gedanklich eine Vorauswahl der zu schnappenden Karten treffen können.

Wird eine Leseübung gewünscht, können auch Wortkarten ausgelegt werden, allerdings tritt der Genusbezug dann in den Hintergrund, weil die Kinder sich sehr stark auf die Laut-Schriftzuordnung konzentrieren.

Bemerkungen

Bitte schauen Sie bei der Formulierung ihrer Sätze nicht auf das entsprechende Bild. Clevere Kinder schnappen dann das Bild, bevor Sie das Nomen überhaupt genannt haben.

4.1.4.

Kim-Spiel

Übung zum Genus, B

Lernziel

Die Kinder merken sich eine Anzahl von Gegenständen und benennen einen Gegenstand, der weggenommen oder hinzugefügt wurde.

Vorbereitung

Gut eignen sich auf Folie kopierte Schwarzweißbilder, die nach Genus farbig markiert und ausgeschnitten werden.

Ablauf

Zehn Bilder gleichen Genus werden auf den OH-Projektor gelegt, die Kinder dürfen sich die Projektion eine Minute lang anschauen, dann wird der Projektor kurz ausgeschaltet und ein Bild entfernt bzw. hinzugefügt. Die Spielleiterin fragt nach der Veränderung *(Was fehlt? Was ist hinzugekommen?* oder *Was habe ich weggenommen/hinzugefügt?)*. Das Kind, das sich als Erstes meldet, beantwortet die Frage und verwendet den richtigen Artikel. War die Antwort korrekt, nimmt dieses Kind die nächste Veränderung vor und stellt die Frage.

Bemerkungen

Eine verkürzte Antwort wird die Regel sein, die Kinder sagen nur *der Bleistift* oder *den Anspitzer.* Es ist wichtig, die Bilder nach Genus getrennt anzubieten, damit sich das Artikelwort gut einprägt und nicht die Grammatik neben der geforderten Merkleistung eine weitere Schwierigkeit darstellt.

4.1.5.

Genus im Türkischen, Persischen und Arabischen

Herkunftssprachen einbeziehen

Das Türkische und das Persische sind Sprachen, die kein Genussystem besitzen. Daher ist es besonders für ältere Kinder, die als Erstsprache diese Sprachen gelernt haben und als Seiteneinsteiger Deutsch lernen müssen, manchmal sehr schwer nachzuvollziehen, dass sich Substantive nach ihren Genera voneinander unterscheiden – hier ist also von Seiten der Lehrkräfte viel Geduld und Verständnis gefragt.

Die Kinder, die als Herkunftssprache das Arabische mitbringen, besitzen hingegen einen ganz anderen Zugang zum Genus, da die Unterscheidung in ‚männlich' und ‚weiblich' die arabische Sprache sogar viel stärker durchdringt als dies im Deutschen der Fall ist. Im Arabischen unterscheiden sich die Substantive im Hinblick auf ihre Genera voneinander. Das Genus bestimmt außerdem weitere strukturelle Phänomene, zum Beispiel der Verben. Ein anderer Unterschied zwischen dem Deutschen und dem Arabischen besteht darin, dass das Genus der Nomen im Arabischen nicht in dem Artikel sichtbar wird. Der Artikel taucht immer in derselben Form auf. Daher haben arabischsprechende Kinder zwar ein Grundverständnis der Existenz von Genera – hier aber nur von zwei Genera; die Verwendung unterschiedlicher Artikel als Erscheinungsort des Genus ist ihnen nicht bekannt.

Es ist aber möglich, arabischsprechende Kinder im Unterricht während der Behandlung der Genera im Deutschen danach zu fragen, welches Genus die arabischen Entsprechungen einzelner deutscher Substantive haben, um ihnen diesbezügliche Gemeinsamkeiten und Unterschiede zwischen den beiden Sprachen bewusst zu machen. So könnte es für sie hilfreich sein, zu erfahren, dass das deutsche Substantiv *Tee* maskulin ist, obwohl die arabische Entsprechung feminin ist. Außerdem können ältere Kinder, die Arabisch schreiben können, dazu angeregt werden, einen kleinen Vergleich der Substantive beider Sprachen in Form einer Liste anzufertigen.

4.2. Deklination

Deklination bedeutet Formveränderung, durch die eine bestimmte sprachliche Beziehung im Satz bewirkt wird. Unsere DaZ-Kinder können Satzglieder nicht in die richtige Beziehung zueinander setzen, wenn sie nicht über Kenntnisse, wann, wie und warum sich Wörter verändern, verfügen. Der semantische Zusammenhang von gesprochenen und geschriebenen Sätzen, aber auch ganzer Texte bleibt ihnen verborgen. Zwar besitzt auch das heutige Deutsch noch vier Kasus, gebräuchlich sind aber hauptsächlich der Nominativ, Akkusativ und der Dativ. Die Formen des Genitivs werden zumindest in der gesprochenen Sprache oft völlig durch eine analytische Dativform ersetzt *(der Ball meines Freundes = der Ball von meinem Freund)*. Die Tabelle auf Seite 137 ist daher nach Häufigkeit der Verwendung und nicht klassisch nach erstem bis viertem Fall angeordnet.

Was macht das Erlernen der Deklination so schwierig?

Das Erlernen der reinen grammatischen Deklinationsformen fällt den DaZ-LernerInnen grundsätzlich nicht schwer. Die aktive Anwendung im gesprochenen oder geschriebenen Satz wird aber aufgrund des Zusammenspiels mehrerer Faktoren kompliziert. Die Kinder müssen zunächst wissen, welchen Kasus das Verb, das sie gerade benutzen, regiert. Das bedeutet, dass sie sich, ehe sie über die eigentliche Deklination nachdenken können, mit einer ganz anderen Wortart, nämlich dem Verb, beschäftigen müssen. Aus sprachökonomischer Sicht wäre dann bei Nomen und Personalpronomen die Frage nach dem Numerus zu klären, denn im Plural spielt wenigstens das Genus keine Rolle (Dativ: *ich helfe den..., ich helfe ihnen).*

Soll dem Verb nun aber eine Singularform folgen, muss das Genus sicher bekannt sein, sonst scheitert das Kind spätestens an dieser Stelle. Aber, als sei dies nicht genug, ist noch darauf zu achten, ob das Verb nicht mehrere Kasus regiert oder ob eine Wechselpräposition im Satz vorkommt – dann muss auch die damit verbundene Bedeutungsänderung verinnerlicht worden sein *(Ich schenke der Freundin den Hund.* Nicht: *Ich schenke die Freundin dem Hund. Ich laufe vor das Haus – Ich laufe vor dem Haus).*

Beim noch nicht automatisierten Sprechen scheint es fast unvermeidbar, einen dieser möglichen Fehler auch tatsächlich zu machen.

Selbst für Kinder, deren Erstsprachen mehr Kasus aufweisen als das Deutsche (Russisch hat sechs, Finnisch sogar zwölf), übernehmen diese nicht identische Funktionen.

Die Nomenendungen des Deutschen bestimmen zudem auch Genus, Kasus und Numerus nicht eindeutig, so dass viele Einzelformen von den Kindern zu lernen sind.

Kleine Grammatik der Deklination

Die meisten Nomen sind dem aufgeführten Deklinationstypus zuzuordnen, auf die Ausnahmen (die so genannte N-Deklination z.B. *der Bär – den Bären – dem Bären – des Bären* und die gemischte Deklination z.B. *das Auge – dem Auge – des Auges)* wird hier bewusst verzichtet.

Beispiele für Verben, die den Akkusativ regieren:

anfahren, anrufen, anschreien, bemalen, behalten, besitzen, bewundern, binden, einkleiden, essen, hassen, lesen, lieben, loben, schlagen, sehen, tadeln, trinken, verstecken, zeichnen

Beispiele für Verben, die den Dativ regieren:

ähneln, begegnen, bleiben, danken, drohen, einfallen, einleuchten, fehlen, folgen, gefallen, gelingen, genügen, gratulieren, helfen, nutzen, schaden, schwer fallen, verzeihen, wehtun, zuhören, zusehen

Wichtig für das Üben

Die Komplexität verbietet es, die Deklination isoliert und kontextfrei mit den Kindern zu üben. Nur durch häufiges Hören korrekter Sätze und Anwenden einfacher Satzmuster ist dem Problem beizukommen. Bei Fehlern muss genau analysiert werden, ob es sich um einen Deklinationsfehler oder z.B. eher um einen Genusfehler handelt (Der Satz *Ich sehe den Bild* zeigt, dass der richtige Kasus bekannt ist jedoch nicht das Genus.)

Deklination der Pronomen

- Personalpronomen: *ich, mich, mir,... ;*
- Possessivpronomen: *mein, meine, meiner, ...;*
- Reflexivpronomen: *mich, dich, mir, dir,...;*
- Demonstrativpronomen: *der, dieser, jener, ...*

Da die Deklination der Pronomen vielfach weder mit der Deklination von Nomen noch mit der Adjektivdeklination übereinstimmt und auch die Formen der Personalpronomen sehr unterschiedlich sind, erscheint eine Übersicht an dieser Stelle wenig hilfreich zu sein.

In der Formenvielfalt liegen auch die Schwierigkeiten, die DaZ-Kinder mit Pronomen haben, begründet.

In der Textarbeit sollte daher immer das Bezugswort gesucht und optisch unterstützt werden, damit das Textverständnis nicht leidet.

Deklination

Singular	Nominativ	**Der** Tisch ist groß.	**Die** Wand ist weiß.	**Das** Regal ist hoch.
	Akkusativ	Ich schiebe **den** Tisch weg.	Wir bemalen **die** Wand nicht.	Er räumt **das** Regal ein.
	Dativ	Kritzeleien schaden **dem** Tisch.	Das schadet **der** Wand.	Rütteln schadet **dem** Regal.
	Genitiv	Die Beine **des** Tisches sind lang.	Die Farbe **der** Wand ist weiß.	Die Böden **des** Regals sind aus Holz.

Plural	Nominativ	**die** Tische	**die** Wände	**die** Regale
	Akkusativ	**die** Tische	**die** Wände	**die** Regale
	Dativ	**den** Tischen	**den** Wänden	**den** Regalen
	Genitiv	**der** Tische	**der** Wände	**der** Regale

Tipps für die Praxis: Deklination

4.2.1.

Das ist der... Siehst du den...?

Aktivität zur Deklination, A

Lernziel

Ziel dieser Aktivität ist es, die Deklination der Nomen im Nominativ und Akkusativ einzuüben.

Ablauf

Wählen Sie ein Wortfeld aus, das den Kindern bekannt ist. Auch die Artikel zu den Nomen des Wortfeldes sollten schon geübt worden sein.

Das Wortfeld „Schulsachen" bietet sich an. Zuerst wird der Nominativ und dann der Akkusativ geübt.

Wie beim „Kofferpacken" sitzen die Kinder im Kreis und wiederholen, was ihre Vorgänger gesagt haben und fügen selber ein Beispiel hinzu:

Das ist der Tisch.

Das ist der Tisch und das ist die Tafel.

Das ist der Tisch, das ist die Tafel und das ist das Fenster...

In der zweiten Runde wird nun der Akkusativ geübt:

Siehst du den Tisch?

Siehst du den Tisch und die Tafel?

Siehst du den Tisch und die Tafel und siehst du das Fenster?...

4.2.2.

Auch Streiten will gelernt sein

Aktivität zu Possessivpronomen, B

Lernziel

Die Kinder trainieren in einem szenischen Spiel den Gebrauch der Possessivpronomen, indem sie einen Streit simulieren. Gleichzeitig üben sie, wie Konflikte zu lösen sind.

Vorbereitung

Der Gebrauch der Pronomina *mein, dein sein, ihr* sollte zur Vorentlastung an Beispielen aus dem Schulalltag der Kinder geübt werden.

Ein einfacher Dialog kann vorgegeben oder mit den Kindern erarbeitet werden.

Ablauf

Zwei Kinder „streiten" sich um einen schönen Bleistift, der auf dem Boden liegt.

A: *Gib den Bleistift her, das ist meiner (mein Bleistift)!*

B: *Nein, den habe ich gefunden, also ist das jetzt mein Bleistift!*

A: *Das ist nicht deiner, ich habe den Stift gerade erst bekommen.*

B: *Ha, das kann ja jeder sagen.*

A: *Du kannst ja meine Schwester fragen.*

Bemerkung

Im Spiel darf ruhig richtig laut geschimpft werden, Handgreiflichkeiten werden aber nicht zugelassen.

Hinterher sollte mit den Kindern darüber gesprochen werden, wie sie sich gefühlt haben und welche Möglichkeiten es gibt, Konflikte zu lösen und einen Streit zu schlichten.

4.2.3.

Kreuz und quer

Aktivität zum Dativ, C, KV 23 + KV 24

Vorbemerkung

Die Kopiervorlage ist sehr vielfältig einsetzbar, als Folienspiel aber auch als Brettspiel. Es können sowohl einfacher Wortschatz als auch schwierige Grammatikstrukturen und landeskundliche Inhalte geübt bzw. wiederholt werden. Durch die immer gleiche Fragestruktur, wird die Aufmerksamkeit der SchülerInnen auf das zu übende Phänomen gelenkt.

Vorbereitung

In die Blanko-Kopiervorlage werden die Anfangsbuchstaben der zu erratenden Begriffe eingetragen. Es wird in zwei Gruppen gespielt.

In der Kopiervorlage wird die Dativübung in das Sachthema „Fahrradprüfung" eingebunden.

Ablauf

Jeder Gruppe wird eine Farbe zugeordnet und die Spielrichtung (von links nach rechts; von oben nach unten/vom Kind zum Helm, vom Fahrrad zum Fahrradständer) wird zugeteilt.

Jede Gruppe wird versuchen, eine Reihe aneinandergrenzender Felder zu belegen, um auf die andere Seite des Spieles zu kommen. Man kann zunächst jedes beliebige Feld wählen und erobert es, indem man die zu dem Anfangsbuchstaben gehörende Frage richtig beantwortet. Wird die richtige Antwort gegeben, markiert die SpielleiterIn das Feld in der Mannschaftsfarbe. Ist die Antwort falsch, so bleibt das Feld zunächst frei. Kann auch die Gegenpartei nicht die richtige Lösung finden, kann eine Ersatzfrage gestellt werden. Man stört die Gegenspieler, wenn Fragen in deren Reihe richtig gelöst werden. Ist es durch gegenseitiges Blockieren beiden Gruppen nicht möglich, zur anderen Seite zu gelangen, können auch die gelösten Felder gezählt werden.

Grundsätzlich gilt: die Gruppenmitglieder dürfen sich kurz untereinander beraten, aber die erste Antwort zählt.

Bemerkung

Die in der KV enthaltenen Fragekarten zum Dativgebrauch können auch als Lernkartei oder als Quizspielkarten eingesetzt werden.

Als Brettspiel ist „Kreuz und quer" auch in Partnerübungen als Freiarbeitsmaterial einsetzbar.

4.2.4.

Frageterzett

Übung zur Deklination der Nomen, C

Lernziel

Die Kinder üben, welche Verben einen bestimmten Kasus regieren und wenden Kasus, Genus und Numerus richtig an.

Vorbereitung

Es werden 24 Terzettkarten erstellt, je acht mit maskulinen, femininen und neutralen Nomen sowie mit Nomen im Plural.

Jedes Terzett hat eine Nominativ-, eine Akkusativ- und eine Präpositionalform mit Dativ, nach der gefragt wird. Die Fragen sind auf jeder Karte angegeben.

Beispiel zum Thema: Tiere

M1 — Nominativ
der Bär

Der Bär ist in meiner Hand.
Siehst du______ ?
Spielst du gerade mit ________?

M2 — Akkusativ
den Bären

Ist _______in deiner Hand?
Ich sehe den Bären.
Spielst du gerade mit ________?

M3 — Dativ
dem Bären

Ist _______in deiner Hand?
Siehst du _______?
Ich spiele gerade mit dem Bären.

F1 Nominativ
die Giraffe

Die Giraffe ist in meiner Hand.
Siehst du_______?
Spielst du gerade mit ________?

F2 Akkusativ
die Giraffe

Ist _______in deiner Hand?
Ich sehe die Giraffe.
Spielst du gerade mit ________?

F3 Dativ
der Giraffe

Ist _______in deiner Hand?
Siehst du _________?
Ich spiele gerade mit der Giraffe.

usw.

Ablauf

Es spielen Kleingruppen von drei bis fünf Kindern. Jedes Kind erhält drei Karten, der Rest kommt in die Mitte. Die Form, zu der der Aussagesatz gehört, ist im Besitz des Spielers. Er muss durch Befragen seiner MitspielerInnen (rechte NachbarIn) die drei Formen für jedes Zootier zusammenbekommen. Er fragt also: *Ist die Giraffe in deiner Hand?*, hört er ein *Ja. Die Giraffe ist in meiner Hand.*, bekommt er die Karte und darf weiterfragen, das andere Kind nimmt eine Karte aus dem Stapel. Erhält er ein *Nein* zur Antwort, ist dieses Kind mit dem Fragen an der Reihe.

4.3. Plural und Pluralabhängigkeit

Pluralbildung

Die Pluralbildung ist im Deutschen sehr vielfältig, so dass es für DaZ-Kinder eine große Herausforderung darstellt, die richtigen Pluralformen zu benutzen. Der Plural eines Substantivs wird durch die Beugung des Wortes und/oder durch die Hinzufügung einer Endung gebildet; manchmal bleibt das Wort – von dem Artikel *die* abgesehen – unverändert. Insgesamt gibt es 8 verschiedene Varianten der Pluralbildung.

Was macht die Pluralbildung so schwer?

Auch wenn es einige Gesetzmäßigkeiten in Bezug auf die Beugung des Wortes bzw. auf die Wahl der Pluralendung gibt, gibt es auch in diesem Bereich viele Ausnahmen, z.B.: *Brot – Brote, Trog – Tröge.* Weil DaZ-Kinder die Regeln verallgemeinern, verwenden sie manchmal fehlerhafte Pluralbildungen, z.B. *Bus – Büsse* analog zu *Kuss – Küsse.* Problematisch sind gleichlautende Wörter, die sich im Plural unterscheiden (z.B. *Bank – Bänke* bzw. *Bank – Banken).* Diese und viele andere Regeln für die Pluralbildung sind für die Kinder schwer nachvollziehbar. So hilft es ihnen wenig, wenn ihnen erklärt wird, dass Wörter, die aus dem Italienischen oder Französischen übernommen wurden und die vokalisch enden, im Plural die Endung -s angehängt bekommen (z.B. *Büro – Büros).*

Daher ist es einerseits wichtig, Kindern die einfachen nachvollziehbaren Regeln der Pluralbildung zu vermitteln. Andererseits müssen Möglichkeiten für die Bewusstmachung und Einprägung von außergewöhnlichen Pluralformen geschaffen werden.

Pluralabhängigkeit

Auf der Ebene des Satzes müssen beim Thema Pluralbildung zwar die Adjektiv- und Artikeldeklinationen berücksichtigt werden (s. S. 143); es empfiehlt sich allerdings diese

Themen gesondert zu behandeln, um die Aufmerksamkeit der Kinder allein auf die Formen der Pluralbildung zu lenken und die schon vorhandene Komplexität zu reduzieren.

Wenn die Pluralbildung behandelt wird, müssen allerdings auch die Pluralformen der Verben geübt werden (s. S. 153).

Den Kindern muss klar gemacht werden, dass bei Verwendung eines Plurals im Subjekt das dazugehörige Verb auch die entsprechende Pluralform haben muss. In vielen Sprachen, zum Beispiel im Türkischen, taucht die Mehrzahl auf der Satzebene lediglich im Subjekt auf, im Prädikat wird sie nur zur Betonung wiederholt.

Eine besondere Herausforderung stellen in diesem Zusammenhang Sammelbegriffe dar, die nur im Singular verwendet werden, z.B. das Wort *Familie.*

Pluralbildung der Substantive

-e	¨-e	-en	-n	-	-er	¨-er	-s
das Brot die Brote	der Korb die Körbe	die Portion die Portionen	die Puppe die Puppen	der Finger die Finger	das Bild die Bilder	das Glas die Gläser	das Baby die Babys

Tipps für die Praxis:
Plural und Pluralabhängigkeit

4.3.1.

Eine oder viele

Aktivität zu den Pluralformen, A

Vorbemerkung

Ebenso wie die Artikel sollten die Pluralformen der Nomen bei neuem Wortschatz immer mit genannt und geübt werden.

Vorbereitung

Bereiten Sie (evtl. zusammen mit den Kindern) Bildkarten vor, auf denen Dinge einmal und mehrmals zu sehen sind. Für das Wortfeld „Obst" brauchen Sie also eine Karte mit einer Banane (einem Apfel, einer Birne, ...) und eine Karte mit mehreren Bananen (mehreren Äpfeln, mehreren Birnen,...)

Ablauf

Die Bildkarten werden einzeln hochgehalten und die Kinder benennen sie:

Das ist eine Banane.
Das sind viele Bananen.

Nachdem alle Bildkarten wiederholt richtig benannt wurden, werden die Karten von den Kindern nach Singular und Plural sortiert. Anschließend kann versucht werden, Nomen mit der gleichen Pluralbildung zusammenzusuchen *(Bananen, Orangen, Zitronen, Erdbeeren, Birnen, Kirschen, Aprikosen, Pflaumen, aber: Kiwis, Äpfel, ...).*

4.3.2.

Schwarzer Singular

Aktivität zu Singular und Plural, B

Vorbemerkung

Schneiden Sie mit den Kindern aus Pappe Spielkarten aus, z.B. 24 Paare für eine Zweiergruppe und zusätzlich eine Einzelkarte. Lassen Sie die Karten mit einfachen Singular- und Pluralformen beschriften. Geben Sie ein Wortfeld vor, z. B. Körper oder Obst, so dass die Kinder bei der Erarbeitung eine Hilfe haben. Die Restkarte bekommt nur eine Singularform.

Ablauf

Die Karten werden gemischt; jedes Kind bekommt 6 Karten, der Rest wird in die Mitte gelegt. Jedes Kind sortiert zuerst die Singular-Plural-Paare aus, die es bereits bekommen hat. Eins der Kinder fängt dann an und nimmt eine Karte vom Stapel in der Mitte und sortiert dann evtl. ein weiteres Singular-Plural-Paar aus bzw. behält die Karte in der Hand. Falls ein neues Singular-Plural-Paar zusammen gekommen ist, liest das Kind die Wörter laut vor. Wenn der Kartenstapel in der Mitte aufgebraucht ist, ziehen die Kinder jeweils eine Karte des anderen Spielers. Das Kind, das am Ende die Restkarte behält, ist der Verlierer.

Differenzierung

▲ Nehmen Sie Ausnahmen und schwierige Pluralformen dazu.

Variante

Stellen Sie mit kleinen Kärtchen ein Plural-Memory her.

4.3.3.

Einer passt nicht dazu

Aktivität zu den Pluralformen, B

Vorbemerkung

Schreiben Sie auf große Karten mehrere Substantive im Plural und dazu auf jede Karte eine Singularform. Lassen Sie die Kinder raten, welche Form nicht passt.

Ablauf

Eine Karte wird hochgehalten, ein Kind darf die Substantive vorlesen. Wer zuerst errät, welches Wort falsch ist, darf dieses Wort in der richtigen Form anschreiben und es auf einem Zettel notieren. Das Kind, das zum Schluss die meisten Wörter gesammelt hat, gewinnt.

Beispielkarten

Hände	Füße	Ohren
Bein	Haare	Zähne

Bananen	Apfel	Birnen
Kiwis	Kirschen	Pflaumen

Bemerkung

Achten Sie darauf, dass anschließend die korrekten Artikel zu den einzelnen Nomen besprochen werden.

4.3.4.

Geschichten um viele Leute

Übung zu den Pluralformen im Satz, B

Vorbemerkung

Besorgen Sie Bildergeschichten, in denen mehrere Personen agieren bzw. in denen mehrere Exemplare einer Sache eine Rolle spielen.

Ablauf

Die Kinder bilden Kleingruppen; jede Gruppe bekommt eine Bildergeschichte. Lassen Sie die Bildergeschichten in einfachen Sätzen beschreiben. Achten Sie dabei auf die richtige Verwendung der Pluralformen der Substantive und der Verben.

Variante

Lassen Sie die einzelnen Szenen einer Bildergeschichte erst in die richtige Reihenfolge bringen, um eine zusätzliche Verankerungsmöglichkeit zu schaffen.

Bemerkung

Für diese Übung eignen sich die SCHUBI-Bilderboxen, z.B. Ein Tag mit Flo.

4.3.5.

Singular, Dual und Plural im Arabischen und Türkischen

Herkunftssprachen einbeziehen

Um den Kindern die Möglichkeit zu geben, in die Rolle des Experten zu schlüpfen und induktives Lernen anzuregen, ist es ratsam, mit Bildmaterial zu arbeiten und die Kinder zu bitten, selbst zu den Bildern passende sprachliche Bezeichnungen zu formulieren. Nach der Einführung des Plurals im Deutschen kann auf folgende Weise auf das Türkische und Arabische Bezug genommen werden:

1. Den Kindern wird ein Bild gezeigt, auf dem ein Auto zu sehen ist; sie werden dazu aufgefordert, das Gesehene auf Deutsch, auf Türkisch und auf Arabisch zu benennen. Das Arabische wird dabei – wenn möglich – an der Tafel mit dem arabischen Alphabet und einer einfachen Wiedergabe in lateinischen Buchstaben verschriftlicht.

   dt.: Auto
   arab.: سيارة (etwa: „sijara")
   türk.: araba

2. Den Kindern wird ein Bild gezeigt, auf dem zwei Autos zu sehen sind und sie werden erneut aufgefordert, zu sagen, was sie sehen.

   dt.: Autos
   arab.: سيارتين (etwa: „sijarateyn")
   türk.: arabalar

   Die Antworten werden an der Tafel verschriftlicht; Endungen bunt hervorgehoben.

3. Den Kindern wird ein Bild gezeigt, auf dem mehrere Autos zu sehen sind; es wird wie oben beschreiben verfahren.

   dt.: Autos
   arab.: سيارات (etwa: „sijarat")
   türk.: arabalar

4. Gemeinsamkeiten und Unterschiede, die die Kinder wahrscheinlich schon bemerkt haben, werden besprochen.

4.4.

Adjektivdeklination

Um Erlebtes interessant und differenziert erzählen zu können oder um einen Tatbestand exakt wiederzugeben, ist der Gebrauch von Adjektiven unerlässlich. Je früher Kindern also ein reichhaltiges Angebot an Adjektiven zur Verfügung gestellt wird, desto nuancenreicher können sie ihre Umwelt wahrnehmen und desto besser lernen sie sich variantenreich mündlich und schriftlich auszudrücken.

In der Schuleingangsphase sehen wir uns mehr und mehr Kindern gegenüber, die in einer anregungsarmen Umgebung aufwachsen und nur rudimentäre Umwelterfahrungen mitbringen. Sie verfügen oft nicht über einen gesicherten Grundwortschatz und auch die Kenntnis von Adjektiven bleibt auf einem minimalistischen Niveau stehen. Universell einsetzbare Adjektive wie *gut, groß, schön, geil* oder *blöd* werden bevorzugt verwendet.

Was macht den Adjektivgebrauch so schwierig?

Die Verwendung von Adjektiven in undeklinierter Form ist im Prinzip recht einfach, da sich das Adjektiv nicht verändert. Nun sind aber im Sprachgebrauch diese „reinen" Formen eher unüblich. Sätze wie: *Der Baum ist hoch, das Auto ist kaputt, die Nachricht ist traurig* sind im täglichen Sprechen wohl die Ausnahme. Werden die Adjektive darüber hinaus dekliniert verwendet, wird die Sache gleich sehr kompliziert: *ein hoher Baum, das kaputte Auto, infolge einer traurigen Nachricht.*

Hinzu kommt, dass es auch in der Rechtschreibung durch den Einschub des Adjektivs zwischen Artikel und Nomen zur Verwirrung kommt – und viele SchülerInnen Fehler in der Groß- und Kleinschreibung machen *(das Neue auto).*

Die lautliche Diskriminierung der unterschiedlichen Adjektivendungen *(artig, täglich, stürmisch)* fällt nichtdeutschen Kindern verständlicherweise sehr schwer und führt zu Fehlern wie *artiche Kinder, täglige Arbeiten...*

Beim Üben dieser Adjektivgruppen sollte daher unbedingt darauf geachtet werden, sie völlig getrennt voneinander zu behandeln, damit Ähnlichkeitshemmungen nicht auftreten.

Ein weiteres Problem birgt die Verwechslungsgefahr von Adjektiven mit Adverbien, besonders bei semantischer Übereinstimmung. Woher soll ein Schüler erkennen, dass *oft* nicht *häufig* aber sehr wohl dekliniert werden kann? Hier bringen uns grammatische Erklärungen nur spärlich voran, immer wiederkehrendes, kontextgebundenes Üben dieser komplexen Strukturen, bei dem die SchülerInnen viel selbst sprechen, ist der geeignetere Weg.

Auch die Steigerungsformen (neben dem Positiv der Komparativ und der Superlativ) der Adjektive werden dekliniert. An den unregelmäßigen Steigerungsformen *(gut – besser – beste, hoch – höher – höchste, viel – mehr – meiste, stark – stärker – stärkste* usw.) und an den Strukturen bei Vergleichen *(so groß* ***wie*** *– größer* ***als****)* muss besonders gearbeitet werden.

Kleine Grammatik der Adjektivdeklination

Wörter ganz eindeutig der Kategorie der Adjektive zuzuordnen, fällt oft schwer, da eine Definition, wie sich ein Wort verhalten muss, um eindeutig ein Adjektiv zu sein, nicht ohne Weiteres vorliegt. Die Definition, ein Adjektiv muss der eigentlichen lateinischen Bedeutung zufolge „beigefügt" sein, also zwischen dem Artikel und dem Nomen stehen, passt in dem Moment nicht mehr, wo wir es eher adverbial/prädikativ verwenden *(Der Baum ist groß).*

Auch die Flektierbarkeit allein reicht als Kriterium nicht aus, um das Adjektiv eindeutig zu beschreiben. Es gibt genügend Beispiele, wo das Adjektiv unverändert in der Deklination bleibt *(rosa, lila, entzwei, klasse, prima...).*

Dennoch können wir sagen, dass es einen Bereich „reiner" Adjektive gibt – es sind ca. 240 Wörter, die den Systemanforderungen der deutschen Grammatik folgen und die nicht aus anderen Sprachen übernommen worden sind.

Wichtig für das Üben

Komplexen Strukturen sollten von Kindern nur spielerisch imitativ-intuitiv ohne Bewusstmachung des grammatischen Phänomens geübt werden.

Für Plakate im Klassenraum bietet sich folgende Darstellungsform an, in der die „Wanderung" der Artikel-Endungen leichter nachzuvollziehen ist:

NOM

de**r** grüne Apfel

ein grüne**r** Apfel

grüne**r** Apfel

AKK

de**n** grüne**n** Apfel

eine**n** grüne**n** Apfel

grüne**n** Apfel

DAT

de**m** grünen Apfel

eine**m** grünen Apfel

grüne**m** Apfel

PLURAL

die grünen Äpfel

viele grüne Äpfel

grüne Äpfel

u.s.w.

Einen Überblick über die Adjektivdeklination, der Ihnen noch einmal die Komplexität des Themas vor Augen führt, finden Sie auf der folgenden Seite.

a) Deklination nach: der, die, das und dies-, jed-, welch-

NOM	der grün**e** Apfel	die klein**e** Schachtel	das schnell**e** Pferd	die bunt**en** Stifte
AKK	den grün**en** Apfel	die klein**e** Schachtel	das schnell**e** Pferd	die bunt**en** Stifte
DAT	dem grün**en** Apfel	der klein**en** Schachtel	dem schnell**en** Pferd	den bunt**en** Stiften
GEN	des grün**en** Apfels	der klein**en** Schachtel	des schnell**en** Pferdes	der bunt**en** Stifte

b) Deklination nach: ein-, kein-, Possessivpronomen, all-

NOM	ein gut**er** Freund	eine neu**e** Puppe	ein rot**es** Auto	alle alt**en** Hefte
AKK	einen gut**en** Freund	eine neu**e** Puppe	ein rot**es** Auto	alle alt**en** Hefte
DAT	einem gut**en** Freund	einer neu**en** Puppe	einem rot**en** Auto	allen alt**en** Heften
GEN	eines gut**en** Freundes	einer neu**en** Puppe	eines rot**en** Autos	aller alt**en** Hefte

c) Deklination nach fehlendem Artikel (= Nullartikel), Zahlen, wenig-, einig-, mehrer-, viel-

NOM	groß**er** Erfolg	groß**e** Liebe	groß**es** Geheimnis	groß**e** Taten
AKK	groß**en** Erfolg	groß**e** Liebe	groß**es** Geheimnis	groß**e** Taten
DAT	groß**em** Erfolg	groß**er** Liebe	groß**em** Geheimnis	groß**en** Taten
GEN	groß**en** Erfolgs	groß**er** Liebe	groß**en** Geheimnisses	groß**er** Taten

Tipps für die Praxis: Adjektivdeklination

4.4.1.

Plättchen legen

Übung zur Adjektivdeklination, B

Lernziel

Die SchülerInnen werden spielerisch sensibilisiert, auf die Bedeutung und die Bildungsmerkmale der Adjektive zu achten.

Vorbereitung

Benötigt werden etwa zehn gegensätzliche Bildpaare (spitzer Bleistift – stumpfer Bleistift; Langes Lineal – kurzes Lineal; dicke Federtasche – schmale Federtasche etc.) aus einem bekannten Wortfeld, denn es soll ja um die Bedeutung der Adjektive gehen.

Zwei SchülerInnen erhalten jeweils acht Plättchen einer Farbe.

Die Bildkarten liegen durcheinander, aber für beide Kinder gleichermaßen erreichbar auf dem Tisch.

Ablauf

Die Lehrerin stellt nun Fragen oder gibt Anweisungen wie:

Wo ist der kurze Bleistift?
Zeige mir den kurzen Bleistift!
Schreibst du mit einem ***kurzen*** *Bleistift?*

Die SchülerInnen sollen auf das Signal des Adjektivs reagieren und ihr Farbplättchen auf die richtige Karte legen.

Aber erst, wenn die richtige Antwort gegeben wurde, zählt das abgelegte Plättchen. Wer nur schnell ist und die Adjektivdeklination nicht beherrscht, muss sein Plättchen noch einmal wegnehmen. Die richtige Form wird dann von der LehrerIn genannt und im späteren Spielverlauf wieder abgefragt.

Wer als Erste alle Plättchen richtig ablegen konnte, hat gewonnen.

Bemerkung

Diese Hörverständnisübung dauert in der Regel nur wenige Minuten und ist sehr schnell vorbereitet, wenn man die Karten für andere Spiele, z.B. Memory oder Wortkarteien, schon unter dem Aspekt angelegt, damit auch den Adjektivwortschatz auszubauen.

Ebenso können die SchülerInnen auch thematische Poster herstellen, indem sie immer zwei oder mehrere unterschiedliche Bilder zu einem Wort *(runder, eckiger, hoher, niedriger Tisch)* aus Zeitungen ausschneiden und aufkleben. Diese Poster können dann mit Plättchen belegt werden oder für alle an eine Magnettafel gehängt werden. Als Plättchen werden dann farbige Magnete genommen.

4.4.2.

Sachen packen

Übung zur Adjektivdeklination, C

Lernziel

Die Kinder üben mündlich die Verwendung der Adjektivdeklination im Akkusativ.

Vorbereitung

An sich ist keine Vorbereitung erforderlich, man kann die Wortkette aber festlegen und später auch besser kontrollieren, wenn man eine Anzahl von Bildkarten bereithält, die die Kinder auch verdeckt in die Hand nehmen können.

Ablauf

Der Ablauf ist wie beim klassischen „Kofferpacken", nur muss ein selbst gewähltes Adjektiv ergänzt werden:

1. Kind: *Ich packe meine Sachen und nehme den neuen Rucksack.*

2. Kind: *Ich packe meine Sachen und nehme den neuen Rucksack und die blaue Federtasche.*

3. Kind: *Ich packe meine Sachen und nehme den neuen Rucksack, die blaue Federtasche und das große Matheheft.*

Differenzierung

▼ Arbeiten Sie mit Bildkarten zur visuellen Unterstützung. Wählen Sie diese nach Genus aus, so dass immer die gleiche Adjektivendung nötig ist.

4.4.3.

Adjektiv-Würfel-Bingo

Aktivität zur Adjektivdeklination, C,
KV 25 + KV 26

Lernziel

Die SchülerInnen üben die Nominativform der Adjektivdeklination nach bestimmtem und unbestimmtem Artikel.

Vorbereitung

Jedes Kind erhält einen Bingoplan je nach Fortschritt mit vier bis acht Übungsformen (KV 25).

Zwei Würfel müssen erstellt werden. Gut eignen sich mittelgroße Schaumgummiwürfel.

Ablauf

Die Figuren und Adjektive (KV 26) werden auf zwei Würfel geklebt, die Bingokarten verteilt. Nun wird mit beiden Würfeln eine grammatische Form würfelt. Das Kind, das gewürfelt hat, sagt die grammatisch richtige Wortgruppe (z.B. *der kranke Hund*) und guckt nach, ob es die Form auf seiner Bingokarte hat. Alle anderen hören aber auch zu, und melden sich, wenn die richtige Wortform mit einer Form auf dem Bingoplan übereinstimmt. Auf dem laminierten Bingoplan kann die gesagte bzw. gehörte Form markiert werden. Das würfelnde Kind darf Fehler machen und sich verbessern oder verbessert werden, es hat nur zufällig einen Vorteil durch das Würfeln. Auf das genaue Zuhören, korrekte Lesen und schnelle Reagieren der anderen kommt es an.

Bemerkung

Es können wie beim Bingo nur drei aneinandergrenzende Wortgruppen zum „Sieg" führen, es kann aber auch ähnlich einem Lotto diejenige gewinnen, die zuerst alle Formen auf der Karte markiert hat.

Achtung! Adjektive wie *müde, böse* etc. bekommen natürlich nicht noch ein „e", diese Ausnahme fällt den SchülerInnen aber in der Regel nicht auf und wird automatisch richtig gesagt.

4.4.4.

Adjektive loswerden

Aktivität zur Komparation, C

Lernziel

Die SchülerInnen erkennen, dass bei der Komparation zwei Nomen miteinander in Beziehung gebracht werden müssen.

Vorbereitung

Benötigt werden Bildkarten und dieselbe Anzahl an Karten mit Adjektiven, auf denen Adjektive im Positiv (Normalform) stehen. Es eignen sich sehr gut Bildkarten, aber auch aus Zeitungen gesammeltes Bildmaterial.

Ablauf

Die Adjektivkarten werden gleichmäßig verteilt. Die Bildkarten kleben mit einem Zwischenraum an der Tafel oder liegen auf dem Tisch.

Geübt wird: **...ist...** (Komparativ) **als...**

Die SchülerInnen sollen nun möglichst schnell ihre Adjektivkarten „loswerden", indem sie eine passende Beziehung herstellen. Wer sich zuerst meldet, erhält den Zuschlag, bzw. wer seine Adjektivkarte als Erster in den Zwischenraum der Bildkarten legt, sagt seinen Satz.

Gesagt wird:
Der Esel ist größer als der Löwe.
Der Löwe ist wilder als die Schildkröte.

Bemerkung

Legen Sie sich einen Vorrat an Adjektivkarten an, dann kann dieses Spiel mit jedem Bildmaterial (thematisch, nach Anlaut oder nach Geschlecht sortiert oder unsortiert) kombiniert werden und eignet sich auch zur Freiarbeit (Finden von Gegensatzpaaren in Einzel- oder Partnerarbeit).

4.4.5.

Tausend und eine Geschichte

Übung zur semantischen Variation, D

Vorbemerkung

Die SchülerInnen erkennen die semantische Bedeutung und den Nuancenreichtum des Adjektivgebrauchs, indem sie Geschichten in verschiedenen Varianten erzählen bzw. hören.

Bei dieser Übung wird zusätzlich zur grammatischen Gewichtung stark auf die verschiedenen Wahrnehmungstypen eingegangen. Je nach Erzählstruktur wird eher der auditive, der optische oder der taktile Schülertyp angesprochen.

Vorbereitung

Man verständigt sich in der Klasse auf einen Ausgangstext oder eine Ausgangsgeschichte, die allen Kindern bekannt ist (es kann auch eine Basisvariante vorgegeben werden) und die natürlich viele Adjektive enthalten sollte.

Die Lehrerin bereitet auf Karten Möglichkeiten vor, wie die Geschichte erzählt werden kann (gruselig, traurig, lustig, romantisch, albern, übertrieben; so, als könne man nur hören; so, als könne man nur sehen; so, als könne man nur fühlen; als Lügengeschichte etc.).

Ablauf

Die Ausgangsgeschichte wird erzählt und je nach Alter bereiten die SchülerInnen nun in kleinen Gruppen mündlich oder schriftlich eine veränderte Geschichte vor und sollen die semantisch passenden Adjektive verwenden.

Natürlich kann zur Hinführung auf eine solche Übung auch die tägliche Variation eines einzelnen Satzes im Morgenkreis dienen.

Bemerkung

Es ist unbedingt nötig, vorher eine Sammlung semantisch abgestufter Adjektive auf Lernkarten anzulegen und evtl. mit Piktogrammen zu markieren. So kann einerseits im semantischen Feld *(groß, üppig, riesig – klein, zierlich, mickerig, winzig, zwergenhaft – hässlich, unschön, scheußlich, widerlich)* als auch nach den oben genannten Kategorien sortiert werden (neutral: *groß, klein, hässlich* – übertrieben: *riesig, winzig, widerlich...).*

Die Ergebnisse der SchülerInnen könnten auf passend umrandete Bögen geschrieben werden und Teil einer kleinen Literaturausstellung werden.

Mit variierten Schriften können die SchülerInnen ihre Texte auf dem Computer gestalten.

4.5. Trennbare und untrennbare Verben

Bei trennbaren Verben trennt sich in Aussage- und Fragesätzen der erste Teil vom Verb ab und erscheint erst am Satzende. Bei Endstellung des finiten Verbs, also in Nebensätzen, erfolgt die Trennung nicht.

*Ich **nehme** meinen Apfel **heraus.***
Nimmst** du auch dein Frühstück **heraus?
*Ob ich was **herausnehme**, geht dich gar nichts an.*

Was macht das Erlernen so schwierig?

Da der abgetrennte erste Verbteil weit entfernt vom eigentlichen Verb im Satz erscheint, wird er von DaZ- Kindern schnell überhört oder überlesen:

*Wir **spielen** unser Theaterstück ja nun doch schon morgen und nicht erst wie gedacht in ein paar Wochen **vor.***

Es bleibt am Ende des Satzes ein für die SchülerInnen unsinniges Wort übrig. Das Verb *spielen* erscheint ihnen vollständig, die Satzbedeutung bleibt ihnen allerdings verschlossen.

Hinzu kommt, das die abtrennbaren ersten Verbteile häufig Präpositionen oder anderen Einzelwörtern ähneln und zu Verwechslungen oder zur Verwirrung führen.

*Wir **spielen** unser Theaterstück ja nun doch schon morgen auf dem Schulfest und nicht wie gedacht erst kurz **vor** Weihnachten den Eltern **vor**.*

Wurde diese Hürde von DaZ-LernerInnen trotz aller Probleme gemeistert, werden sie mit gleich- oder ähnlich lautenden Wörtern konfrontiert, die nun wieder nicht trennbar sind.

*Er **übersetzt** die Wörter auf dem Schild ins Deutsche.*
Aber*: Er **setzt** mit der Fähre **über**.*

dúrchschauen – durchschäuen

úmfahren – umfähren

Kleine Grammatik der untrennbaren Verben

Die deutschen Präfixe *be-, ent-, er-, ge-, miss-, ver-, zer-* bleiben immer untrennbar mit dem zweiten Verbteil verbunden: *beachten, beschreiben, entdecken, entnehmen, ermahnen, erstellen, gefallen, misslingen, misstrauen, verraten, verzeihen, zerreißen, zerschneiden*

Im Perfekt entfällt die Markierung *ge-. Der Hund ist entlaufen* nicht *entgelaufen!*

Kleine Grammatik der trennbaren Verben

Trennbare Verben werden im Infinitiv auf dem ersten abtrennbaren Teil betont. Ist dieser Teil unbetont, so wird das Verb ein untrennbares und erfährt einen Bedeutungswechsel.

Betroffen davon sind Verben mit den Präfixen: *durch-, hinter-, über-, um-, unter-, voll-, wider-* und *wieder-*.

Die betonten, also trennbaren Verben haben eher eine konkrete, die unbetonten, also untrennbaren Verben, eher eine abstrakte Bedeutung. Diese Betonungsregel hilft jedoch nur muttersprachlich Deutschen, die aber die Trennung sowieso automatisiert haben und über die Betonung nur selten nachdenken. DaZ-Kinder haben Schwierigkeiten, die deutschen Betonungsregeln zu hören und anzuwenden. Sie könnten allenfalls beim Nachschlagen im Wörterbuch durch ein Betonungszeichen eine Hilfe bekommen.

Sicher trennbar sind aber Verben, deren erster Teil aus *ab-, an-, auf-, aus-, bei-, mit-, nach-, vor-, zu-, ein-, da(r)-, empor-, fort-, her-, hin-, los-, nieder-, weg-, weiter-* besteht:

abmalen, abschreiben, anzeichnen, anhängen, aufkleben, aufschließen, ausschneiden, ausziehen, (beisitzen, beiwohnen), mitspielen, mitarbeiten, nachsehen, nachkommen, vormachen, vorgehen, zuschauen, zuhören, einkaufen, einnehmen, darstellen, (darbieten), emporkommen, fortlaufen, hersehen, hingucken, loslegen, niederlegen, wegwerfen, weiterlesen

Im Perfekt wird die Partizipform des Grundverbs an das Präfix gehängt *(gezogen – ausgezogen)*. Bei Betonung der ersten Silbe wird also das *-ge-* eingeschoben.

Achtung! Die Frage der Trennbarkeit kann zu einer Änderung des Hilfsverbs führen *(ich habe gezogen,* aber *ich bin ausgezogen. Ich bin gelaufen,* aber *ich habe die Sohlen abgelaufen).*

Wichtig für das Üben

Die semantische Veränderung, die durch unterschiedliche Präfixe bei einem Ausgangsverb hervorgerufen wird, muss den Kindern durch viele kontextuelle Bezüge vermittelt werden. Dies gilt für die trennbaren wie für die untrennbaren Verben gleichermaßen. Hier erscheint das Üben anhand von Wortfamilien eher für die Begriffsbildung hinderlich und sollte nur bei wirklicher semantischer Sicherheit erfolgen (zu unterschiedlich sind *lachen – anlachen – auslachen* oder *brauchen – verbrauchen – missbrauchen).*

Auf Probleme, die durch Ähnlichkeitshemmungen beim Kind hervorgerufen werden, sollte beim Erwerb der trennbaren Verben besonders geachtet werden. Gleichlautende trennbare und untrennbare Verben sollten nicht kontrastiv, sondern immer völlig unabhängig voneinander eingeführt und geübt werden, da das Gehirn ähnliche Prozesse gleichzeitig schlecht abspeichert und der Lernerfolg dadurch behindert wird. Wörter, die den Präfixen trennbarer Verben ähneln, sollten zu Übungszwecken **nicht** wie im oben erwähnten Beispiel im selben Satz erscheinen.

Hilfreich ist es, die Zusammengehörigkeit der beiden Verbteile durch eine Symbolik zu unterstützen. Es kann beispielsweise immer eine Schere angedeutet werden, wenn ein trennbares Verb benutzt oder im Infinitiv an die Tafel geschrieben wird. Verbkarten könnten auch demonstrativ durchgeschnitten werden.

Tipps für die Praxis:

Trennbare und untrennbare Verben

4.5.1.

Flaschendrehen

Aktivität zu trennbaren Verben, C

Lernziel

Die Kinder führen Anweisungen aus, die trennbare Verben enthalten.

Vorbereitung

Sie benötigen nur eine gut drehende Plastikflasche oder einen drehbaren Holzzeiger.

Ablauf

Die Kinder sitzen im Kreis, die Flasche wird gedreht, diejenige, auf die die Flasche am Ende zeigt, bekommt eine Aufgabe.

Kannst du mal Selatins Federtasche ***wegnehmen****?* Zu Selatin: *Pass auf, Tara* ***nimmt*** *deine Federtasche* ***weg!*** Selatin darf drehen.

Kannst du mal Vanessas Schnürsenkel ***aufmachen****? Pass auf, Sina* ***macht*** *deine Schnürsenkel* ***auf****.* Sina darf drehen.

Kannst du mal Ahmeds Buch ***einpacken****? Pass auf, Olga* ***packt*** *dein Buch* ***ein****.* Ahmed darf drehen....

Weitere Satzanregungen: *den Turnbeutel hochhängen, den Füller aufdrehen, die Hausaufgaben abschreiben, die Banane aufessen, die Cola austrinken, den Radiergummi hinunterwerfen, die Schnürsenkel zusammenknoten, den Heftumschlag abmachen, das Vokabelheft wegnehmen, die Jacke anziehen* ... und mehr harmlose kleine Boshaftigkeiten

Bemerkungen

Verwenden Sie einfache, aber emotional ansprechende Verben, damit eine Reaktion ausgelöst wird und das Spiel Spaß macht.

4.5.2.

Legen Sie bitte ab

Aktivität zu *anziehen, aufsetzen, umbinden,* C, KV 27 + KV 28

Lernziel

Die Kinder üben die Verben *an-/ausziehen, auf-/absetzen* und *um-/abbinden* und bringen diese in Beziehung zu den entsprechenden Kleidungsstücken.

Vorbereitung

Die Verbkarten auf der Kopiervorlage 28 müssen so oft vervielfältigt werden, dass jeder Mitspieler drei bzw. sechs Verben zur Verfügung hat. Die Verben können auf unterschiedlich farbiges Papier geklebt werden. Die Brettspielvorlage (KV 27) muss vergrößert, evtl. ausgemalt und auf Pappe geklebt oder laminiert werden. Jeder Mitspieler benötigt einen Spielstein und einen Würfel.

Ablauf

Der Spielplan ist ein Rundparcours, so dass es kein Ziel und keine Laufrichtung gibt. Die Kinder laufen von ihrer Startposition um die gewürfelte Augenzahl weiter im Uhrzeigersinn oder entgegen dem Uhrzeigersinn und versuchen auf ein Kleiderfeld zu gelangen. Dort dürfen sie eine ihrer Verbkarten ablegen. Hat das Kind also sechs Verbkarten *anziehen, ausziehen, aufsetzen, absetzen* und *umbinden, abbinden* und erreicht das Feld mit der Mütze, darf es wahlweise sagen:

Ich setze die Mütze auf.

oder *Ich setze die Mütze ab.*

War der Satz richtig, kann es seine Verbkarte in der Mitte des Spielfeldes ablegen. Kommt das Kind wieder auf das Mützenfeld, bleibt nur noch eine Satzmöglichkeit übrig. Betritt es ein drittes Mal das Mützenfeld, hat es kein passendes Verb mehr, das Ereignisfeld bleibt wirkungslos. Wer seine sechs Verben ablegen konnte, hat gewonnen, nimmt sich seine abgelegten Karten aus dem Stapel und schreibt leise an seinem Platz sechs

Sätze ins Heft, damit die anderen noch etwas weiterspielen können.

Bemerkung

Mit einem Kontrollblatt können die Gruppen auch ohne Beisein der LehrerIn spielen. Vereinfacht wird es, wenn jedes Kind nur drei Verbkarten *anziehen, aufsetzen, umbinden* oder *ausziehen, absetzen, abbinden* erhält.

Natürlich kann auch die Konjugation geübt werden, wenn der zu bildende Satz verändert wird.

4.5.3.

Satzrolle für trennbare Verben

Lernhilfe, C, KV 29 + KV 30

Lernziel

Die SchülerInnen erarbeiten in Einzelarbeit und mit Selbstkontrolle Sätze, in denen trennbare Verben vorkommen.

Vorbereitung

Benötigt werden zylinderförmige Chip-Dosen, die rechts und links eine Markierung erhalten. Hergestellt werden Wortstreifen, die sinnvolle Sätze ergeben. Füllen Sie auf der Blankovorlage die Rechtecke mit Nomen und die Ovale mit trennbaren Verben auf, so dass sinnvolle Sätze entstehen. Achten Sie darauf, dass Sie die Satzglieder verwürfelt auf die Zeilen verteilen, sonst muss nur einmal gedreht werden und alle Sätze sind richtig.

Nun laminieren Sie den Bogen und schneiden die Spalten zu Streifen. Kleben Sie die Streifen einzeln leicht drehbar um die Chipdose, am besten nur dort mit einem Streifen Tesafilm, wo sich die Enden überlappen. Markieren Sie am Dosenrand einen Ablesebereich (je ein dicker roter Pfeil rechts und links am Dosenrand).

Ablauf

Die SchülerInnen müssen nun durch richtiges Gegeneinanderdrehen der Streifen die Sätze finden und aufschreiben, damit sie später besprochen werden können.

Die Kinder können auch den Auftrag erhalten, einige der zusammengestellten Sätze beim Aufschreiben noch zu erweitern, damit sie sehen, wie der abgetrennte Verbteil immer weiter nach hinten rutscht. In Gruppen, die dieses nicht allein schaffen, kann die LehrerIn auch Wortkarten mit den Wörtern der Satzrolle und ergänzenden Verlängerungswörtern *(heute, besonders, gern, natürlich ...)* vorbereiten. Damit können die Sätze (mit Magneten) an die Tafel geklebt werden, und man muss bei der Verlängerung den ersten Verbteil wirklich nach hinten schieben.

Bemerkungen

Die Anzahl der Sätze sollte je nach Alter der Kinder angepasst werden. Die 15 Möglichkeiten auf der Blankovorlage sind erst in der vierten Klasse überhaupt einsetzbar, davor genügen auch zehn oder nur fünf.

4.6.

Perfekt und Präteritum

Je nach Flexionsart wird im Deutschen zwischen regelmäßigen und unregelmäßigen Verben unterschieden. Es gibt knapp 200 unregelmäßige deutsche Verben, allerdings sind nur ca. 100 wirklich gebräuchlich.

Das Präteritum findet hauptsächlich in der geschriebenen Sprache Verwendung und drückt Vergangenes in der Erzählform aus. Da es vor allem in Märchen- und Erzähltexten vorkommt, haben DaZ-Kinder in der Regel wenig Erfahrungen mit diesen Verbformen des Deutschen gesammelt. In den ersten Schuljahren genügt das passive Verstehen der unregelmäßigen Formen.

In der gesprochenen Sprache und auch in den ersten selbstverfassten Texten der Kinder wird die Vergangenheit hauptsächlich durch das Perfekt ausgedrückt. Die Kinder müssen also frühzeitig aktiv über die Partizipformen (Partizip II) der unregelmäßigen

Verben verfügen und wissen, mit welchem Hilfsverb es verbunden werden muss. Wichtig: 80% aller Verben werden mit dem Hilfsverb *haben* gebildet.

Was macht das Erlernen der unregelmäßigen Verben im Perfekt und Präteritum so schwierig?

Beim Erlernen des Präteritums werden oft die regelmäßigen Formen der Verben zuerst gelernt, weil sie einfacher sind. Diese ändern ihren Stammlaut nicht *(ich fr**a**ge – ich fr**a**gte – ich habe gefr**a**gt)* und sie bilden das Präteritum mit dem Suffix *-te (du fragst – du frag**te**st).*

In Bezug auf die unregelmäßigen Verben kann es zu einer Übergeneralisierung kommen, wenn ein Kind die regelmäßige Form (1. Person Singular Präteritum Aktiv Indikativ auf *-te*) gelernt und es diese Regel dann auf alle deutschen Verben anwendet *(er sagte – er gehte).* Die Tatsache, dass eine Regel erkannt wurde, muss aber unbedingt positiv gewertet werden.

Im Perfekt ändern einige unregelmäßige Verben nochmals ihren Stammlaut *(ich l**au**fe – ich lief – ich bin gel**au**fen* – keine Änderung, aber: *ich schw**i**mme – ich schw**a**mm – ich bin geschw**o**mmen).* Auch dieses Phänomen führt zur Verwirrung oder zur Übergeneralisierung, wenn die einfachere Form bereits gelernt wurde.

Die Schwierigkeiten, die mit der Trennbarkeit der Verben und der Perfektbildung zusammenhängen, machen vor den unregelmäßigen Verben nicht halt und müssen berücksichtigt werden *(er **lügt** mir etwas **vor** – er hat mir etwas vor**ge**logen,* aber ohne Einschub von -ge: *er **be**lügt mich – er hat mich belogen).*

Auch die drei Verben *setzen, stellen, legen* mit ihren lagebezogenen Gegenspielern *sitzen, stehen, liegen* erleichtern DaZ-Kindern nicht gerade das Sprechen. Die ersten gehören der Gruppe der regelmäßigen Verben an *(er setzte – er hat gesetzt, er stellte – er hat gestellt, er legte – er hat gelegt).* Die zweite Gruppe gehört zu den unregelmäßigen Verben *(sie saß – sie hat gesessen, sie stand – sie hat gestanden, sie lag – hat gelegen).* Hier sind Interferenzen wohl unvermeidbar.

Kleine Auswahlliste der unregelmäßigen Verben im Präteritum und Perfekt für den Anfangsunterricht

Infinitiv	Präteritum	Partizip II
beginnen	begann	begonnen
binden	band	gebunden
bitten	bat	gebeten
bringen	brachte	gebracht
denken	dachte	gedacht
essen	aß	gegessen
fahren	fuhr	ist gefahren
fallen	fiel	ist gefallen
fangen	fing	ist gefangen
finden	fand	gefunden
geben	gab	gegeben
gehen	ging	ist gegangen
gewinnen	gewann	gewonnen
gießen	goss	gegossen
halten	hielt	gehalten
heißen	hieß	geheißen
helfen	half	geholfen
klingen	klang	geklungen
kommen	kam	ist gekommen
laufen	lief	ist gelaufen
lesen	las	gelesen
liegen	lag	gelegen
nehmen	nahm	genommen
nennen	nannte	genannt
rennen	rannte	ist gerannt
rufen	rief	gerufen
schlafen	schlief	geschlafen
schneiden	schnitt	geschnitten
schreiben	schrieb	geschrieben
singen	sang	gesungen
sprechen	sprach	gesprochen
springen	sprang	gesprungen
trinken	trank	getrunken
verlieren	verlor	verloren

Wichtig für das Üben

Aufgrund der geringen Anzahl an unregelmäßigen Verben erscheint eine Einordnung in eine Systematik als Lernhilfe nicht geeignet zu sein. Sie müssen mit ihren veränderten Partizip- und Präteritumformen geübt und durch häufiges Anwenden automatisiert werden.

Auf stures Auswendiglernen der Stammformen sollte dabei unbedingt verzichtet werden. Spielerisch können die Formen aber auch einmal kontextunabhängig als Quartett geübt werden (Verbquartette werden z.B. vom Schubi-Verlag angeboten).

Im Perfekt sind Hilfen in der Wortstellung wichtig, weil im erweiterten Satz die Satzklammer erkannt und geübt werden muss. Hierfür eignen sich Wortkarten bzw. Satzgliedkarten, mit denen die Kinder Sätze legen können und dabei das Hilfsverb vom Partizip II auch mit den Händen trennen müssen.

Tipps für die Praxis: Perfekt und Präteritum

4.6.1.

Verben würfeln

Aktivität zur Konjugation, C

Lernziel

Die Kinder prägen sich die Präteritum- und Perfektformen ein. Dadurch, dass sie die Verben zunächst frei wählen können, haben auch schwächere Kinder eine gute Erfolgschance.

Vorbereitung

Es müssen sechs Grundkarten (gelbe Pappe eignet sich gut) erstellt werden, auf denen in der Mitte die Würfelaugen zu erkennen sind.

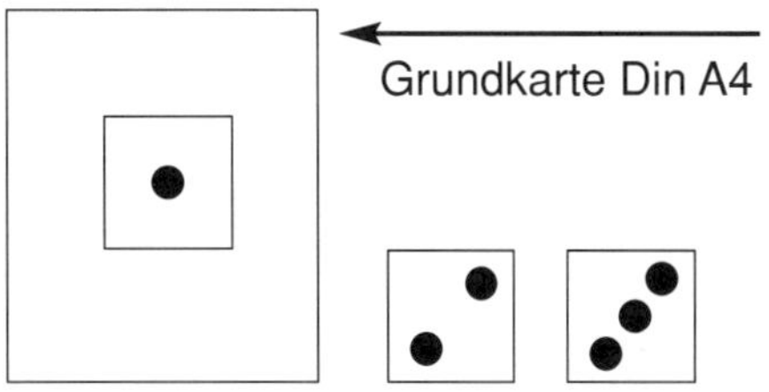

Es werden weiterhin ca. 30 kleine Verbkarten mit unregelmäßigen Verben im Infinitiv benötigt sowie zwei Würfel, einer davon als Konjugationswürfel mit den Personalpronomen *ich, du, er/sie/es, wir, ihr, sie* auf den Seiten.

Ablauf

Je sechs Verbkarten werden auf eine Grundkarte gelegt. Die Spielregel wird erklärt: Es soll mit dem Verb im Präteritum (im zweiten Durchgang im Perfekt) ein Satz gebildet werden. Nun wird mit dem Augenwürfel bestimmt, von welcher Grundkarte sich die SpielerIn eine Verbkarte aussuchen darf. Sie würfelt nun mit dem Konjugationswürfel und erfährt dadurch, in welcher Personalform sie den Satz bilden muss. Wird der Satz richtig gebildet, darf die SpielerIn die Verbkarte behalten. Dadurch reduziert sich auf dieser Grundkarte die Auswahl. Nach einigen Runden, kann eine Grundkarte leer gespielt sein, das ist dann Pech: Der Würfel geht weiter.

Differenzierung

▲ Schwieriger wird es, wenn die Grundkarten 1 – 3 für das Perfekt und die Grundkarte 4 – 6 für das Präteritum stehen. Da heißt es sich zu konzentrieren! Bei dieser Variante kann allerdings die Verbenanzahl halbiert werden, weil jedes Verb doppelt vorkommen kann (auf Grundkarte 1 und 4, 2 und 5 oder 3 und 6).

Bemerkungen

Die Praxis zeigt, dass durchaus nicht immer die vermeintlich einfacheren Verben als erstes ausgewählt werden. Kinder wollen sich im Spiel selbst herausfordern, so dass auch Kinder mit geringerem Sprachvermögen zum Zuge kommen.

4.6.2.

Für Verben werben

Übung zu unregelmäßigen Verben, D

Lernziel

Die Kinder prägen sich durch den Rhythmus die Formen der unregelmäßigen Verben ein. So macht Auswendiglernen richtig Spaß und Sie können die Kinder für die Verben gewinnen.

Vorbereitung

Ein Rap-Text muss erstellt werden oder mit den Kindern selbst erfunden werden. Ein geeigneter Rhythmus sollte auf Kassette zur Verfügung stehen.

Ablauf

Verbreime werden als Sprechgesang mit Gestik oder Mimik unterstützt vorgetragen.

1. singen – sang – gesungen,
   klingen – klang – geklungen,
   da ist mir was gelungen!
2. schwingen – schwang – geschwungen,
   schlingen – schlang – geschlungen,
   das ist mir nicht misslungen!
3. springen – sprang – gesprungen,
   ringen – rang – gerungen,
   das hab ich jetzt verschlungen!
4. spinnen – spann – gesponnen,
   rinnen – rann – geronnen,
   da ist was mit gewonnen!
5. beißen – biss – gebissen,
   schmeißen – schmiss – geschmissen,
   ich bin ganz schön gerissen!
6. fliegen – flog – geflogen,
   biegen – bog – gebogen,
   da hab' ich nicht gelogen!
7. streiten – stritt – gestritten,
   was habe ich gelitten!
8. schwimmen – schwamm – geschwommen,
   das ist auch vorgekommen!
9. frieren – fror – gefroren,
   das hab ich auserkoren!
10. binden – band – gebunden,
    ich hab' genug gefunden!!

Beispiellied:

Die Melodie kann so ähnlich wie „Auf der Schwäb'schen Eisenbahn" sein:

1.	**sin**	**gen**	**–**	**sang**	**–**	**ge**	**sun**	**gen**
	C	C		C		C	F	F
	kurz ,	kurz,		kurz,		kurz,	lang,	kurz
	klin	**gen**	**–**	**klang**	**–**	**ge**	**klun**	**gen**
	D	D		D		D	G	G
	kurz ,	kurz,		kurz,		kurz,	lang,	kurz
	da	**ist**		**mir**	**was**	**ge**	**lun**	**gen**
	G	A		G	A	G	G	F
	kurz,	kurz,		kurz,	kurz,	kurz,	lang,	kurz
Wh	**sin**	**gen**	**–**	**sang**	**–**	**ge**	**sun**	**gen**
	C	C		C		C	F	F
	kurz,	kurz,		kurz,		kurz,	lang,	kurz

Für die Strophen 7 und 8 sowie 9 und 10 funktioniert die Melodie ohne Wiederholung:

9.	**frie**	**ren**	**–**	**fror**	**–**	**ge**	**fro**	**ren**
	C	C		C		C	F	F
	kurz,	kurz,		kurz,		kurz,	lang,	kurz
	das	**hab**		**ich**	**aus**	**er**	**ko**	**ren**
	F	D		D	D	D	G	G
	kurz,	kurz,		kurz,	kurz,	kurz,	lang,	kurz

10.	**bin**	**den**	**–**	**band**	**–**	**ge**	**bun**	**den**
	A	G		A		G	G	F
	kurz,	kurz,		kurz,		kurz,	lang,	kurz
	ich	**hab'**		**ge**	**nug**	**ge**	**fun**	**den**
	F	C		C	D	E	F	F
	kurz,	kurz,		kurz,	kurz,	kurz,	lang,	kurz

Bemerkungen

Durch Klang, Rhythmus und/oder Bewegung prägen sich schwierige Wörter besser ein und die Kinder merken gar nicht, dass sie schwer üben.

4.6.3.

Verb-Viper

Übung zum Präteritum, D

Lernziel

Die Kinder wiederholen die Präteritumformen der unregelmäßigen Verben und erkennen, dass 1. und 3. Person Singular endungslos ist.

Vorbereitung

Es ist empfehlenswert, eine alphabetische Liste der unregelmäßigen Verben mit den Kindern zu erstellen, oder einen Text vorzubereiten, aus dem die Verben herauszusuchen sind.

Ablauf

Ein Kind nennt ein unregelmäßiges Verb im Präteritum: z. B. *er lo**g***.

Nun muss ein zweites Verb gefunden werden, das mit dem letzten Buchstaben des genannten Verbs, also mit *g* beginnt:

z. B. *er **g**os**s**,* die Reihe wird fortgesetzt *er **sah** – er **h**iel**t** – er **t**ra**t** – er **t**ran**k** – er **kam** ...*

Bemerkungen

Dadurch, dass unregelmäßige Verben im Präteritum der 1. und 3. Pers. Sg. endungslos sind, entsteht eine wirkliche Wortschlange (die Verb-Viper), denn die Stämme enden mit unterschiedlichen Buchstaben.

Diese Übung kann auch als Wettkampf gespielt werden, dann spielen mehrere Gruppen gegeneinander: z.B. an der Tafel. Das Startverb wird vorgegeben, zehn weitere Verben müssen wie oben beschrieben gefunden werden. Die Gruppe, die das als erste richtig geschafft hat, ist Siegerin. Wurden zehn Verben hingeschrieben, unterbrechen alle ihre Verbschlangen und die Spielleiterin überprüft die Schnellsten. Sind alle Formen korrekt, ergeben sich 10 Punkte. Die erreichte Anzahl korrekter Formen der anderen Mannschaften wird auch notiert. Bei mehreren Durchgängen können sie wieder aufholen oder zurückfallen. Waren die Formen fehlerhaft, zählen auch für die erste Gruppe nur die richtigen Verben.

Für diese Übung bietet sich auch das Arbeiten mit dem Schülerduden an.

4.7. Präpositionen

Der Gebrauch von Präpositionen allgemein erweist sich für DaZ-Kinder als schwierig, weil sie die „kleinen“ Wörtchen nicht als sinntragende Elemente im Satz erkennen. Oft reichen Schlüsselbegriffe im Satz, um einen sinnvollen Bezug herzustellen. *Sie geht ... Schule* genügt im Normalfall, um zu verstehen, dass sie in die Schule geht. Leider sind die Zuordnungen nicht immer so eindeutig *(Er ruft in den Raum – Er ruft im Raum),* so dass die Präposition zusammen mit dem Kasus des Nomens eine wichtige semantische Rolle zufällt, die erworben werden muss.

Es fällt aber auf, dass die Sprache der Jugendlichen mehr und mehr ohne Präpositionen auskommt – und wenn sie benutzt werden, dann häufig ohne Kasusbezug *(Ich bin heute lange in Schule.).* Auch die Zahl der verwendeten Präpositionen wird auf ein Minimum beschränkt (*in* und *bei* für alle Lagebeziehungen).

Was macht das Erlernen so schwierig?

Der benötigte Kasus ist im Satz nicht immer sofort ersichtlich, da sich die selbst schon meist sehr kurzen Präpositionen durch Zusammenziehung mit dem Artikel zu einem neuen Kurzwort verändern und das Kasussignal quasi verschlucken *(am, aufs, beim, im, ums, vom zur...).*

Einige Präpositionen werden im Deutschen nachgestellt (Postposition), wodurch für DaZ-SchülerInnen das Bezugswort schwerer erkennbar wird *(meiner Meinung **nach**, die Straße **entlang**, der Schule **gegenüber**).*

Besonders in Sach- und Zeitungstexten kommt es häufig zu Reihungen von Präpositionen, durch die das Textverständnis sehr erschwert wird *(**mit vor** Wut blitzenden Augen, **in über** dem Meeresspiegel gelegenen Ortschaften).*

Präpositionen erfüllen die Aufgabe, eine Beziehung zwischen dem von ihr abhängigen Nomen und einem anderen Wort herzustellen. Diese Beziehung kann nun aber unterschiedlicher Art sein, obwohl die selben Präpositionen genommen werden. Sie können Raum-, Zeit-, Modal- oder Kausalbeziehungen ausdrücken. Allein die Präposition *in* repräsentiert die drei ersten Beziehungsmöglichkeiten *(in die/der Klasse, in zwei Stunden, in Ruhe)* und nicht immer folgt derselbe Fall bzw. nicht immer folgt das Artikelwort.

Damit ist die letzte Schwierigkeit, die mit Präpositionen verbunden ist, angesprochen: die Rektion.

Die meisten Präpositionen erfordern glücklicherweise nur einen Kasus, nur die so genannten Wechselpräpositionen wechseln je nach semantischer Funktion zwischen Dativ und Akkusativ.

Kleine Grammatik der Wechselpräpositionen

Den Dativ oder den Akkusativ regieren folgende Präpositionen:

über, in, an, auf und ***zwischen***
hinter, neben, vor und ***unter***

Ist die Tätigkeit, an die sich die Präposition anknüpft, **nicht zielgerichtet** sondern auf eine **Lage** bezogen, so steht der **Dativ**. (Wo?)

Ist sie **zielgerichtet**, drückt das Verb eine Bewegung auf etwas hin aus, so folgt der **Akkusativ**. (Wohin?)

Wichtig für das Üben

Für die auf Raumbeziehungen gerichteten Präpositionen drängt sich das Üben in Verbindung mit echter Handlung förmlich auf.

Hier ist Bewegung nötig, denn die oft gestellte Frage *Wo oder Wohin?* hilft DaZ-Kindern, die ein Sprachgefühl ja erst aufbauen müssen, nicht weiter.

Zahlreiche Verben erfordern einen Präpositionalkasus *(mit jmd. spielen, sich vor jmd. fürchten...)* und müssen so auch eingeführt und im Satzzusammenhang geübt werden. Besondere Beachtung müssen in diesem Zusammenhang die Verben *sitzen, stehen, legen – (sich) setzen, (sich)stellen, (sich) legen* finden, denn hier kommt es durch die Häufung der Schwierigkeiten zu den meisten Fehlern.

Wenn mit den Kindern die unterschiedliche Bedeutung der Wechselpräpositionen geübt werden soll, ist eine strikte Trennung der beiden Kasus erforderlich, sonst entsteht oder bleibt nur Verwirrung.

Obwohl wir in authentischen Sprechakten normalerweise einzelne Wörter nicht durch eine übertriebene Betonung hervorheben, ist vielleicht dieses Vorgehen in Übungssituationen zum Thema Präposition ausnahmsweise zulässig, damit diese „Wörtchen“ überhaupt bei den Kindern Beachtung finden.

Tipps für die Praxis: Präpositionen

4.7.1.

Schnell weg hier!

Aktivität zu Richtungspräpositionen, A

Lernziel

Die Kinder erfassen sinnlich die Bedeutung der richtungsmäßigen Präpositionen.

Vorbereitung

Ein großer Klassenraum oder eine Turnhalle mit einigen Geräten sowie ein Kassettenrekorder mit Musik werden benötigt.

Ablauf

Die Kinder gehen oder laufen zur Musik durch den Raum. Wenn die Musik stoppt, ruft die SpielleiterIn:

Es regnet, schnell unter den Tisch!
Ein Auto kommt, schnell an die Wand!
Keiner soll euch sehen, schnell hinter das Sofa! ...

Oder nur:
Schnell unter den Tisch!
Schnell an die Wand! ...

Bemerkungen

Dadurch, dass die Kinder schnell reagieren sollen, kann die Lehrerin gut beobachten, welche Präpositionen gut automatisiert sind und welche Kinder Probleme haben.

4.7.2.

Sachen verstecken

Aktivität zu Lagepräpositionen, B

Vorbemerkung/Lernziel

Die Kinder erfassen sinnlich die Bedeutung der lagemäßigen Präpositionen.

Ablauf

Ein Kind verlässt die Klasse, die anderen verstecken einen von ihm vorher bestimmten Gegenstand. Das Kind wird hineingebeten und muss nun durch Fragen herausfinden, wo der Gegenstand versteckt wurde.

Die Anzahl der Fragen wird gezählt. Sieger ist, wer die **meisten** Fragen stellen musste, ehe er das Versteck herausgefunden hat.

Bemerkungen

Die etwas ungewöhnliche Gewinnsituation hat zum einen den Vorteil, dass die anderen Kinder das Versteck nicht verraten; zum anderen soll damit deutlich werden, dass man durch häufiges Fragen einen persönlichen Gewinn hat.

4.7.3.

Wo oder wohin?

Übung zu Wechselpräpositionen, C

Lernziel

Wechselpräpositionen sollen als solche erkannt werden, wobei es in einem ersten Schritt genügt, wenn die Kinder erkennen, dass auf die Frage *wo?* und *wohin?* unterschiedliche Antworten gegeben werden müssen.

Die Kinder sollten die Bedeutung der verschiedenen Präpositionen bereits kennen und möglichst auch wissen, dass danach ein bestimmter Fall kommt.

Vorbereitend stellen Sie verschiedene Sachen auf einen Tisch.

Ablauf

Die Kinder treten an den Tisch und benennen zunächst, was auf dem Tisch steht.

Danach beantworten sie die Frage: *Wo steht der Locher? Wo liegt das Buch? etc.* Die Antwort wird schnell langweilig, denn die Antwort lautet jedes Mal: *... auf dem Tisch.* Um das zu betonen oder zur Vereinfachung können die Kinder auch nur den Ort angeben. Zusammenfassend wird festgehalten: Frage: *Wo sind die Sachen?* Antwort: *auf dem Tisch.*

Jedes Kind und die Lehrkraft nehmen sich eine Sache. Die Lehrkraft legt ihre Sache auf den Tisch zurück und kommentiert während der Bewegung: *Ich lege ... auf den Tisch.* Sie fordert ein Kind auf, das gleiche zu tun und zu sagen. Vermutlich verwendet das Kind nicht den Akkusativ *(auf den Tisch),* sondern hält am Dativ *(auf dem Tisch)* fest. Es wird durch die Frage *Wohin legst du ....?* korrigiert. Weitere Kinder legen ihre Sachen auf den Tisch und sagen (ggf. auf explizite Nachfrage), wohin sie die Sachen legen oder stellen. Zur Vereinfachung können die Kinder auch nur die Richtung nennen. Zusammenfassend wird festgehalten: Frage: *Wohin legen oder stellen wir die Sachen?* Antwort: *auf den Tisch.*

Die Kinder überlegen, was sich verändert hat: *Erst sagten wir,* ***wo*** *die Sachen sind. Jetzt sagen wir,* ***wohin*** *wir sie legen? Dabei wird aus dem den und aus liegen wird legen.* Oder grammatikalisch formuliert:

Wo?	**Wohin?**
= Präposition + Dativ	= Präposition + Akkusativ

Wo?	**Wohin?**
= Positionsverb	= Richtungsverb

Die Kinder üben weiter Wechselpräpositionen + Akkusativ, indem sie dieselben Sachen an andere Orte legen und ihr Tun kommentieren oder andere Kinder auffordern: *Lege das Buch unter den Tisch, neben den Stuhl, vor die Tafel, zwischen die Hefte, hinter die Tür, in den Papierkorb, an die Wand, über den Locher etc.*

Erst nachdem das gefestigt ist, fordern Sie die Kinder auf zu sagen, wo die Sachen jetzt liegen.

Bemerkungen

Wechselpräpositionen sind sehr schwierig, denn sie setzen einen kompetenten Umgang mit den Fällen voraus. Sie bereiten auch nach einer soliden Einführung noch Schwierigkeiten, doch sie sind in besonderem Maße geeignet, über Sprache nachzudenken.

Wichtig ist, dass Sie beide Verwendungen erst mischen, wenn das Prinzip durchschaut und die Kinder einigermaßen sicher sind. Dabei helfen die entsprechenden Fragen: wo oder wohin.

▼ Die Kinder beschreiben ihr Klassenzimmer zunächst mittels der Positionsverben *(liegen, stehen, sitzen, hängen, stecken),* wobei *stecken* vielleicht besonders eingeführt werden muss. Anschließend erzählen sie mittels Richtungsverben *(legen, stellen, setzen, hängen, stecken),* wer was wohin getan hat.

Schwieriger aber auch interessanter wird es, wenn sie ihr Zimmer bzw. ein Zimmer ihrer Wohnung mittels Positions- und Richtungsverben beschreiben.

4.7.4.

Lückenbüßer

Übung zur akustischen Differenzierung, D

Lernziel

Die Kinder lernen, auf Feinheiten der deutschen Sprache zu achten.

Vorbereitung

Ein Vorlesetext mit vielen Präpositionen muss vorhanden sein. Ein Gong oder Klangstab ist nötig.

Ablauf

Der Text wird langsam einmal, evtl. auch zweimal vorgelesen. Die Kinder werden um Konzentration gebeten. Nun wird der Text als Lückengeschichte vorgetragen, wobei die Präpositionen durch einen Klang ersetzt werden und von den Kindern richtig ergänzt werden sollen.

Differenzierung

▲ Erschwert wird die Übung, wenn nicht nur die Präposition, sondern auch das folgende Artikelwort im richtigen Kasus ergänzt werden soll.

4.8.

Satzmuster: Operationale Verfahren

Beim Sprechen und Schreiben kommen Wörter selten allein vor, eigentlich nur bei Ausrufen wie *Raus! Stopp!* oder als Antworten auf Fragen: *Wie geht es dir? – Gut!*

Äußerungen, die aus mehreren Wörtern bestehen und nach gewissen Regeln miteinander verbunden sind, nennt man Sätze. Sätze werden nach immer wiederkehrenden Mustern gebaut, die je nach Text verschieden ausgeformt sind. Satzmuster (auch Satzbaupläne genannt) sind in jeder Sprache zentraler Aspekt der Grammatik.

DaZ-Kinder müssen Sätze richtig bilden können, damit sie sich eindeutig ausdrücken können. Sätze darüber hinaus in ihrer Struktur zu durchschauen, ist eine wichtige Voraussetzung, um auch Texte, die nicht situativ eingebunden sind, verstehen zu können. Dies ist eine Schlüsselaufgabe für jeden Unterricht.

Welche Satzmuster sind für DaZ-Kinder schwer zu lernen?

Einfache Satzmuster verwenden DaZ-Kinder meist von Anfang an weitgehend richtig, allerdings entsprechen die so gebildeten Sätze nicht immer in allen Elementen der Norm: *Da pustet er den plastik ente.* Dieser Satz zeigt ein korrektes Satzmuster für einen Aussagesatz, enthält aber Normverstöße in der Deklination *(der Plastikente)* und bei der Verbklammer (am Ende des Satzes fehlt *auf* von *aufpusten*).

Das Beispiel zeigt, dass sich Probleme mit der Deklination und Konjugation, mit trennbaren Verben und zusammengesetzten Verbformen sehr wohl isoliert beschreiben lassen. Dennoch sollten diese grammatischen Phänomene unbedingt (auch) im Kontext von Sätzen geübt werden. Denn nur dann können die Kinder frühzeitig die Funktion grammatischer Markierungen im Satz entdecken und verstehen. Eine Vorstellung von Satzstrukturen brauchen sie spätestens dann, wenn sie auch komplexe Satzmuster wie Satzreihen (aus gleichrangigen Sätzen) und Satzgefüge (Haupt- und Gliedsätze) erschließen und produzieren.

Kleine Grammatik der Satzmuster

Satzmuster unterscheiden sich im Wesentlichen nach Zahl und Art der verwendeten Satzglieder[14].

1) Einfacher Satz: *Hans trinkt (Saft).*

Ein einfacher Satz enthält mindestens ein Subjekt und ein Prädikat. Ist das Verb transitiv (z.B. *sehen, essen, tragen, malen, schreiben, spielen, lernen, reparieren, suchen, finden, mögen etc.),* so muss der Satz auch ein Akkusativobjekt enthalten.

Anhand einfacher Sätze kann Kindern besonders gut die Grundstruktur des Satzes vermittelt werden. Im Einzelnen heißt das:

- Von besonderer **Bedeutung ist das Verb**, das über die Anzahl und Art der Ergänzungen entscheidet. Neben den transitiven Verben, die den Akkusativ regieren, gibt es Verben die den Dativ regieren *(helfen, gehören, begegnen).*

  Zu beachten ist auch, dass das Verb *sein* eine weitere Nominativergänzung fordert, z.B.: *Ich bin Hasan. Du bist ein Junge.*
- Die **Verbklammer** wird bei trennbaren Verben *(Er macht die Tür zu.),* bei zusammengesetzten Zeiten *(Er hat seinen Saft getrunken.)* und bei Modalverben mit Infinitiv *(Sie kann sehr gut lesen.)* gebildet.
- Jeder Satz hat mindestens ein **Subjekt.** Eine kindgemäße Umschreibung könnte lauten: Es muss klar sein, wer etwas tut. Das Subjekt kann ein Nomen oder ein Pronomen sein.
- Zwischen **Subjekt und Verb/Prädikat**[15] existiert eine grammatische Kongruenz, d.h. beide sind aufeinander abgestimmt.
- Im Zusammenhang damit lässt sich auch die **Konjugation** des finiten Verbs thematisieren, die sich nach dem Subjekt richtet.
- Hinzu kommt die Bildung der Akkusativergänzung und ggf. auch der Dativergänzung, d.h. die **Deklination** der Nomen.
- Ein Satz ergibt kontextfrei einen Sinn. Eine kindgemäße Umschreibung könnte lauten: Es muss klar sein, was passiert – auch ohne hinzugucken oder zu wissen, was vorher gesagt wurde.
- Ein Hauptsatz enthält kein Element, das ihn anderen Einheiten unterordnet (z.B. eine

14 Den Ausführungen liegt die Valenzgrammatik zugrunde, die das Verb als zentrales, strukturierendes Element des Satzes versteht. Entsprechend finden Sie im Folgenden analog zu „Satzgliedern" die Bezeichnung „Ergänzungen zum Verb", „Nominativergänzung" statt „Subjekt" etc.

15 Mittlerweile wird in vielen Grammatiken auch das Prädikat nicht mehr als Satzglied, „sondern als strukturelles Zentrum des Satzes, von dem aus die Satzglieder aufgerufen werden" (Dudengrammatik 1984, S. 567), betrachtet. Das legt eine gleichsetzende Verwendung der Begriffe Verb und Prädikat nahe.

Konjunktion). Diese Aussage ist für DaZ-AnfängerInnen zu vernachlässigen. Sollten aber alleinstehende *weil*- oder *dass*-Sätze vorkommen, so kann man auch hier erklären, dass z.B. *weil ich keine Lust habe* kein vollständiger Satz ist, da das nur versteht, wer auch weiß, wozu die Person keine Lust hat. Sagt man aber: *Ich komme nicht, weil ich keine Lust habe* ist das ohne Weiteres zu verstehen.

2) **Erweiterter Satz:** *Hans trinkt jeden Tag ein großes Glas Saft.*

Erweiterte Sätze enthalten neben Subjekt, Prädikat und Akkusativobjekt auch Attribute (Beifügungen, z.B. Adjektive, die ein Nomen näher bestimmen *großes*) und Adverbiale (Umstandsbestimmungen, z.B. Orts- oder Zeitangaben *jeden Tag*).

- Ausgehend von Attributen in erweiterten Sätzen lässt sich die **Adjektivdeklination** bzw. die Deklination mehrteiliger Gruppen (Adjektiv und Nomen) vertiefen.
- Am Beispiel von Sätzen mit Orts- und Zeitangaben oder auch anderen adverbialen Bestimmungen lässt sich die **Inversionsregel** erläutern:

  Hans trinkt Saft. – Jetzt trinkt Hans Saft.

  Inversion bedeutet hier also: Wenn der Satz mit einem Attribut beginnt, bleibt das Verb an zweiter Stelle, aber das Subjekt wird hinter das Verb, an die dritte Stelle, verschoben.

3) **Komplexer Satz:**

Komplexe Sätze kommen erst am Ende der Grundschulzeit vor und sollen deshalb hier nur der Vollständigkeit halber genannt werden.

- **Satzreihe:** *Hans trinkt Saft, Helma trinkt Wasser, Hilde isst einen Salat und Gregor schaut zu.* (Aneinanderreihung gleichberechtigter geordneter Sätze).
- **Satzgefüge:** *Hans, der sich beim Fußball immer verausgabt, trinkt nach dem Spiel und auch ansonsten sehr gerne ein Glas Saft.* (Satzgefüge aus Haupt- und Nebensätzen).

Satzarten:

Betrachtet man die Funktion von Sätzen, also das, was man damit machen kann (fragen, antworten, etwas mitteilen, sich entschuldigen etc.) so sind folgende **Satzarten** zu unterscheiden:

- **Aussagesatz:**

  Die Kinder gehen in die Schule.
- **Fragesatz:**

  Entscheidungsfrage:

  Gehst du in die Schule?

  Frage mit Fragepronomen:

  Wohin gehst du?
- **Aufforderungssatz:**

  Gib mir (bitte) den Stift!

Aussagesatz und Entscheidungsfrage unterscheiden sich durch die Stellung des Verbs (an zweiter bzw. an erster Stelle).

Beim Aufforderungssatz steht das Verb auch an erster Stelle, allerdings im Imperativ.

Wichtig für das Üben: Operationale Verfahren

In Übungsphasen findet (im Unterschied zu anderen Phasen des Unterrichts) eine Konzentration auf die bewusst zu machende Struktur statt. Sprachliche Strukturen sollen also nicht nur richtig angewandt, sondern darüber hinaus bewusst werden.

Hilfreich für Satzmusterübungen sind operationale Verfahren, die nicht nur im DaZ-Unterricht, sondern auch im regulären Deutschunterricht genutzt werden, um grammatische Strukturen zu erkennen und zu entfalten. Es handelt sich dabei um folgende Verfahren:

- **Verschiebeprobe**

  Die Verschiebeprobe eignet sich zur Übung und Festigung von Satzbauplänen, zum Bestimmen von Satzgliedern.

  Ebenfalls kann mit ihr die Stellung des Verbs im Aussage-, Frage- sowie im Haupt- und Nebensatz geübt werden. Darüber hinaus verdeutlicht die Verschiebeprobe auch den

Kontext des Satzes. Am Anfang steht oft das, was sich aus dem Vorhergesagten ergibt bzw. sich darauf bezieht.

Morgen gehe ich in die Schule.
Ich gehe morgen in die Schule.
In die Schule gehe ich morgen.

- **Weglassprobe**

Die Weglassprobe eignet sich ebenfalls zur Bestimmung von Satzgliedern und zur Festigung von Satzbauplänen.

Insbesondere ist sie notwendig, um zu klären, welche Ergänzungen ein Verb benötigt bzw. welche optional sind.

Ich habe schon gestern für Peter ein Buch gekauft.

Ich habe ein Buch gekauft.

- **Erweiterungsprobe**

Die Erweiterung kann innerhalb eines Satzglieds erfolgen oder es werden weitere Satzglieder ergänzt: *Ich kaufe ein Eis. Ich kaufe ein großes Eis. Ich kaufe am Nachmittag ein großes, mit Schokolade überzogenes Eis.* Dieses Verfahren verfolgt ähnliche Ziele wie die Weglassprobe. Sie verstärkt allerdings den produktiven Bereich, da die SchülerInnen bei einer solchen Übung z.B. Satzstrukturen und Verbeigenschaften nicht nur erkennen, sondern auch umsetzen müssen.

Erhan spielt Fußball.
Erhan spielt mit Sven Fußball.
Erhan spielt mit Sven in einer Mannschaft Fußball.

- **Ersatzprobe**

Ersatzproben beziehen sich auf einzelne Satzglieder (wie z.B. auf Akkusativergänzungen in dem Lied *„Jetzt zieht Hampelmann sich seine Hose/seinen Pulli..." an)* und unterstützen den Erwerb von Kasusformen.

Mit der Ersatzprobe können aber auch Pronomen oder verschiedene Zeitformen in den Mittelpunkt gestellt werden.

- **Umschreibung**

Schneller! Nun mach doch mal! Bitte beeil' dich. Wie lange dauert das denn? etc.

Übungen zur Umschreibung unterstützen nicht nur den Wortschatzerwerb, sondern schulen auch Ausdrucksvermögen und situationsangemessenes Sprechen.

- **Umformungsprobe**

Die Umformung eignet sich zur Bildung (oder Auflösung) von Satzgefügen und Satzverbindungen, zum Gebrauch (oder Erkennen) von Konjunktionen und Relativpronomen sowie zur Unterscheidung der Verbstellung in Haupt- und Nebensatz.

Tanja bekam einen Fußball. Der Ball ist aus Leder.
Tanja bekam einen Fußball, der aus Leder ist.
Tanja bekam einen Lederfußball.

Dieses Verfahren wird hier der Vollständigkeit halber genannt, es kommt jedoch in der Regel nicht vor dem Ende der vierten Klasse zum Einsatz.

Alle Übungen im Zusammenhang mit den vorgestellten operationalen Verfahren sollten spielerisch gestaltet werden. Geeignet sind Lieder und Kinderbuchtexte, v.a. wenn sie mit wiederkehrenden Satzmustern arbeiten. Wichtig ist dabei allerdings, dass die Kinder diese Muster nicht nur rezeptiv aufnehmen, sondern auch selbst produzieren, z.B. durch Variationen auf das vorgestellte Lied oder Gedicht.

Hilfreich für das Bewusstmachen grammatischer Strukturen ist die Verwendung einer Symbolik wie der folgenden, die immer wieder zum Einsatz kommt und die auch hilft, eine grammatische Terminologie aufzubauen und zu festigen.

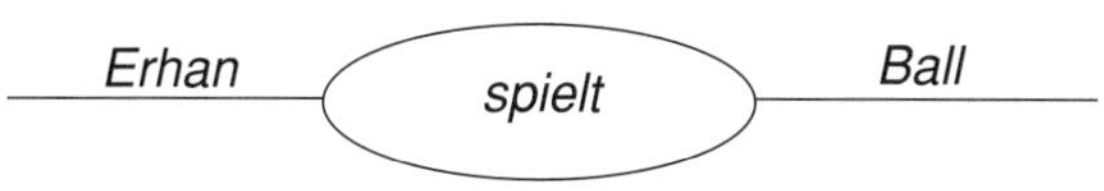

Satzmuster für Aussagesätze.

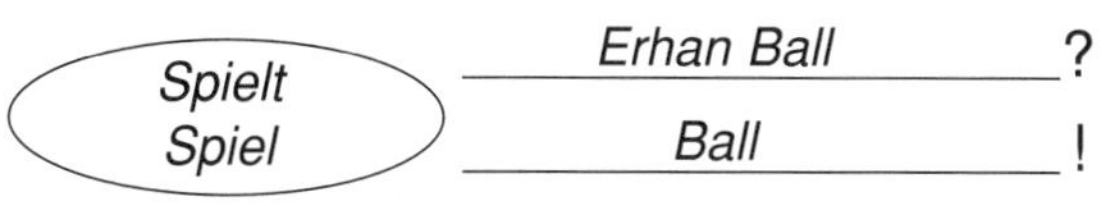

Satzmuster:
Satzfrage (?) + Aufforderungssatz (!)

Tipps für die Praxis: Satzmuster: Operationale Verfahren

4.8.1.

Quartett

Aktivität zu den Satzarten, A

Vorbemerkung

Die Kinder verwenden während des Kartenspiels Aussage-, Frage- und Aufforderungssatz:

Ich möchte … . Hast du …? Gib mir … !

Ablauf

Mit Hilfe von Bildern verschiedener Kleidungsstücke wird ein Quartett hergestellt. Immer vier Kleidungsstücke, die sinnvoll zusammen gehören, werden zu einem Quartett gruppiert (z.B. Sandalen, Schuhe, Stiefel, Turnschuhe). Auf jeder Karte steht, welche Dinge ein Quartett bilden.

Die Kinder versuchen, von den anderen Mitspielern die Karten zu bekommen, die ihnen für ein Quartett fehlen, indem sie die drei Grundformen des Satzes verwenden.

Bemerkungen

Dieses Spiel lässt sich natürlich auch mit anderem Wortschatz in gleicher Weise durchführen: Tiere, Schulsachen, Haushaltsgegenstände, Möbel, Spielsachen/-geräte, Fahrzeuge etc.

Die Einführung der Quartettkarten kann dazu genutzt werden, zu den zusammengehörenden Karten einen Oberbegriff zu finden.

4.8.2.

2 Wörter = ein Satz?

Übung zum einfachen Satz, B

Lernziel

Die Kinder sollen zunächst ein Gefühl für die Abgeschlossenheit eines Satzes mit einer Nominativergänzung entwickeln.

Ablauf

Kinder benennen, was sie den ganzen Tag über in der Schule tun: *lesen, schreiben, sitzen, stehen, rennen, spielen, streiten, essen, trinken, singen* etc.

Sie bilden daraus Sätze. Die Lehrkraft sammelt die Sätze an der Tafel und korrigiert dabei – ohne weiteren Kommentar – evtl. vorhandene Fehler in den Flexionsendungen oder fehlende bzw. falsche Artikel. Ein fehlendes Subjekt wird allerdings systematisch erfragt: *Wer schreibt ins Heft?* oder: *Ist die Aussage klar? Was fehlt denn hier?*

Nun wird (per Weglassprobe) entschieden, was man alles weglassen kann, damit es noch ein Satz ist. Anhand der oben genannten Tätigkeitsverben wird schnell deutlich, dass ein Satz mindestens aus einem Verb mit Nominativergänzung (Subjekt) besteht.

Die Lehrkraft führt die Symbolik für das Verb ein, ggf. auch für die Nominativergänzung. Per Erweiterungsprobe erweitert sie bei einigen gebildeten Sätzen die Nominativergänzung, damit die Kinder erkennen: Die Nominativergänzung kann aus mehr als einem Wort bestehen, ohne dass sich die Kern-Struktur des Satzes verändert:

Er schreibt.
Hasan schreibt.
Der schlaue Hasan schreibt.

Vertiefung

Die Kinder übersetzen die Sätze in ihre Erstsprache. Falls das zu schwierig ist, bilden sie ähnliche Sätze in ihrer Erstsprache und reduzieren auch diese Sätze auf ihren Kern. Sie erkennen Parallelen (Nominativergänzung und Verb) und ggf. Unterschiede wie: Im Türkischen (und z.B. auch im Italienischen) muss die Nominativergänzung nicht unbedingt in Form eines Nomens oder eines Pronomens stehen, vielmehr kann sie auch allein in der Verbendung enthalten sein. Diese Erkenntnis sensibilisiert für sprachliche Unterschiede, unterstreicht die Notwendigkeit der expliziten Nennung des Subjekts im Deutschen und richtet zugleich die Aufmerksamkeit auf die Bedeutung und Funktion der Verbendungen.

Es lässt sich hier eine Konjugationsübung anschließen: Die Kinder überlegen, wie der Satz (*Hasan schreibt.)* lauten muss, wenn man sagen will, dass *ich, du* oder auch *wir* schreiben.

Sinnvoll ist dabei auch Nomen einzubeziehen wie *die Klasse* (Singular, obwohl es viele Kinder sind!) oder *die Eltern* (Plural, obwohl die beiden Personen für manche Kinder als Einheit und deshalb im Singular gedacht werden), denn DaZ-Kinder zeigen oft Schwierigkeiten, eine Konkordanz zwischen solchen Nomen und dem Verb herzustellen.

Differenzierung

▲ Die Lehrerin gibt die Verben *holen, sehen, kaufen, machen* und *sagen* vor. Die Kinder bilden erneut Sätze und erkennen, dass diese Verben außer der Nominativergänzung eine weitere Ergänzung brauchen, um damit einen Satz zu bilden.

4.8.3.

Ich und du – was tun wir?

Übung zur Konjugation, B, KV 31 + KV 32

Lernziel

Die Kinder sollen das Prinzip der Konjugation entdecken und die Bedeutung der Personalpronomen absichern.

Ablauf

Die Kinder benennen (ggf. anhand einer Bildszene), was einzelne Kinder machen: *Özgür rennt. Selma spielt. Drei Kinder tanzen. Ich schreibe.*

Die Lehrkraft greift bei Bedarf steuernd ein, damit regelmäßige Verben verwendet und die richtigen Verbformen genannt werden. Sie etabliert (ggf. durch die Ersatzprobe) die Personalpronomen: *ich, er/sie* und *sie* (Plural).

Anschließend erhalten die Kinder Wortkarten (mit Verben in der 1. und 3. Person Singular und der 3. Person Plural im Präsens) und finden dazu Subjekte oder ordnen vorgegebene Subjekte zu (vgl. KV 31 + 32).

Die Sätze werden an der Tafel so geordnet, dass verschiedene Verben in der 1. und 3. Person Singular und in der 3. Person Plural untereinander stehen.

Die Kinder finden eine Regel für die Verbendungen *(ich -e, er/sie/es -t, sie -en.)*

Anschließend finden sie heraus, wie die Endungen in der 2. Person Singular *(du -st)* und Plural *(ihr -t)* heißen. Eventuell muss die Bedeutung von ihr deutlich gemacht werden. Dazu teilen Sie die Kinder in Gruppen, eine setzt sich hin, die andere bleibt stehen. Jede Gruppe sagt, was sie und was die andere Gruppe tut: *Wir sitzen. Ihr steht.*

Die angefangene Tabelle mit den Verbendungen im Singular wird vervollständigt, ggf. auch in die übliche Reihenfolge gebracht *(ich, du, er/sie/es, wir, ihr, sie).* Nun wird ihre Reichweite überprüft, indem die Kinder weitere Verben (z.B. aus dem Schulalltag, aus dem Bereich der Fortbewegung von Mensch und Tier etc.) sammeln und testen, ob die Regeln immer stimmen – auch bei unregelmäßigen Verben *(ich lese, sie liest).*

Die Kinder schreiben ein kleines Gedicht nach folgendem Muster:

ich schreibe
du liest
und was tut er/sie/es?
wir schreiben
ihr lest
und sie tun nichts

Differenzierung

▲ Sie sagen: *Ich bin Frau/Herr...* und fragen ein Kind: *Und wer bist du?* Das Kind antwortet: *Ich bin ...* Es fragt ein weiteres Kind: *Und wer bist du?*

Nach einer gewissen Zeit schalten Sie sich wieder ein und fragen zwei Kinder: *Wer seid ihr?* Können die Kinder die korrekte Antwort *(Wir sind ... und ...)* nicht geben, so sprechen Sie sie ihnen vor. Die Konjugation des Verbs *sein* wird an der Tafel in ganzen Sätzen festgehalten:

Ich bin ich.
Du bist du.
Er ist ein Junge./Sie ist ein Mädchen.
Wir sind Kinder.
Ihr seid unsere Freunde.
Sie sind auch Schüler.

Da die Kinder bereits wissen, was eine Nominativergänzung ist, überlegen sie, in welchem Fall die zweite Ergänzung hier steht.

4.8.4.

Wäsche waschen

Übung zur Akkusativergänzung, B

Lernziel

Das Satzmuster Subjekt + Prädikat + Akkusativergänzung ist mit Abstand das meistgebrauchte Satzmuster in der deutschen Sprache. Auszählungen deutschsprachiger Texte ergaben eine Häufigkeit zwischen 26% und 30% (vgl. Dudengrammatik 1984).

Bei dieser Übung wird dieses Satzmuster mit dem Thema „Kleidung" und dem Handlungsablauf des Wäschewaschens verbunden. Natürlich sind auch andere Handlungskontexte denkbar (vgl. unten). Allerdings erscheint es sinnvoll, während der Übung bei einem Handlungskontext zu bleiben, um die Konzentration auf das Satzmuster und die Bedeutung der Verben für die Akkusativergänzung zu lenken.

Lernziel ist es, zu erkennen, dass es Verben gibt, die für die Abgeschlossenheit des Satzes zwingend zwei unterschiedliche Ergänzungen (Subjekt und Akkusativ-Ergänzung) verlangen. Besonderes Augenmerk ist auf die Bildung des Akkusativs bei maskulinen Nomen zu richten, denn dort (aber auch nur dort) ändert sich der Artikel.

Ablauf

In einem Wäschekorb sind Bild-Wortkarten von Kleidungsstücken (oder Puppenkleider oder echte Kinderkleider). Die Kinder nehmen sich eines heraus und benennen es: *die Hose, das Kleid, der Rock, die Socken* etc.

Die Lehrkraft legt ihr Wäschestück in die Waschmaschine (oder eine Waschschüssel) und sagt dazu: *Ich wasche das Kleid.* Anschließend fordert sie ein Kind auf, das gleiche zu tun. Dieses fordert ein weiteres Kind auf, bis alle Kleidungsstücke in der Waschmaschine (oder in der Waschschüssel) liegen. Anschießend überlegen die Kinder, was mit den Artikeln passiert ist.

- *Die Hose ist schmutzig. Ich wasche die Hose.*
- *Das Kleid ist schmutzig. Ich wasche das Kleid.*
- *Die Socken sind schmutzig. Ich wasche die Socken.*
- *Der Rock ist schmutzig.*
  Aber: *Ich wasche den Rock.*

Sie verwenden zu Übungszwecken den unbestimmten Artikel (auch wenn das hier kommunikativ etwas holprig erscheint) und vergleichen, was mit diesen Artikeln passiert:

- *Das ist eine Jacke. Ich wasche eine Jacke.*
- *Das ist ein Hemd. Ich wasche ein Hemd.*
- *Das sind Strümpfe. Ich wasche Strümpfe.*
- *Das ist ein Pulli.*
  Aber: *Ich wasche ein**en** Pulli.*

Zur visuellen Unterstützung eignet sich folgende Tabelle:

Nominativergänzung		**Akkusativergänzung**	
die Hose	eine Hose	die Hose	eine Hose
das Kleid	ein Kleid	das Kleid	ein Kleid
der Mantel	ein Mantel	d**en** Mantel	ein**en** Mantel
die Socken	Socken	die Socken	Socken

Anschließend werden die Kleidungsstücke auf eine Wäscheleine oder einen Wäscheständer gehängt: *Ich hänge die Hose (den Pulli/das Kleid/die Socken etc.) auf (die Leine).*

Wenn sie da hängen, wird auch das kommentiert: *Die Hose (ein Pulli/das Kleid etc.) hängt dort.*

Zur Vertiefung können die Sachen mit ähnlichen Kommentaren wieder abgenommen werden: *Die Hose ist trocken. Ich nehme die Hose ab.* etc.

Nachdem die Sachen trocken sind, können sie gebügelt werden: *Ich bügle den Pulli (das Kleid/die Hose etc.* Bei Sätzen wie: *Ich bügle die Strümpfe* kann nachgefragt werden: *Wirklich, bügelst du Socken?* Schließlich werden die Sachen angezogen: *Ich ziehe den Pulli (das Kleid/die Hose etc.) an.*

Differenzierung

▼ Sollten die Kinder im Umgang mit den Genera unsicher sein, lassen Sie die Kinder die Wäschestücke nach den Genera sortieren, bevor sie mit der Übung beginnen.

Sie nehmen zunächst nur feminine und neutrale Nomen, ggf. auch schon Nomen im Plural. Nachdem diese in die Waschschüssel gelegt sind, beziehen Sie die Kleidungsstücke mit maskulinem Artikel ein und artikulieren deutlich die Akkusativ-Endung: *Ich wasche den Schal (Mantel/Hut/Pullover etc.).* Die Kinder folgen Ihrem Beispiel.

▲ Auch die Personalpronomen lassen sich im Rahmen dieser Übung sinnvoll thematisieren. Sie werden durch die Ersatzprobe eingeführt und durch nochmaliges Durchführen der Vorgänge des Waschens geübt.

Die Hose ist schmutzig. Ich wasche sie.

Der Pulli ist trocken. Ich nehme ihn ab.

Hier ist das Kleid. Ich bügle es.

Die Strümpfe sind nass. Ich lasse sie hängen.

▲ Ist das Prinzip der Akkusativbildung verstanden worden, können auch Adjektive einbezogen und damit mehrere Wortarten in Deklinationsübungen einbezogen werden. Mit der Erweiterungsprobe werden die Akkusativergänzungen an den verschiedenen Stellen der Übung durch Farben ergänzt *(Die rote Mütze ist schmutzig. Ich wasche die rote Mütze).* Da die Adjektivdeklination einige Schwierigkeiten aufweist (vgl. Tabelle S. 145), sollten die Kleidungsstücke zunächst nach Genera getrennt verwendet werden.

Ausblick auf andere Handlungskontexte

1) **Einkaufen:** Ausgangspunkt kann der leere Kühlschrank, die leere Obstschale oder ein geplantes gemeinsames Frühstück oder Picknick oder das Backen eines Kuchens, die Zubereitung von Salat etc. sein.

- Die Schüler halten fest: *Wir brauchen ......*
- Im Lebensmittelgeschäft:

  Das ist .... aber: *Wir nehmen .... und legen .... in den Einkaufswagen/-korb.*

  Wir legen .... auf das Förderband an der Kasse/an die Kasse.

  Die Kassiererin tippt den Preis für .... ein. (Die Kasse registriert den Preis für ....)

  Die Kassiererin nennt den Gesamtbetrag.

  Wir bezahlen ...... und packen ... ein.
- Zuhause bzw. in der Schule: *Wir packen ... aus und legen .... auf den Tisch/in den Kühlschrank.*

  Ggf. werden die Lebensmittel zu Kuchen, Salat etc. weiter verarbeitet. Auch dabei kommen Verben mit Akkusativergänzung *(nehmen, aufschlagen, (ab)wiegen, rühren, schneiden etc.)* zum Einsatz. Abschließend wird gegessen: *Ich esse, du isst, wir essen ... Bitte gib mir .... Nimm dir ...!*

2) **Videoparty** oder auch ein einfacher Videonachmittag in der Schule, der sprachlich vor- und nachbereitet wird.

- Die SchülerInnen überlegen, was sie dazu brauchen: eine oder mehrere Videokassetten oder DVDs (als Speichermedien) und die entsprechenden Geräte: den Fernseher, den Videorecorder oder den DVD-Player oder auch einen Computer und einen Beamer zur Projektion des Films an die Wand.
- In der Videothek bzw. Videoabteilung der Bibliothek leihen sie sich Filme aus: *Ich möchte einen Kinderfilm. Haben Sie Abenteuerfilme?* (Dabei können auch herkunftssprachliche Filme ausgeliehen werden!)

- Bevor die Party beginnt, werden die Geräte gecheckt: *Wir schalten den Fernseher/den Videorecorder ein. Er macht den Fernseher lauter. Sie stellt den Sender bzw. Videokanal ein. Wir nehmen die Kassette aus der Hülle, legen sie ein/spulen den Film vor oder zurück, halten ihn an, nehmen die Kassette heraus etc.*
- Während der Party: *Wir schauen den Film an, essen … und trinken … etc.*
- Nach dem Ende der Party wird aufgeräumt: *Wir bringen den Fernseher zurück. Der Hausmeister schließt die Videothek ab. Wir geben die Videos ab. Wir sprechen über die Filme, spielen eine Szene nach.*

Differenzierung

▲ Diese Übung lässt sich auch zur Wiederholung des Akkusativs und zum Einschleifen der Vergangenheitsformen verwenden, wenn die Kinder nach der Videoparty erzählen oder aufschreiben, was alles zu tun war (Verlaufsbeschreibung) und natürlich auch, was während der Party sonst noch passiert ist (Erzählung).

4.8.5.

Die 2. Stelle ist für das Verb

Übung zur Verbzweitstellung, B

Lernziel

Gearbeitet wird hier mit Satzgliedkarten aus Subjekt, finiten Verben, Zeit- und Ortsangaben, aus denen die Kinder sinnvolle Sätze bilden können wie:

Wir gehen am Nachmittag ins Schwimmbad.

Meine Mutter arbeitet jeden Tag in einer Wäscherei.

Selma sitzt heute neben mir.

Die Schultasche steht immer neben dem Tisch.

Igor spielt abends am Computer.

Maurer arbeiten auch im Winter auf dem Bau.

Wir fahren im Sommer ans Meer.

Ablauf

Die Kinder bilden aus den vorgegebenen Satzgliedkarten Sätze und legen oder schreiben sie in folgende Tabelle:

Wer?	Verb	Wann?	Wo?
Selma	sitzt	heute	neben mir.

Durch Anwendung der Verschiebeprobe werden die Satzteile zunächst so verschoben, dass die Zeitangabe am Anfang steht – z.B. durch die Frage: *Wann stehen die Stühle auf den Tischen?*

Das Schema wird angepasst:

Wann?	Verb	Wer?	Wo?
Heute	sitzt	Selma	neben mir.

Im Vergleich wird überlegt, wo das Verb und wo das Subjekt steht – immer noch eng beieinander, aber jetzt in geänderter Reihenfolge.

Fazit: Der zweite Platz im Satz ist für das Verb reserviert.

Die Kinder überlegen nun, ob der Satz auch mit der Ortsangabe beginnen kann. Sie suchen erneut nach der Stellung des Verbs und bekommen die Regel bestätigt. (Das Subjekt sollte nicht noch einmal thematisiert werden, da es auch in diesem Fall entweder an dritter Stelle stehen kann oder sich die Zeitangabe zwischen Verb und Subjekt drängt (z.B.: *Neben mir sitzt heute Selma.).*

Differenzierung

▲ Neben den schematischen Satzbauplänen ist auch der Kontext einzubeziehen, d.h. darüber zu reden, wann man Sätze wie bildet bzw. was am Anfang steht z.B. das Wichtigste; das, wonach gefragt wird; das, was sich aus dem Satz davor ergibt etc.

▲ Die Kinder schreiben aus einem Text, den sie im regulären Unterricht bereits behandelt haben oder behandeln werden, Sätze auf Streifen und zerschneiden diese in Satzglieder.

Anschließend machen sie auch mit diesen Satzgliedern die Verschiebeprobe und kontrollieren die Stellung des Verbs und die des Subjekts.

Ähnlich können Sie auch mit Schülertexten verfahren. Sie schreiben die Sätze ab und markieren ggf. fehlende Satzglieder, die dann vorbereitend mit den SchülerInnen ergänzt werden. Die SchülerInnen zerschneiden auch diese Sätze zu Satzgliedern und legen daraus Sätze in unterschiedlicher Reihenfolge.

▲ Ist die Verbzweitstellung gesichert, können Sie auch einen der Sätze mit dem Verb beginnen und die Kinder entdecken lassen, was sich dadurch an dem Satz verändert: Er wird zur Frage!

4.8.6.

Wer hat was an?

Aufgabe zur Akkusativergänzung, B

Vorbemerkung/Lernziel

In dieser Übung kommt zum eigentlichen Thema *Ergänzungen und ihre (mögliche) Stellung im Satz* durch die gewählten Verben *(anhaben, anziehen, umbinden)* auch die Problematik der Verbklammer hinzu. Dem könnte durch das Verb tragen (das allerdings weniger gebräuchlich ist als die genannten) entgegengewirkt werden. Eine weitere Möglichkeit ist die formelhafte Verwendung der Verbklammer. Völlig unkompliziert ist die Durchführung der Übung, wenn trennbare Verben bereits bekannt sind.

Ablauf

Die Kinder tauschen sich reihum darüber aus, wer was anhat:

Ich habe eine Hose an. Was hast du an? – Ich habe ... an. Was hast du an? usw.

Wer hat einen Rock an? – Aysel hat einen Rock an. Wer hat Sandalen an? usw.

Was hat Hasan an? – Hasan hat eine Sporthose an. Was hat Funda an? usw.

Eventuell werden die Veränderungen bei den maskulinen Artikeln und Nomen beim Sprechen deutlich hervorgehoben.

Zur visuellen Unterstützung werden an der Tafel magnetische Symbolkarten angeheftet, mit denen die Kinder Sätze puzzeln können. Sie nehmen dazu aus jeder Spalte (Nominativergänzung, Verb und Akkusativergänzung) eine Karte und legen sie in eine Reihe.

Das Satzmuster wird um eine Angabe erweitert, wodurch die Sätze komplexer werden, z.B. durch die Fragen wie:

Wann ziehst du den Schlafanzug an?
– *Am Abend ziehe ich den Schlafanzug an.*

Wer zieht manchmal Röcke an?
– *Mädchen ziehen manchmal Röcke an.*

Was ziehen wir im Winter an?
– *Im Winter ziehen wir Handschuhe an.*

In den kontextgebundenen Antworten wird die Reihenfolge der Satzteile (außer dem Verb) variiert, was durch die Verschiebeprobe an einzelnen Beispielen bewusst gemacht werden kann.

Variante 1

Die Lehrkraft spricht Sätze auf einen Tonträger, von denen einige inhaltlich (!) falsch sind (z.B. *Morgens ziehe ich einen Schlafanzug an.)* Die SchülerInnen hören zu und geben ein vereinbartes Zeichen, wenn sie einen falschen Satz gehört haben. Dieser Satz wird nachfolgend von einem Kind berichtigt.

Die SchülerInnen nehmen danach selber richtige und inhaltlich falsche Sätze auf. Anschließend hören sich alle Schülerinnen alle Sätze an und versuchen, die inhaltlich falschen Sätze herauszuhören.

Variante 2

Ausgangspunkt bilden zwei kleine Texte, die im ersten Teil in klarer Form das Satzmuster ‹nom, akk› mehrfach wiederholen, bevor in der Schlusszeile durch eine überraschende Wendung der Text abgeschlossen wird:

Winterwetter

Ahmed zieht den Anorak an.
Lisa bindet den Schal um.
Klaus zieht die Winterjacke an.
Thanh Tien setzt die Mütze auf.
Ricardo zieht die Stiefel an.
Und dann geht´s raus zur Schneeball-schlacht.

Neue Sachen

Thomas hat einen neuen Anorak.
Er freut sich.
Aysel hat neue Schuhe.
Sie freut sich.
Hasan hat ein neues Hemd.
Er freut sich.
Klaus hat einen neuen Pullover.
Er freut sich nicht:
Der kratzt.

Die Kinder gestalten diese kurzen Texte durch mehr oder weniger einfache Veränderungen nach.

Bevor die Kinder ihre Texte schreiben, muss gemeinsam überlegt werden, wie der Text variiert werden kann.

Bei dem Text ***Winterwetter*** können die Namen und Kleidungsstücke ausgetauscht werden. Das Ziel kann geändert werden (z.B. Schlittenfahrt) oder die Überschrift wird verändert (z.B. in Sommerwetter).

Bei dem Text ***Neue Sachen*** kann gemeinsam überlegt werden, warum neue Sachen manchmal keine Freude machen (z.B. Schuhe drücken, Sachen sind unmodern usw.).

Im Anschluss an diese gemeinsamen Vorüberlegungen schreibt jedes Kind seinen Text, illustriert ihn und stellt ihn aus.

Bemerkungen

Die Akkusativergänzung muss immer wieder und mit anderen Sachinhalten geübt werden, bevor sie sicher beherrscht wird.

4.8.7.

Hampelmann

Übung zu trennbaren Verben, B, KV 33

Vorbemerkung

Das bekannte Lied vom Hampelmann, der aus dem Bett steigt und sich seine Sachen anzieht, eignet sich zum Üben des Satzmusters ‹nom, akk›, aber auch der Verbklammer. Schwierig ist allerdings, dass das verwendete Satzmuster eine Inversion und die Verwendung des Possessivpronomens vorsieht. Diese Schwierigkeiten können durch Umdichten (Hampelmann zieht nicht seine, sondern eine oder die Hose an) ausgeschaltet oder nur formelhaft verwendet werden.

Ablauf

Zunächst wird das Lied (ggf. in vereinfachter Form) – begleitet durch pantomimische Bewegungen – gemeinsam gesungen.

Wenn die Kinder das Lied einigermaßen können, wird nur der Refrain gemeinsam gesungen. Je ein Kind gibt dann eine Strophe vor, indem es die bekannte oder eine neu erdachte Strophe singt bzw. die Tätigkeit vormacht und die anderen sie dann singen.

Anschließend steigt der Hampelmann wieder ins Bett und zieht sich dazu seine Sachen wieder aus.

Variante 1

Es werden weitere trennbare Verben im Umgang mit Kleidung einbezogen:

Er setzt (s)einen Hut/seine Mütze auf/ab,

bindet (s)einen Gürtel (Schal) um/ab,

streift die Handschuhe über/ab,

bindet die Schuhe zu/auf,

macht´die Jacke zu/auf etc.

Variante 2

Behält man die Possessivpronomen im Liedtext bei, so kann aus dem Hampelmann eine Hampelfrau werden, die sich ihre Sachen an/auszieht.

4.8.8.

An-, aus-, auf- und zumachen

Aufgabe zu trennbaren Verben, C, KV 34

Lernziel

Trennbare Verben *(aufmachen, ankommen, abfahren, zuschließen, einsteigen, abholen, mitfahren etc.)* werden zunächst pantomimisch dargestellt, bevor sie in Sätze integriert werden.

Ablauf

Mittels Kärtchen (aus Verben und Vorsilben, werden Wörter gebildet, um das Prinzip der Wortbildung durchschaubar zu machen. Dabei können auch Wortneuschöpfungen von Kindern (z.B. *an-/abfreunden)* integriert werden.

Anschließend werden mit diesen trennbaren Wörtern Sätze formuliert, deren Komplexität je nach Kompetenzstufe variiert wird. Dies erfolgt zunächst mündlich, dann schriftlich unter Einbeziehung einer Visualisierungshilfe.

Zum Einschleifen werden die Verben der gefundenen Sätze in andere Formen (z.B. von der Ich- in die Wir-Form, d.h. vom Singular in den Plural) oder in andere Zeiten (Präteritum, Perfekt, Futur) übertragen.

Variante 1

Die Kinder suchen in Texten aus dem Fachunterricht nach trennbaren Verben und finden dazu den Infinitiv (die Grundform).

Differenzierung

- ▲ In Anwendung der Ersatzprobe werden die Nominativ- und Akkusativergänzungen (sofern vorhanden) in den Sätzen durch Pronomen ersetzt, um auch deren Deklination zu üben.
- ▲ In Anwendung der Erweiterungsprobe werden die Ergänzungen in den Sätzen durch Adjektive erweitert, um auch deren Deklination zu üben.

4.8.9.

Wem gehört das?

Übung zur Dativergänzung, C

Vorbemerkung

Die Dativergänzung ist sehr viel schwieriger als die Akkusativergänzung und kommt auch seltener vor. Sie sollte erst bewusst bearbeitet werden, nachdem die Akkusativergänzung sicher beherrscht wird. Im Dativ ändern sich alle Formen des Artikels (dem Mann/Kind, der Frau) sowie alle Formen der Personalpronomen im Vergleich zum Nominativ.

Es gibt nur wenige gebräuchliche Verben, die den Dativ regieren *(helfen, gehören, begegnen),* und diese werden häufig mit Pronomen verwendet. Deshalb ist es sinnvoll, den Dativ im Zusammenhang mit Personalpronomen einzuführen.

Ablauf

Sie sammeln Sachen der Kinder ein und sagen: *Das Buch gehört mir. – Der Schal gehört dir. – Das Heft gehört ihm (Mehmet). – Die Stifte gehören ihr (Selma).*

Im nächsten Schritt umschreiben die Kinder die Personalpronomen: *Das Buch gehört der Lehrerin. – Die Stifte gehören der Schülerin. – Das Heft gehört dem Schüler.*

Anschließend verteilen Sie die Sachen wieder, aber erst nachdem die Kinder gesagt haben, wem was gehört. Dabei achten sie darauf, dass sie nicht nur Namen, sondern auch Pronomen nutzen. Wenn auch Dinge vorkommen, die mehreren Kindern gehören, so können die noch fehlenden Pronomen ergänzt werden: *Der Ball gehört uns/euch/ihnen.*

Die Kinder vervollständigen die bereits mit dem Nominativ und Akkusativ begonnene Tabelle (vgl. S. 164). Vermutlich zeigen sie sich irritiert darüber, dass aus *die* → *der* wird (sich also bei femininen Nomen scheinbar das Genus ändert) oder dass *den* zweimal vorkommt (als Akkusativ Singular maskulin und als Dativ Plural).

Anhand der Endungen von maskulinen Nomen (Nominativ: *der,* Akkusativ: *den,* Dativ: *den)* werden die nach wie vor üblichen Fragen nach dem jeweiligen Kasus (Nominativ – wer?, Akkusativ – wen?, Dativ – wem?) nachvollziehbar. Diese lassen sich anwenden, indem Sie die Kinder fragen:

- *Was gehört wem – der Ball den Kindern oder die Kinder dem Ball?*
- *Wer hilft wem – der Arzt dem Kind oder das Kind dem Arzt?*

Eventuell versuchen die Kinder selbst solche Fragen zu stellen. Hilfreich ist dafür die Vorgabe weiterer Verben, die den Dativ verlangen *(begegnen, zuhören)* oder zwei Ergänzungen haben können (v.a. *geben* und *nehmen).*

Differenzierung

▲ Die Kinder suchen in kurzen Texten (z.B. aus dem Sachunterricht) nach Dativformen. Da es wenige natürliche Situationen gibt, in denen Nomen im Dativ ohne Präposition benutzt werden, werden sie dabei auf Präpositionen stoßen, die den Dativ verlangen (z.B. *mit).*

Kopiervorlagen

B

Deutsch als Zweitsprache, Grundlagenband – Kopiervorlagen

C

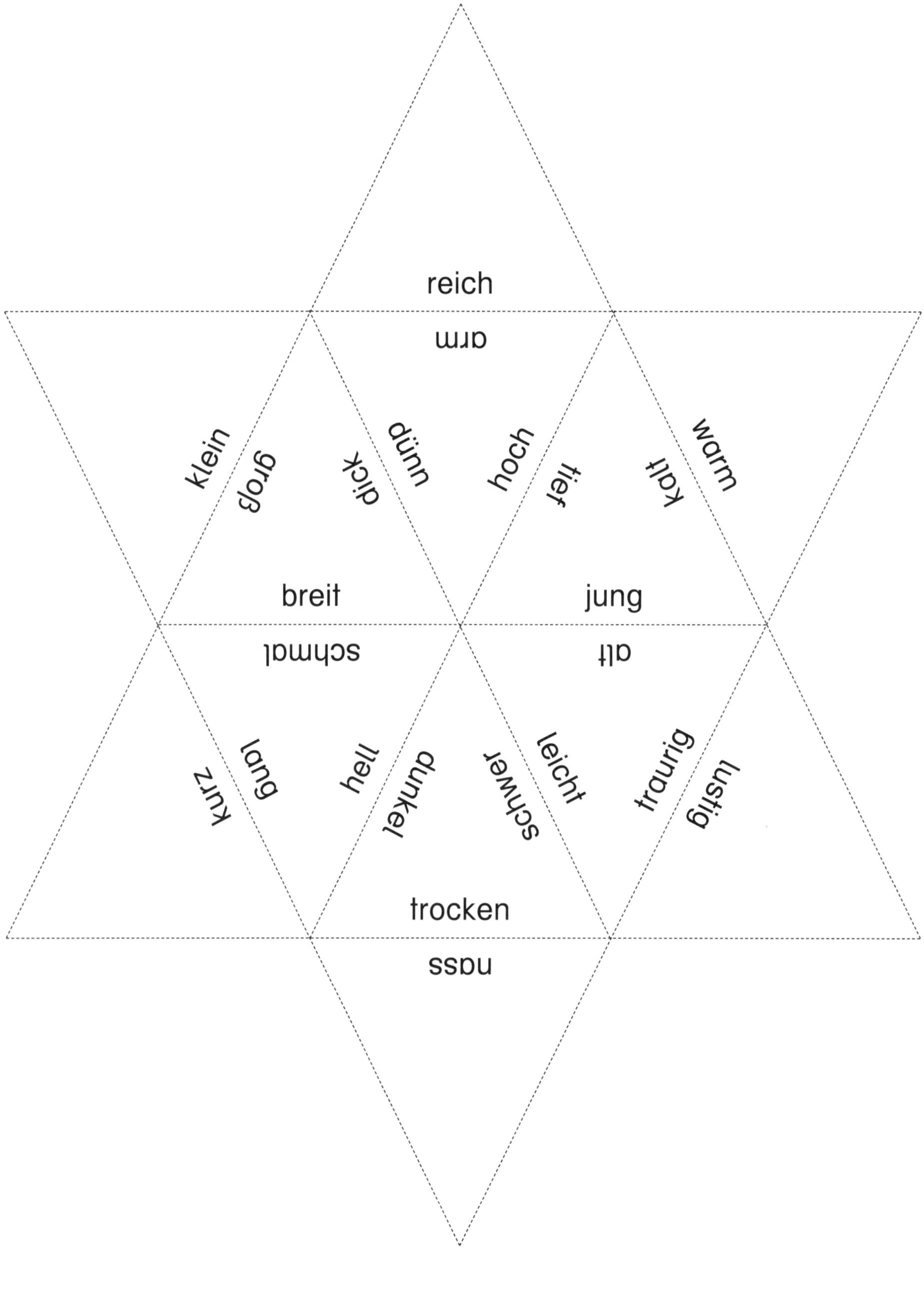
reich
arm
klein
groß
dick
dünn
hoch
tief
kalt
warm
breit
jung
schmal
alt
kurz
lang
hell
dunkel
schwer
leicht
traurig
lustig
trocken
nass

der Buntstift	der Farbkasten	der Klebstoff	der Bleistift
der Malblock	der Spitzer	der Füller	die Schultasche
das Heft	das Lineal	das Buch	die Schere

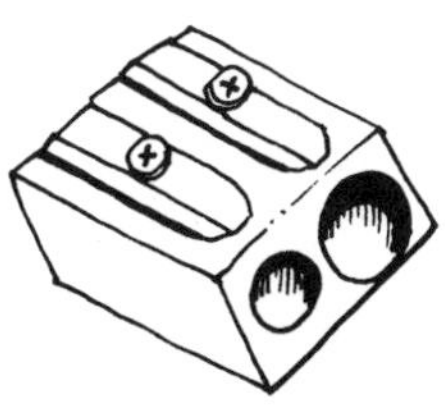

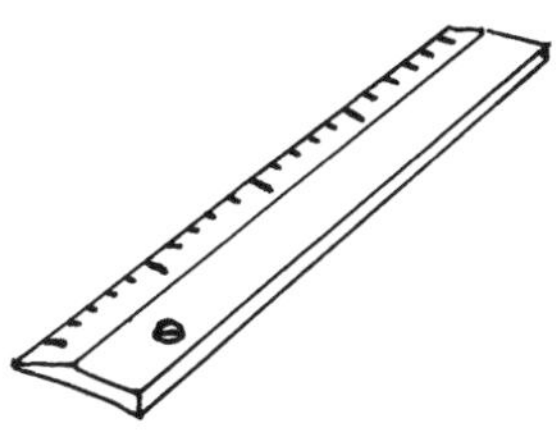

Deutsch als Zweitsprache, Grundlagenband – Kopiervorlagen

in der Apotheke 	Wo kaufst du Medizin?
in der Bäckerei 	Wo kaufst du Brot?
im Zoogeschäft 	Wo kaufst du Tierfutter?
in der Buchhandlung 	Wo kaufst du ein Buch?
im Supermarkt 	Wo kaufst du Lebensmittel?
im Schuhgeschäft 	Wo kaufst du Schuhe?

 in den Supermarkt	Wohin gehst du, wenn du viel einkaufen willst?
 in die Bücherei	Wohin gehst du, wenn du ein Buch ausleihen willst?
 in die Zoohandlung	Wohin gehst du, wenn du Tierfutter kaufen willst?
 ins Schuhgeschäft	Wohin gehst du, wenn du neue Schuhe kaufen willst?
 zum Bäcker	Wohin gehst du, wenn du Brot kaufen willst?
 zur Apotheke	Wohin gehst du, wenn du Medizin brauchst?

Deutsch als Zweitsprache, Grundlagenband – Kopiervorlagen

blau wie der Himmel:

himmelblau

grün wie das Gras:

___

rot wie das Feuer:

___

schwarz wie die Nacht:

___

weiß wie der Schnee:

___

groß wie die Riesen:

___

stark wie die Bären:

___

süß wie der Honig:

___

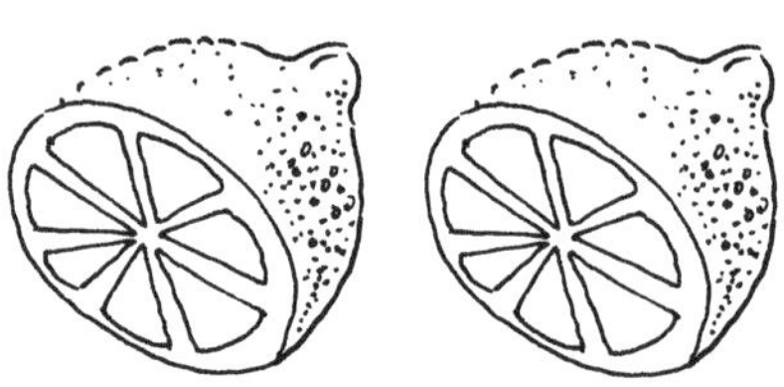

gelb wie die Zitronen:

___

rot wie das Blut:

___

Deutsch als Zweitsprache, Grundlagenband – Kopiervorlagen

MÜLL	AUTO	AUTO	TÜR
TÜR	SCHLÜSSEL	SCHLÜSSEL	RING
RING	FINGER	FINGER	NAGEL
NAGEL	KOPF	KOPF	BALL
BALL	SPIEL	SPIEL	KISTE
KISTEN	BRETT	BRETTER	ZAUN
DER	DIE	DAS	DIE*

 das Schloss	 das Schloss
 der Strauß	 der Strauß
 der Hahn	 der Hahn
 die Birne	 die Birne
 die Feder	 die Feder

Andere Teekesselchen: Strom, Fliege, Nagel, Pflaster, Schale, Ton, Bank, Boxer, Flügel, Linse, Note.

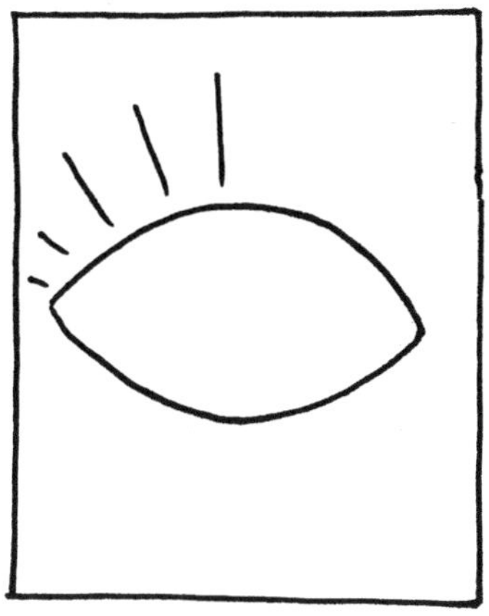

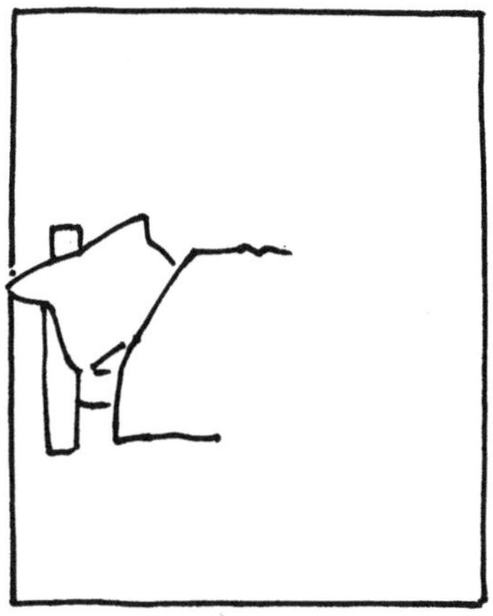

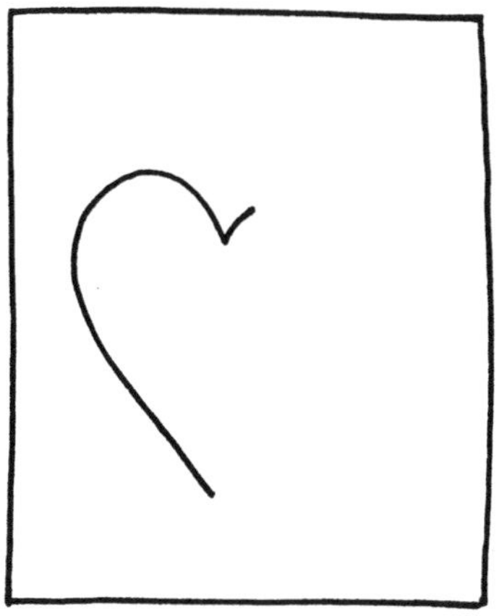

das Haus

der Hund

die Katze

die Ampel

das Auto

der Baum

Würfelspiel der – die – das

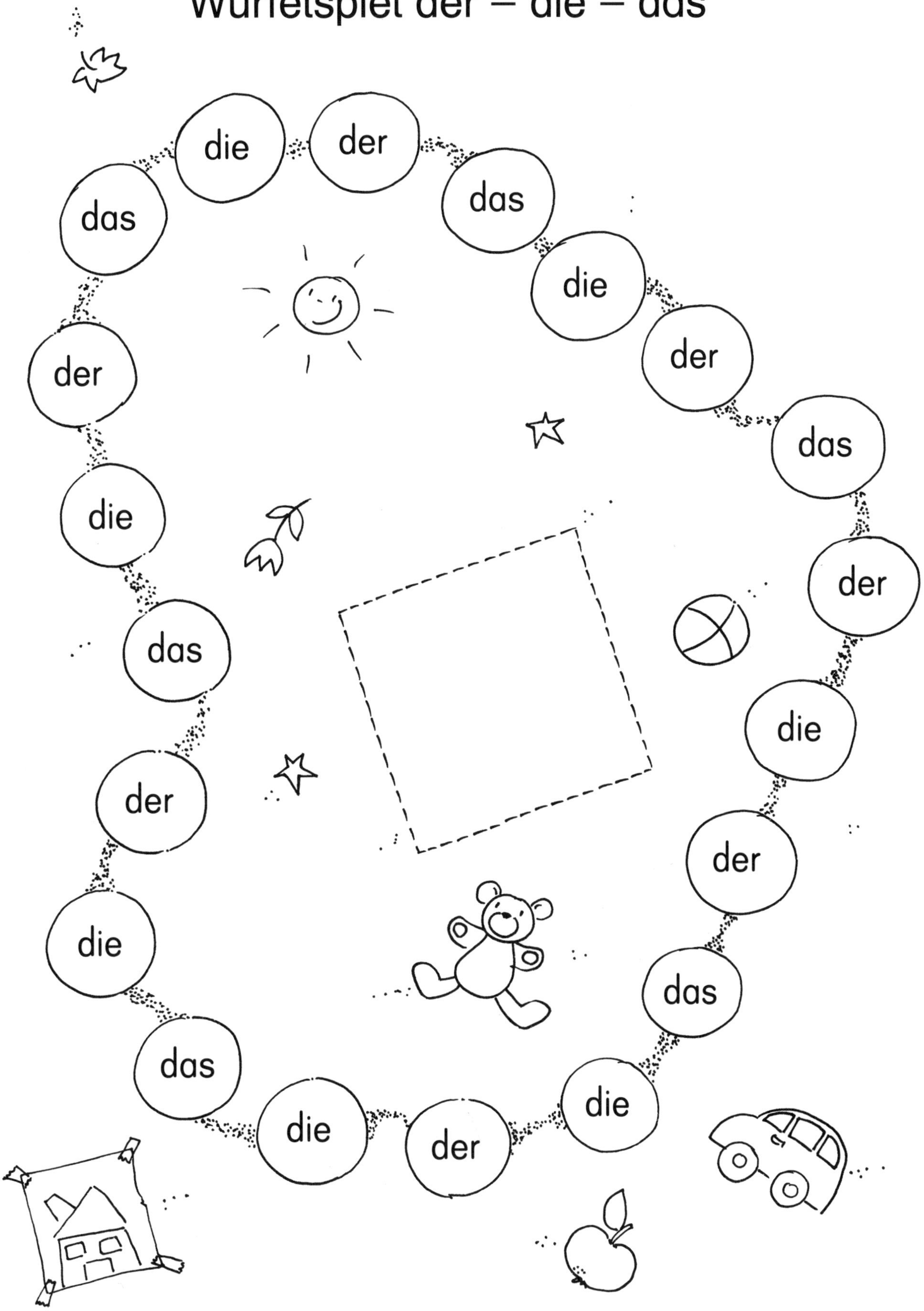

aus: Primo CD, 3-507-42754-0, Hannover 2002

Deutsch als Zweitsprache, Grundlagenband – Kopiervorlagen

Hundertzwei Gespensterchen

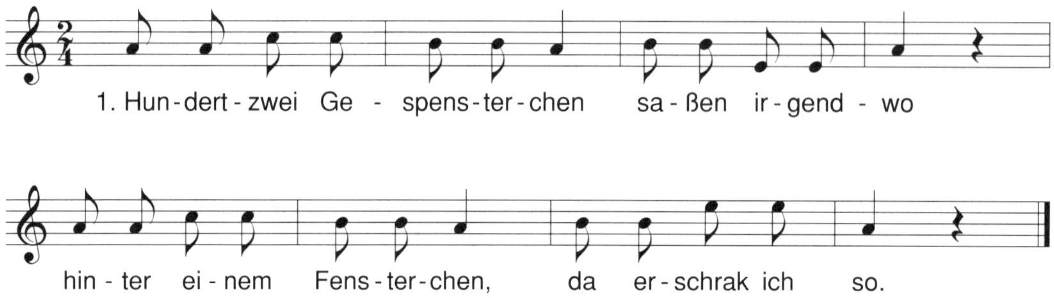

2. Hundertzwei Gespensterchen waren sehr vertrackt:
Hinter meinem Fensterchen klopften sie im Takt.

3. Hundertzwei Gespensterchen haben mich erschreckt.
Weit entfernt vom Fensterchen hab ich mich versteckt.

4. Hundertzwei Gespensterchen waren plötzlich fort.
Schlich mich schnell zum Fensterchen, fand sie nicht mehr dort.

5. Hundertzwei Gespensterchen, denkt euch, wie famos,
waren an dem Fensterchen Regentropfen bloß!

(Melodie: Ingeborg Becker, Heinz Jung; Text: James Krüss)

Liste zum Unterrichtswortschatz

Unterrichtsbeginn
Guten Tag miteinander.
Welcher Tag ist heute?
Ja, heute ist ..., der ...!
Wer schreibt das Datum an?
So, wir wollen beginnen!
Wir fangen mit den Hausaufgaben an!
Wir fangen mit Übung ... an!
Wir fangen mit Text ... an!

Unterrichtsverlauf/ Die Klasse leiten
Nehmt bitte die Hefte/die Bücher heraus!
Packt eure Sachen aus!
Wir brauchen jetzt ...!
Schlagt die Seite ... auf!
Macht die Bücher noch nicht auf.
Hört erst einmal zu!
Habt ihr etwas nicht verstanden?
Kann ich das noch einmal hören?
Sprich bitte etwas lauter/deutlicher!
Wiederhole das bitte!
Ich kenne das Wort ... nicht!
Ich weiß nicht, wie das Wort heißt!
Seht euch das Bild gut an!
Was ist darauf zu sehen?
Komm bitte an die Tafel!
Wisch bitte alles ab!
Arbeitet bitte sorgfältig.
Hast du eine Idee?
Kannst du ... helfen?
Warte, ich komme gleich zu dir!
Könnt ihr bitte leiser sein!
Liest du bitte den Text vor!
Wir wollen mit verteilten Rollen lesen!
Wer kann jetzt antworten?
Hast du mal einen Bleistift für mich?
Kannst du das Wort an die Tafel schreiben?

Unterrichtsende
Ihr könnt die Sachen jetzt einpacken!
Zu Hause müsst ihr ... machen!
Übt bitte zu Hause ...!
Vergesst nicht morgen ... mitzubringen!
Tschüss, bis morgen!
Stellt bitte die Stühle hoch.

Freiarbeit/Basteln
Verteile bitte die Arbeitsbögen/Scheren/Klebestifte/Farbkästen ...!
Faltet die Blätter in der Mitte!
Schneidet an der gestrichelten Linie aus!
Klebt die Bilder hier auf!
Sortiert die Bilder nach ...!
Arbeitet zu zweit!

Spielen/Zusammenarbeiten
Setzt euch in Dreier- (Vierer- Fünfer-) Gruppen zusammen!
Bildet einen Sitzkreis!
Stellt euch im Kreis auf!
Teilt euch in zwei Gruppen!
Findet einen Partner/eine Partnerin!
Wer soll beginnen?
Wer will die Rolle von ... übernehmen?
Wer spielt die, den, das ...?
Wer ist jetzt dran?
Gruppe 1 hat gewonnen!

Lob und Tadel
Das hast du sehr schön gemacht!
Hört bitte auf zu sprechen!
Das ist eine prima Idee!
Sprecht nicht alle durcheinander!
Ihr arbeitet prima mit!
Das ist dir wirklich gut gelungen!

Im Urlaub

Wir angeln einen Fisch.

Der Drachen steigt hoch.

Der Roller ist blau.

Mama steht im Tor.

Deutsch als Zweitsprache, Grundlagenband – Kopiervorlagen

Ben erzählt eine tolle Geschichte

(ü) Kaum ist die Angel im Wasser, hören wir schon ein lautes Brausen. Überall sind hohe Wellen. Opa hält mich fest, damit ich nicht fortgerissen werde.

(e) Aber das ist ein Geheimnis. Nur mein Opa und ich wissen Bescheid. Selbst Oma haben wir es noch nie erzählt.

(L) In den Ferien bin ich gern bei meinem Opa. Er wohnt an einem großen See in den Bergen. Morgens nehmen wir die Angel und setzen uns ans Ufer.

(g) Aus allen Meeren und Seen kommen Tiere angeschwommen. Es sind nicht nur Fische. Auch Wale, Delfine und Krokodile sind dabei. Sicher möchtet ihr nun wissen, warum das so ist.

1 Lies die Geschichte in der richtigen Reihenfolge.
Wie heißt das Lösungswort?

2 Denke dir auch eine Ferien-Fantasiegeschichte aus.
Erzähle sie.

aus: Primo 2, Sprachbuch, 3-507-41731-6, Hannover 2002

Fischotter gehören zu den vom Aussterben bedrohten Tierarten.

Fischotter sind ganz
an das Leben im Wasser
angepasst.

Sie benötigen
saubere, fischreiche Gewässer
mit überhängenden, dicht bewachsenen Uferböschungen,
in die sie ihre Baue
graben können.

Fischotter sind
ausgezeichnete
Schwimmer.

Ihre Beute
fangen sie
fast ausschließlich
im Wasser.

Fischotter
ernähren sich
von
Fischen,
Würmern,
Schnecken,
Wasservögeln
und
kleinen Säugetieren.

Viele Jahre lang wurden Fischotter gejagt, weil man ihr dichtes Fell haben wollte und sie für Fischräuber hielt.

aus: Pusteblume, Das Sachbuch 4, 3-507-46869-7, Hannover 2001

Deutsch als Zweitsprache, Grundlagenband – Kopiervorlagen

Fläche des Anbaus Die Menschen fällen Bäume. Woran sollen sie denken?	**Fläche des Anbaus** Alte und junge Bäume stehen zusammen. Ist das gut oder schlecht?	**Fläche des Anbaus** Warum werden gern Nadelbäume gepflanzt?	**Fläche des Anbaus** Welche Bäume soll es im Wald geben?
Art des Anbaus Wie legt man einen Wald an?	**Art des Anbaus** Welche Bäume pflanzt man am besten zusammen?	**Art des Anbaus** Wie alt sollen die Bäume sein?	**Art des Anbaus** Was bedeutet Mischwald?
Pflege des Waldes Wie sollen Bäume gefällt werden?	**Pflege des Waldes** Wie wachsen neue Bäume im Wald?	**Pflege des Waldes** Wer sorgt für den Wald?	**Pflege des Waldes** Was kann dem Wald schaden?
Verarbeitung der Bäume Ein Baum liefert Holz. Wie lange muss er dafür wachsen?	**Verarbeitung der Bäume** Bäume werden gefällt. Wie sucht man die Bäume aus?	**Verarbeitung der Bäume** Wie arbeitet die Maschine, die Bäume fällt?	**Verarbeitung der Bäume** Was wird aus dem Holz der Bäume hergestellt?

Luft Was gibt eine Buche an einem sonnigen Tag ab?	**Luft** Blätter geben auch Wasser ab. Was passiert damit?	**Luft** Wofür sind Blätter und Nadeln der Bäume wichtig?	**Luft** Was gefällt den Wanderern im Wald?
Boden Was wächst alles im Wald?	**Boden** Warum sind Bäume so wichtig für den Boden?	**Boden** Was liefert der Wald den Menschen?	**Boden** Für wen ist der Wald ein Arbeitsplatz?
Lebensraum Für wen ist der Wald Lebensraum?	**Lebensraum** Was bedeutet der Wald für den Menschen?	**Lebensraum** Was nehmen die Wurzeln auf? Was geben die Blätter ab? Wie nennt man das zusammen?	**Lebensraum** Warum ist der Wald so wichtig für den Boden?
Verbreitung Wie viel Wald gibt es ungefähr in Deutschland?	**Verbreitung** Welche Bäume wachsen in einem Wald? Warum?	**Verbreitung** Waldboden ist unterschiedlich. Welche Unterschiede gibt es?	**Verbreitung** Das Klima ist unterschiedlich. Welche Unterschiede gibt es?

Pizza backen

Lisa und Mehtap wollen Pizza backen.	Sie brauchen viele Zutaten.	Im Supermarkt kaufen sie den Teig und den Käse.	Auf dem Markt kaufen sie die Tomaten und die Kräuter.
Zuhause rühren Lisa und Mehtap den Teig an.	Sie rollen ihn auf dem Blech aus.	Sie legen die Tomaten, den Käse und die Kräuter auf den Teig.	Sie schieben das Blech mit der Pizza in den Herd und backen sie 30 Minuten.

Zoobesuch

Als Ron und Anna in den Zoo gehen,	gibt es viele neue Tiere zu sehen.	Als sie das Löwenbaby sehen,	freuen sie sich.
Als die Affen fangen spielen,	müssen sie laut lachen.	Als ein Elefant laut trompetet,	bekommen sie einen Schreck.
Als sie bei den Seehunden ankommen,	sind sie vom Laufen schon ziemlich müde.	Als es langsam dunkel wird,	gehen Ron und Anna nach Hause.

Deutsch als Zweitsprache, Grundlagenband – Kopiervorlagen

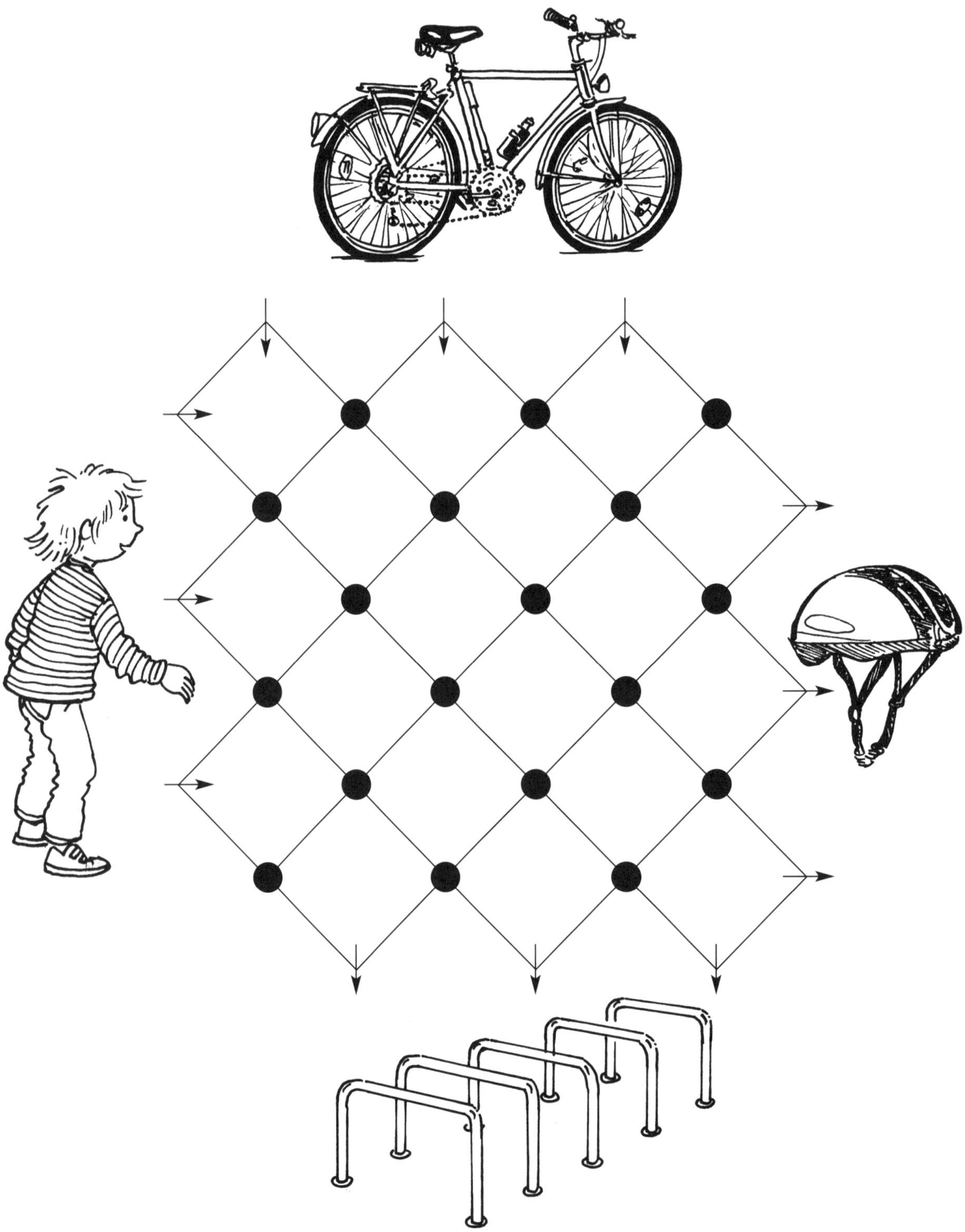

L	Womit lenkst du?	mit dem Lenker
S	Worauf sitzt du?	auf dem Sattel
K	Womit warnst du?	mit der Klingel
H	Womit bremst du?	mit der Handbremse
R	Worauf rollst du?	auf den Rädern
P	Wo sind deine Füße?	auf den Pedalen
Sp	Worin siehst du nach hinten?	in dem (im) Spiegel
G	Wo befindet sich deine Tasche?	auf dem Gepäckträger
Rü	Womit strahlt das Fahrrad nachts von hinten?	mit dem Rückstrahler
Se	Womit strahlt das Fahrrad nachts von der Seite?	mit den Seitenstrahlern
V	Womit leuchtest du nachts nach vorn?	mit dem Vorderlicht
Lu	Womit füllst du Luft in den Schlauch?	mit der Luftpumpe
D	Womit erzeugst du Strom?	mit dem Dynamo
F	Womit reparierst du dein Fahrrad?	mit dem Flickzeug
Sa	Worin liegt das Flickzeug?	in der Satteltasche
Ko	Wo ist beim Fahren immer der Helm?	auf dem Kopf
Ke	Womit überträgst du deine Kraft auf das Hinterrad?	mit der Kette
Ga	Womit erleichterst du das Treten?	mit der Gangschaltung

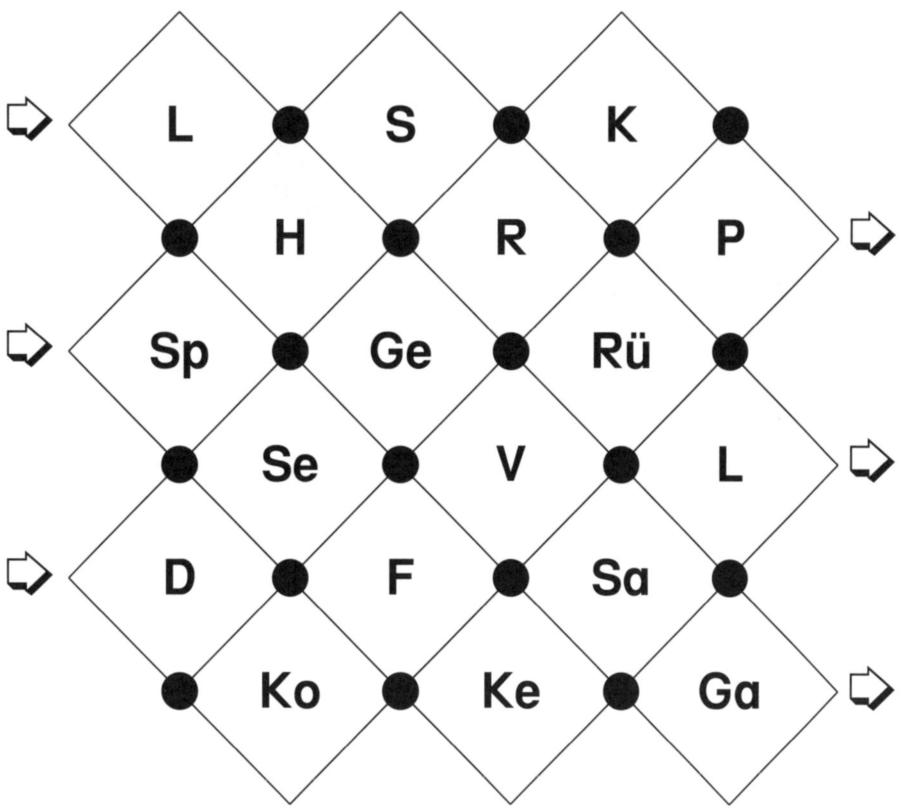

Bingoplan

der lustige Esel

der wilde Hahn

das alte Haus

der müde Hund

der laute Hahn

die müde Katze

der wilde Esel

der alte Räuber

müde	**lustig**	**alt**
laut	**wild**	**krank**

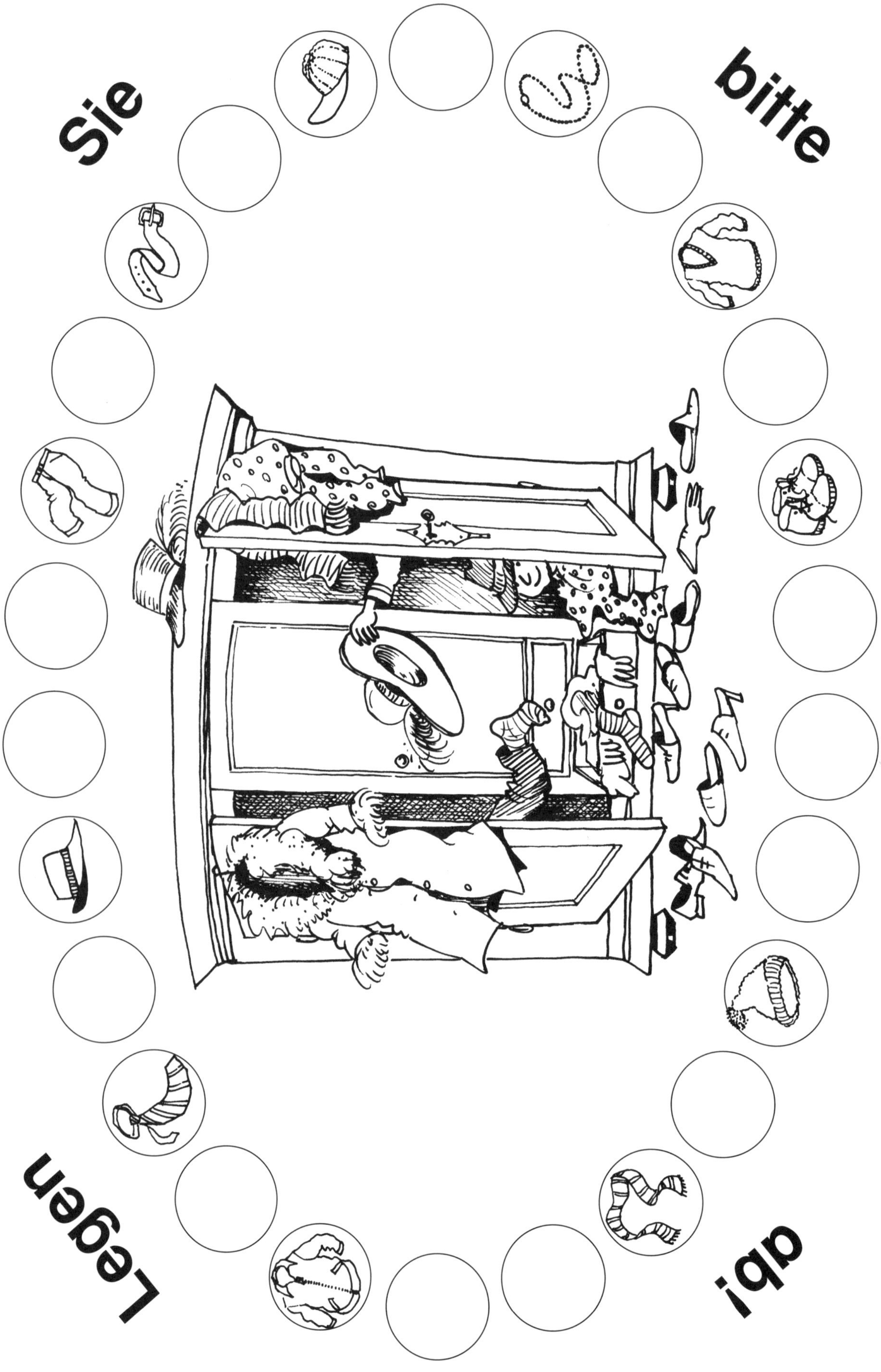

Deutsch als Zweitsprache, Grundlagenband – Kopiervorlagen

Vorlage für 4 Kinder

an ziehen	auf setzen	um binden
aus ziehen	ab setzen	ab binden

an ziehen	auf setzen	um binden
aus ziehen	ab setzen	ab binden

an ziehen	auf setzen	um binden
aus ziehen	ab setzen	ab binden

an ziehen	auf setzen	um binden
aus ziehen	ab setzen	ab binden

Füllen Sie die Rechtecke mit Nomen und die Ovale mit trennbaren Verben auf, so dass sinnvolle Sätze entstehen. Achten Sie darauf, dass Sie die Satzglieder auf die Zeilen verteilen, sonst muss nur einmal gedreht werden und alle Sätze sind richtig.

Nun laminieren Sie den Bogen und schneiden die Spalten zu Streifen. Kleben Sie die Streifen einzeln leicht drehbar um die Chipdose, am besten nur mit einem Steifen Tesafilm dort, wo sich die Enden überlappen. Markieren Sie am Dosenrand einen Ablesebereich (je ein dicker roter Pfeil rechts und links am Dosenrand).

Die SchülerInnen müssen nun durch richtiges Gegeneinanderdrehen der Streifen die Sätze finden und evtl. aufschreiben, oder der NachbarIn vorlesen, die einen Lösungsbogen bekommen hat.

Beispiel

Hier die Streifen schneiden

Der Mann	setzt	den Schal	an
Die Frau	zieht	die Mütze	um
Das Kind	bindet	den Pullover	auf

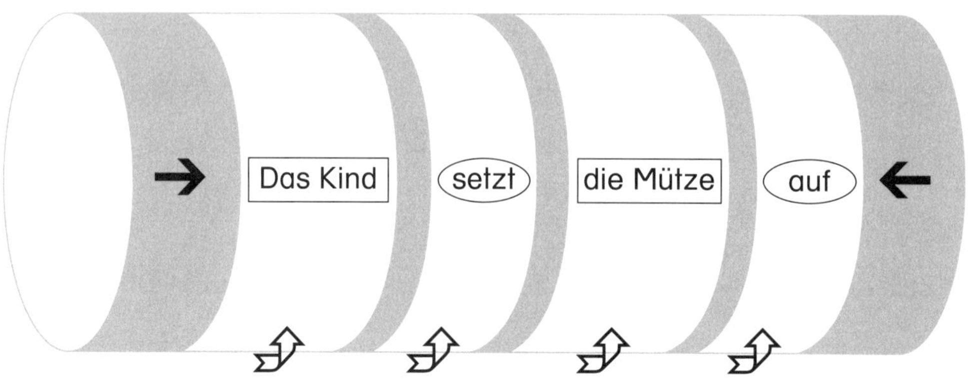

Deutsch als Zweitsprache, Grundlagenband – Kopiervorlagen

Blankovorlage

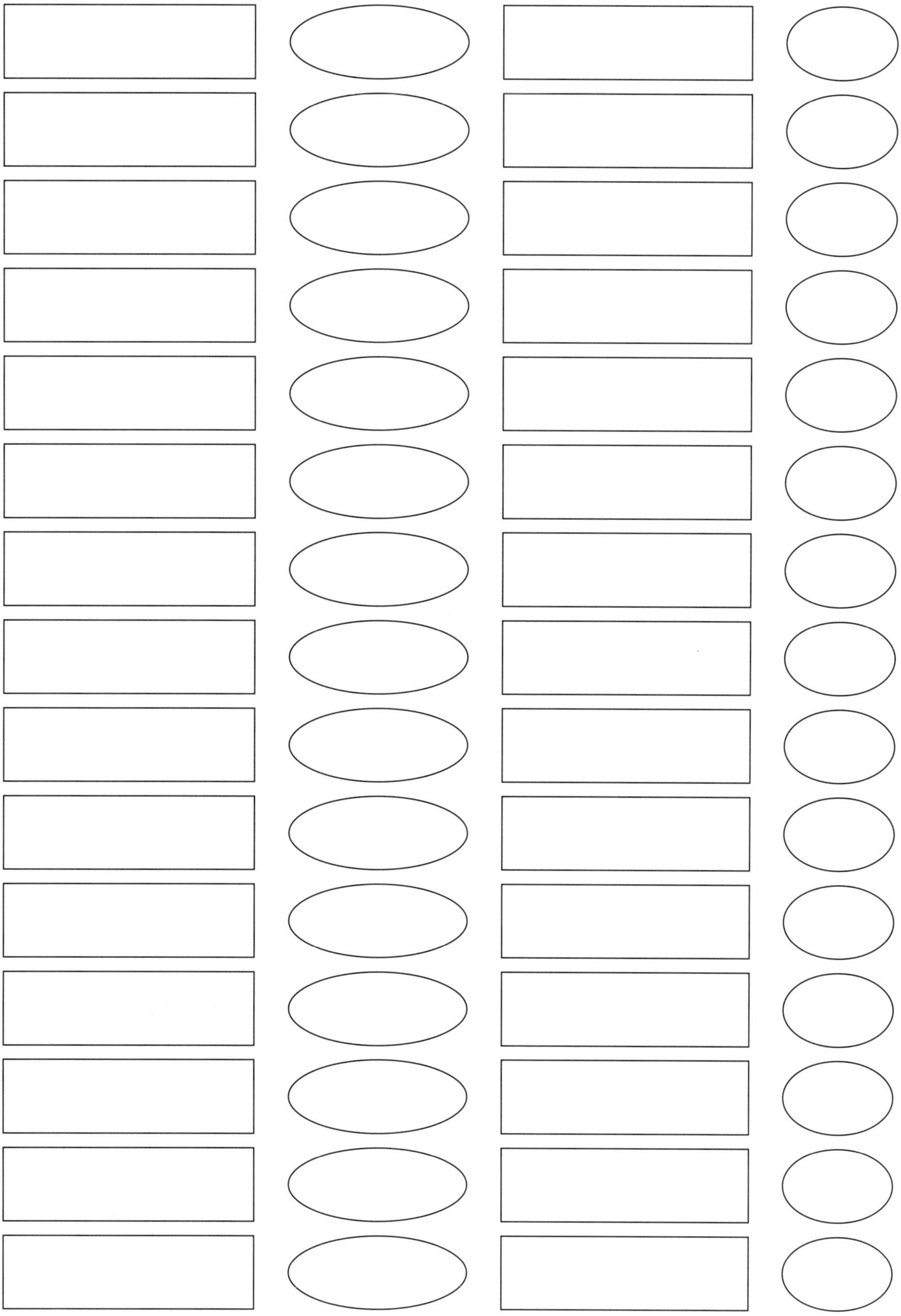

Deutsch als Zweitsprache, Grundlagenband – Kopiervorlagen

Sie	tanze.	denken.
Sie	singt.	spiele.
Er	klatschen.	trinkt.
Sie	renne.	reden.
Sie	geht.	frage.
Sie	laufen.	antwortet.
Sie	springe.	kontrollieren.

B

Ich	Er	taucht.
Ich	Sie	schwimmen.
Ich	Er	höre.
Ich	Sie	schreibt.
Ich	Sie	üben.
Ich	Sie	rechne.
Ich	Sie	prüft.

Jetzt steigt Hampelmann

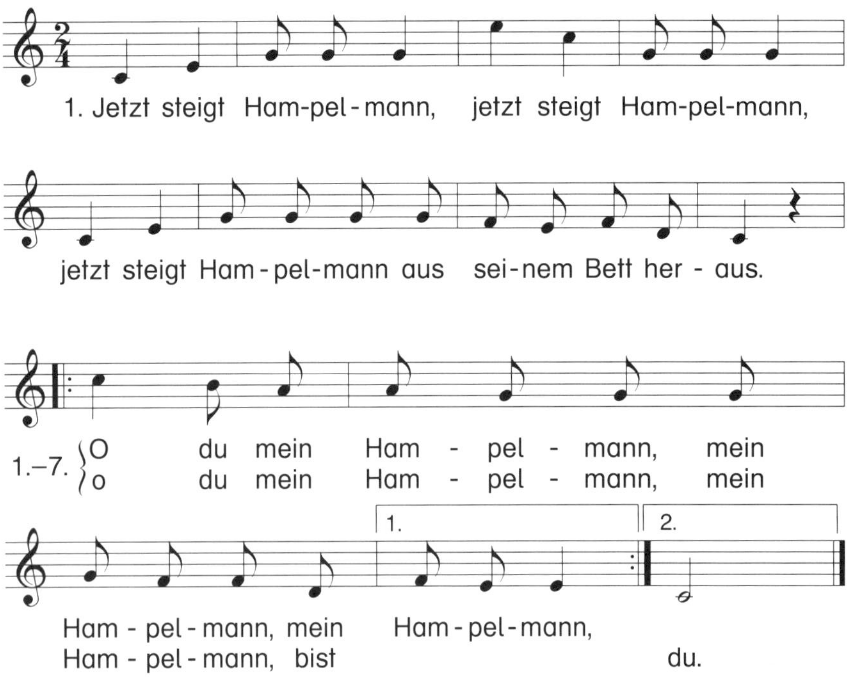

Jetzt zieht Hampelmann seine Strümpfe an.
O du mein Hampelmann, mein Hampelmann bist du!

Jetzt zieht Hampelmann sein kleines Höschen an.
O du mein Hampelmann, mein Hampelmann bist du!

Jetzt zieht Hampelmann, sein kleines Jäckchen an.
O du mein Hampelmann, mein Hampelmann bist du!

Jetzt setzt Hampelmann sein kleines Käppchen auf.
O du mein Hampelmann, mein Hampelmann bist du!

Jetzt geht Hampelmann mit seiner Frau spazieren.
O du mein Hampelmann, mein Hampelmann bist du!

Jetzt tanzt Hampelmann mit seiner lieben Frau.
O du mein Hampelmann, mein Hampelmann bist du!

C

* machen	vor	nach
mit	auf	zu
* steigen	ein	aus
* binden	um	zu
ab	* setzen	auf
ab	hin	* ziehen
an	aus	um
* nehmen	mit	ab

Aufnahmebogen[16] zur Erfassung des Sprachgebrauchs im Alltag

Für die Gestaltung der Sprachförderung ist es wichtig, Informationen über den sprachlichen Hintergrund eines jeden Kindes zu erhalten. Es handelt sich hierbei insbesondere um Informationen, die bei der Schulanmeldung eines Kindes nicht erfasst werden, z.B. um einen Einblick in den Sprachgebrauch der Familie des Kindes zu geben.

Mit dem folgenden Bogen geben wir Pädagogen ein Instrument zur Hand, mit dem sie die sprachlichen Kontakte eines neuen DaZ-Kindes erfassen können. Die Informationen, die in den Bogen eingetragen werden, können in einem Gespräch mit den Eltern (bzw. den Erziehungsberechtigten oder anderen Bezugspersonen) des Kindes gewonnen werden. So lässt sich von Erwachsenen, die den Alltag des Kindes am besten kennen, über dessen Umgang mit den Sprachen in verschiedenen Alltagssituationen etwas erfahren. Gleichzeitig wird in diesem Gespräch die Wahrnehmung der Eltern in Bezug auf schulisch wichtige Aspekte strukturiert und eine Basis für weitere Gespräche geschaffen, in denen sich Eltern und Pädagogen über die sprachliche Förderung des Kindes austauschen. Die gesammelten Informationen dienen also dazu, einen Überblick über die Sprachkontakte und den Sprachgebrauch des Kindes zu bekommen. Sie können DaZ-bezogen interpretiert und für verschiedene Zwecke genutzt werden, z.B.

- für die Zusammenstellung von Arbeitsgruppen, in denen Kinder ihre Erstsprachen als Lernsprache nutzen können.
- für Vorschläge zur Gestaltung der außerschulischen Sprachkontakte. Dies könnte zum Beispiel dann der Fall sein, wenn die DaZ-Lehrkraft den Eindruck hat, dass das Kind im außerschulischen Bereich mehr Deutsch sprechen sollte als bisher.
- für die Auswahl von Medien, durch die Sprache(n) vermittelt und geübt werden. Auch hier können den Eltern gezielte Vorschläge gemacht werden.

Das Konzept des Aufnahmebogens geht von verschiedenen möglichen Alltagssituationen aus, in denen ein DaZ-Kind sprachlich agiert bzw. verschiedenen Sprachen begegnet. Ziel ist es, einen Überblick über seine sprachliche Situation insgesamt zu bekommen, um diesen im Hinblick auf den Deutscherwerb des Kindes zu interpretieren und zu nutzen. Lehrkräfte können auf dem Bogen mit Hilfe der Eltern notieren, wie diese Situationen sprachlich ausgestaltet werden. Insgesamt erhält die Lehrkraft dann ein Bild von den Facetten des Sprachgebrauchs, den Sprachpräferenzen des Kindes und des sprachlichen Inputs, den das Kind im außerschulischen Alltag bekommt.

Der „Aufnahmebogen zur Erfassung des Sprachgebrauchs im Alltag" ist also eine Ergänzung zum schulischen Aufnahmebogen und enthält nur solche Informationen, die in Bezug auf den Spracherwerb und -gebrauch durch das Kind von Interesse sind. Weitere Daten sind dem schulischen Aufnahmebogen zu entnehmen. Mit diesem zusätzlichen Instrument erheben wir keinen Anspruch auf Vollständigkeit; wie realistisch das im Ergebnis erhaltene Bild ist, hängt davon ab, wie die Eltern die Sprachkontakte und den Sprachgebrauch des Kindes wahrnehmen und wiedergeben können.

16 Der Bogen, der im Rahmen des Hamburger Schulversuchs „Bilinguale Grundschule" für Elterninterviews verwendet wird, diente bei der Gestaltung des vorliegenden Erfassungsbogens als Vorbild.
Der Modellversuch wird von Ingrid Gogolin, Ursula Neumann und Hans-Joachim Roth an der Universität Hamburg wissenschaftlich begleitet; für weitere Informationen siehe www.erzwiss.uni.hamburg.de/Personal/Gogolin/index.htm

Aufnahmebogen zur Erfassung des Sprachgebrauchs im Alltag

1. Name des Kindes: **Datum:**

Gesprächspartner: **Kontaktmöglichkeit:**

Weitere Gesprächspartner:

2. Allgemeine sprachbezogene Daten:

- Welche Sprachen kann das Kind (auch solche, die es weniger beherrscht)?
- Was ist der sprachliche Hintergrund der Familie?
- Seit wann lebt die Familie in Deutschland?
- In welchen Stadtteilen hält sich das Kind häufig auf?
- War das Kind über einen längeren Zeitraum in einem anderen Land?
- Welchen Sprachen begegnete das Kind in diesem Land?
- Hatte das Kind dort die Gelegenheit, diese Sprachen zu lernen und zu verwenden?

3. Sprachgebrauch in der Familie:

- Welche Sprachen sprechen die Eltern am liebsten?
- In welchen Sprachen sprechen die Eltern zu dem Kind?
  Die Mutter: Der Vater:
- In welchen Sprachen antwortet das Kind den Eltern?
  Der Mutter: Dem Vater:
- In welchen Sprachen sprechen die Geschwister miteinander?
- Sonstiges (z.B. Sprache, die nur die Eltern unter sich verwenden; Verwendung von Sprachmischungen o.ä.):

4. Sprachgebrauch zwischen dem Kind und seinen Freunden und in der Nachbarschaft:

- In welchen Sprachen sprechen das Kind und seine Freunde miteinander?
- Welche Sprachen werden in der Nachbarschaft der Familie mehrheitlich verwendet?
- Welche Sprachen verwendet das Kind in diesen Kontakten?
- Sonstiges (z.B. gemischter Gebrauch der Sprachen):

Deutsch als Zweitsprache, Grundlagenband – Kopiervorlagen

5. Mediennutzung:

Kinderbücher/Bilderbücher:
- Wird dem Kind vorgelesen?
- Wie oft?
- Wie lange?
- In welchen Sprachen?

Fernsehen/Video:
- Schaut das Kind Fernsehen bzw. Video?
- Wie oft?
- Wie lange?
- In welchen Sprachen?

Hörkassetten/CDs:
- Hört das Kind Kassetten bzw. CDs?
- Wie oft?
- Wie lange?
- In welchen Sprachen?
- Sonstiges (z.B. Beschäftigung mit Lernsoftware und Gesellschaftsspielen):

6. Sprachkontakte im Kindergarten bzw. in der Vorschule:

- Hat das Kind einen Kindergarten bzw. die Vorschule besucht?
- Welche Sprachen wurden im Kita-Alltag bzw. in der Vorschule verwendet?
- Gab es dort besondere sprachliche Angebote/Sprachförderung?
- Sonstiges:

7. Besonderheiten und Probleme in der Sprachentwicklung des Kindes:

- Was sind die sprachlichen Stärken des Kindes (z.B. Erfahrungen mit dem Alphabet in anderen Sprachen oder eigene Schreibversuche u.ä.)?
- Hat das Kind sprachliche Schwächen oder Probleme?
  Von wem festgestellt/vermutet?

8. Wünsche der Eltern in Bezug auf die sprachliche Erziehung des Kindes:

Beobachtungsbogen für die gezielte Sprachförderung im Hinblick auf die Stolpersteine der deutschen Sprache

Ein Einstufungstest kann zu Beginn der Sprachförderung von Kindern sehr nützlich sein; in letzter Zeit sind deshalb in Deutschland unterschiedliche Instrumente zur Erfassung des Sprachstands von mehrsprachig aufwachsenden Kindern entwickelt worden (s. S. 66 ff.). Jedes Kind geht im Unterricht sprachlich seine eigenen Wege und erwirbt auch im außerschulischen Bereich Deutsch. Es ist deshalb sinnvoll, im Laufe des Unterrichts (nicht nur im DaZ-Unterricht) den Sprachentwicklungsstand von DaZ-Kindern im Deutschen fortlaufend zu beobachten und ihn schriftlich festzuhalten, um Kinder in ihrer individuellen Entwicklung gezielt fördern zu können.

Der vorliegende Beobachtungsbogen ist eine Hilfe für PädagogInnen, die die sprachliche Entwicklung von Kindern im Deutschen systematisch beobachten, erfassen und gezielt fördern möchten. Die Grundlage für diese Beobachtung und Förderung bilden Phänomene der deutschen Sprache, die erfahrungsgemäß DaZ-Lernern Schwierigkeiten bereiten können. Ein Überblick über diese Stolpersteine der deutschen Sprache findet sich im Anhang (S. 213). Der Beobachtungsbogen enthält folgende Bereiche:

- Lautung und Artikulation
- Wortschatz/Wortbedeutung/Wortbildung
- Formenbildung
- Satzbau
- Textaufbau

Die Voraussetzung für die Förderarbeit auf der Grundlage des Beobachtungsbogens ist das Notieren von mündlichen oder schriftlichen Äußerungen der Kinder, die Ihnen aufgefallen sind und die einen Bezug zu den Stolpersteinen aufweisen. Es geht darum, besondere Äußerungen zu sammeln, die entweder auf einen Fortschritt im Hinblick auf einen bestimmten Stolperstein hindeuten bzw. darauf, dass bestimmte Stolpersteine noch nicht überwunden wurden. Die Beobachtungen können sofort in das einschlägige Kästchen auf dem Beobachtungsbogen eingetragen werden.

Diese Sammlung hilft Ihnen den Förderbedarf zu bestimmen bzw. den momentan erreichten Lernstand festzuhalten. Hierbei ist darauf zu achten, dass nicht die Vorstellung von sprachlicher Korrektheit insgesamt der Zuordnung zu Grunde gelegt wird, sondern dass die Frage beantwortet wird, um welche Struktur und um welches Phänomen es im Einzelnen geht. So ist z.B. die Äußerung *Ich habe geesst.* im Sinne zielsprachlicher Normen nicht korrekt, weil die Partizip-Form des Verbs *essen* fälschlicherweise nach dem Muster regelmäßiger Verben gebildet wurde. Allerdings macht diese Äußerung deutlich, dass die Konjugation der regelmäßigen Verben gelernt wurde und die Regeln dafür bereits korrekt angewendet werden. Ferner wird aus dieser fiktiven Äußerung deutlich, dass hier die Zeitform Perfekt korrekt gebildet wird. Die Lehrkräfte, die den sprachlichen Entwicklungsstand im Hinblick auf die Stolpersteine des Deutschen beobachten, müssen also der Herausforderung gerecht werden, Fehler nach ihrer jeweiligen Relevanz einzuordnen. Denn in dem Fall des obigen Beispiels könnte es sein, dass das Kind die Zeitform Perfekt grundsätzlich beherrscht und es sinnlos ist, ihm diese Zeitform vermitteln zu wollen. Dieser Versuch könnte sogar ggf. auf das Kind demotivierend wirken, da auf diese Weise nicht an seinen tatsächlichen Sprachstand im Deutschen angeknüpft werden würde.

In dem Bogen finden Sie Seitenhinweise zum Basisteil und zum Ideenteil. Sie können so gezielt im Grundlagenband nachschlagen und finden Hinweise und Übungsideen im Hinblick auf die einzelnen Stolpersteine. Sie haben auch die Möglichkeit zu notieren, welches weitere Material für die Förderung geeignet ist.

Den (vorläufigen) Abschluss der Förderung im Hinblick auf einen bestimmten Stolperstein können Sie in die letzte Spalte des Bogens eintragen.

Beobachtungsbogen für die Sprachförderung im Hinblick auf die Stolpersteine der deutschen Sprache

Stolperstein	Einzelphänomene	Beispiel für die Beobachtung	Seitenangaben für Information und gezielte Förderung	Erreichter Erfolg
Lautung und Artikulation	Bedeutungsunterscheidende Laute		*19, 29* 104–106	
	Vokale und Laute, die es in anderen Sprachen nicht gibt (z.B. Diphtonge)		*19, 20, 62, 25* 104–107	
	Konsonantenanhäufungen und Verbindungen		*19, 20, 32* 104, 106, 117	
	Andere Lautvarianten (z.B. die ich- und ach-Laute)		*19, 20, 30* 104, 106, 107	
	Auslautverhärtungen		*46,* 104	
Wortschatz, Wortbedeutung, Wortbildung	Formen der Nomen, Wortzusammensetzungen		*26, 28, 51,* 89–95, 100–103, 108–110	
	Verben (mit unterschied-licher Bedeutung)		*33, 51* 94, 110, 150	
	Adjektive/Adverbien		*27, 51* 82–85, 92, 100	
	Strukturwörter		*51, 53* 82, 155–158	
	Unpersönliche Formulierungen		*32, 51*	

Stolperstein	**Einzelphänomene**	**Beispiel für die Beobachtung**	**Seitenangaben für Information und gezielte Förderung**	**Erreichter Erfolg**
	Fachbegriffe, Abstrakta und nicht erklärbare Begriffe		*26, 30, 32, 51* 132	
	Ableitungen von Wörtern		*28, 51* 91, 96–98	
	Vor- und Nachsilben		*29, 32* 148–151, 168, 169	
Formenbildung	Genera		*29, 32, 51* 89, 132–135	
	Artikel		*29, 32, 51* 89, 133–135	
	Formen der Pluralbildung		*29, 51* 140–143	
	Deklination der Nomen und Pronomen		*20, 23, 51;* 136–139, 164, 167, 169	
	Personal- und Possessivpronomen		*27, 51* 138	
	Verbformen		*27, 29, 32;* 110, 148–155,163, 168, 169	
	Modalverben und Hilfsverben		*16, 32, 42* 151–153	
	Präposition + Kasus		*29, 30, 51* 81–85, 155–158	
	Adjektivdeklination		*29, 51* 113, 143–148	

Stolperstein	Einzelphänomene	Beispiel für die Beobachtung	Seitenangaben für Information und gezielte Förderung	Erreichter Erfolg
Satzbau	Verbstellung im Hauptsatz		*15, 30, 32;* 148–151, 158–162, 166	
	Bildung von Fragen (durch Inversion, mit Fragepronomen oder durch ein Verb in Erststellung)		*15, 51* 76–80, 158–162	
	Verbstellung im Nebensatz		*16, 30* 87–89, 158	
	Entschlüsselung von verschachtelten Sätzen		*32, 33* 124, 125	
Textaufbau	Formen, durch die ein Textzusammenhang hergestellt wird		*27, 63* 79, 116, 122, 128–131	
	Signale für logische Verknüpfungen		*27, 32, 63* 122,123,128–131	
Weitere Besonderheiten				

Anhang

1. Stolpersteine der deutschen Sprache

Die folgende Übersicht enthält Besonderheiten der deutschen Sprache, die DaZ-Lernenden erfahrungsgemäß Schwierigkeiten bereiten (können). Sie liefert Hintergrundinformationen für die Beobachtung des Spracherwerbs sowie für die Einschätzung beobachteter Normverstöße, Unsicherheiten oder auch der Vermeidung bestimmter Strukturen; und sie enthält Hinweise auf sprachliche Aspekte, die im Fachunterricht besonders wichtig sind (mit * gekennzeichnet).

Auf der Übersicht „Stolpersteine" beruht auch der Beobachtungsbogen, mit dem Sie den individuellen Sprachentwicklungsstands eines Kindes einschätzen können (KV 38–41).

Lautung und Artikulation

→ Konsonantenhäufungen und -verbindungen *(Herbst, (du) springst, ängstlich usw.)*
→ bedeutungsunterscheidende Laute (lange/kurze Vokale: *Hüte – Hütte*)
→ andere Lautvarianten (stimmloses und stimmhaftes S, ich- und ach-Laut)
→ Vokale und Laute, die es in anderen Sprachen nicht gibt; hierzu zählen auch Diphtonge *(neu)* und Nasallaute *(eng)*
→ Auslautverhärtung wie in */kint/, (er)/gap/, (sie)/mak/*

Wortschatz/Wortbedeutung/Wortbildung

→ Wortzusammensetzungen *(Baumhaus, Badetuch, Kleingeld)*
→ Ableitungen von Wörtern* (z.B. Substantivierung: *endlich ... Ende; herstellen – Herstellung; es ist zum Lachen; das Schöne daran ist, dass ...; Schönling; Schönheit)*
→ Vor- und Nachsilben, Bedeutungsänderung durch Vorsilben *(aus-/anziehen;* Verben, die Vermehrung/Verstärkung bzw. Abschwächung/Verminderung ausdrücken: *zunehmen – abnehmen)**
→ Strukturwörter wie Präpositionen *(auf, unter, in, ...)* und Konjunktionen *(weil, wenn, sowohl – als auch, ...)*
→ Adverbien *(gestern, dahin, oben, so, gern, ...)*
→ Modalpartikeln/Wörter zur Hervorhebung des Beziehungsaspekts *(doch, mal, ja).*
→ Verben mit unterschiedlicher Bedeutung *(Ich gehe. Es geht mir gut. Die Uhren gehen falsch.)*
→ Begriffe mit unterschiedlicher bzw. sehr ähnlicher Bedeutung *(Tor* als *Fußballtor* und *Tor zur Welt)*
→ Fachbegriffe; Abstrakta und nicht erklärbare Begriffe* *(Multiplikation, Addition; Hilfe, Kleidung)*
→ Systeme fachsprachlicher Bezeichnungen (Ober-, Unterbegriffe; Ordnungen)*
→ Unpersönliche Formulierungen *(man, es ...)**

Formenbildung

→ Artikel (bestimmter/unbestimmter Artikel), Null-Artikel, Artikeldeklination
→ 3 Genera; Genus und Genuskonkordanz *(der Mann, seine Frau)*
→ 8 Formen der Pluralbildung:
- -e *(Hunde)*
- -e + Umlaut *(Hände)*
- -er *(Bilder)*
- -er + Umlaut *(Männer)*
- nur Umlaut *(Vögel)*
- -en *(Frauen)*
- -n *(Nadeln)*
- -s *(Autos)*
- und Pluralkonkordanz *(Die Kinder lachen.)*

→ Personal- und Possessivpronomen und deren Dreigliedrigkeit *(er/sie/es – sein/ihr/sein)*
→ lautgleiche Formen (bei Personal- und Possessivpronomen im Singular und Plural: *sie* für: *Marita* und für: *Marita und Paul; meine Tasche/meine Taschen)*
→ Präposition + Kasus, insbesondere Wechselpräpositionen *(Wo?: in der Schule/Wohin?: in die Schule)*
→ Adjektivdeklination: nach bestimmtem/unbestimmtem Artikel/nach Null-Artikel
→ Deklination der Nomen und Pronomen *(Er sieht den Mann.)*
→ Verbformen:
- Konjugation trennbare/untrennbare Verben *(vorsingen, wiederholen)**
- regelmäßige Verben: Suffix -t im Präteritum und im Partizip *(sagen, sagte, gesagt)*
- unregelmäßige Verben: Veränderung des Stammvokals in den Zeiten *(singen, sang, gesungen)* und im Präsens *(ich trage, du trägst),* verschiedene Stammvokale und die Endungen der schwachen Verben *(nennen, nannte, genannt)*[17]
- Verben mit präpositionalen Ergänzungen *(Ich frage nach dem Weg.)*

→ Modalverben *(wollen, können, sollen, müssen, dürfen)*
→ Hilfsverben *haben* und *sein* bei der Bildung von Perfekt, Plusquamperfekt und *werden* bei der Bildung von Futur

Satzbau

→ Verbstellung in Haupt- und Nebensatz:
- Zweitstellung des finiten Verbs im Aussagesatz *(Er geht in die Schule.)*
- Inversion: Umkehrung der üblichen Satzstellung Subjekt-Verb in Verb-Subjekt bei vorangestelltem Satzteil *(Morgen fällt Sport aus. In die Schule geht er heute nicht. Darauf hat sie lange gewartet).*

17 In manchen Lehrwerken wird die Aufteilung in regelmäßige und unregelmäßige Verben zugunsten einer Dreiteilung in schwache, starke und unregelmäßige Verben aufgegeben.

- Verbklammer bei Sätzen mit Modalverben, Perfekt, Passiv *(Er will nicht in die Schule gehen. Er ist in die Schule gegangen. Die Orange wird mit dem Messer geschält.)*
- Endstellung im Gliedsatz *(..., weil er gern in die Schule geht.)*

→ Bildung von Fragen (durch Inversion) mit Fragepronomen *(Wer? Wann? Wo? Warum? Wie? etc.)* oder durch ein Verb in Erststellung *(Gehst du nach Hause?).*

→ Entschlüsselung von verschachtelten Sätzen *(Der Mann, mit dessen Tochter ich heute gesprochen habe, hat sich gestern ein Fahrrad gekauft.)**

→ Genitivobjekte *(Die Mutter meiner Freundin ist Lehrerin)?**

Textaufbau

→ Formen, durch die ein Textzusammenhang hergestellt wird: Ersatzformen/Proformen für Wörter *(diese, beide etc.)* und Satzglieder *(dadurch, dabei etc.)**

→ Signale für logische Verknüpfungen *(demzufolge – demnach)**

→ Am Satzanfang steht in der Regel das Subjekt, aber es können auch Mittel an den Satzanfang gestellt werden, mit denen man an vorige Äußerungen anknüpft *(Danach arbeiten wir weiter.)* oder die man besonders betonen möchte *(Den Rock ziehe ich nicht an.).*

2. Grundlegende Materialien

Grammatiken

Götze, Lutz/Lüttich, Ernest W.B. (2002): Grammatik der deutschen Sprache. Gütersloh: Bertelsmann Wörterbuch.

Helbig, Gerhard/Buscha, Joachim (1993): Deutsche Grammatik. Ein Handbuch für den Ausländerunterricht. München, Leipzig: Langenscheidt, Verlag Enzyklopädie.

Hentschel, Elke/Weydt, Harald (1994): Handbuch der deutschen Grammatik. Berlin, New York: de Gruyter.

Häussermann, Ulrich/Kars, Jürgen (1988): Grundgrammatik Deutsch. Frankfurt/M.: Diesterweg.

Dreyer, Hilke/Schmitt, Richard (1996): Lehr- und Übungsbuch zur deutschen Grammatik. Neubearbeitung. München: Verlag für Deutsch.

Duden: Grammatik der deutschen Gegenwartssprache. Mannheim: Dudenverlag.

Reimann, Monika (1997): Grundstufengrammatik für Deutsch als Fremdsprache. Erklärungen und Übungen. Ismaning: Hueber.

Vorderwülbecke, Anne (1999): Das Grammatikheft. Übersichten, Lernhilfen, Regeln. Stuttgart: Klett.

Sprachvergleiche

Cimilli, Nükhet/Liebe-Harkort, Klaus (1976): Sprachvergleich Türkisch – Deutsch. Düsseldorf: Schwann.

Praxis-Deutsch (Sonderheft 1980): Deutsch als Fremdsprache. Kontrastive Analysen Italienisch-Deutsch, Türkisch-Deutsch, Griechisch-Deutsch, Portugiesisch-Deutsch, Spanisch-Deutsch, Serbokroatisch-Deutsch. Seelze: Friedrich Velber.

Niedersächsisches Kultusministerium (1991, 1996): Hilfen für den Deutschunterricht mit Kindern und Jugendlichen, deren Erstsprache nicht Deutsch ist: Arabisch, Griechisch, Italienisch, Farsi (Persisch), Polnisch, Portugiesisch, Rumänisch, Russisch, Serbokroatisch, Spanisch und Türkisch.

Sächsisches Staatsministerium für Kultus (1996): Vorläufiger Lehrplan für Vorbereitungsklassen, Vorbereitungsgruppen, Förderkurse. Deutsch als Zweitsprache: Russisch, Arabisch, Griechisch, Italienisch, Farsi, Polnisch, Portugiesisch, Rumänisch, Spanisch, Türkisch und Vietnamesisch.

Thüringer Kultusministerium (1995): Empfehlungen für den Deutschunterricht mit Schülerinnen und Schülern, deren Erstsprache nicht Deutsch ist: Russisch, Polnisch, Rumänisch, Tschechisch, Serbokroatisch.

Ministerium für Schule & Weiterbildung, Wissenschaft & Forschung des Landes Nordrhein-Westfalen (1982): Empfehlungen für den Unterricht ausländischer Schüler Deutsch als Zweitsprache: Türkisch.

Ministerium für Schule & Weiterbildung, Wissenschaft & Forschung des Landes Nordrhein-Westfalen (1990): Handreichung Sprachunterricht mit ausgesiedelten Kindern und Jugendlichen: Polnisch, Russisch.

Sachsen-Anhalt – Kultusministerium/Ministerium des Innern (1997): Deutsch als Zielsprache. Grundsätze und Anregungen für die unterrichtliche und außerunterrichtliche Praxis in den Sekundarstufen I und II sowie in der Erwachsenenbildung: Russisch.

3. Zitierte Literatur

Auer, Peter (1980): Konversationsanalytische Aspekte von ‚Code Switching' in einer Gruppe italienischer Gastarbeiterkinder. Konstanz: Universität Konstanz, Mimeo.

Auer, Peter (2002): Türkenslang. Ein jugendsprachlicher Ethnolekt und seine Transformationen. In: Häcki-Buhofer, Annelies (Hg.): Spracherwerb und Lebensalter. Tübingen: Francke.

Auer, Peter/Dirim, İnci (2002): Zum Gebrauch türkischer Routinen bei Hamburger Jugendlichen nicht-türkischer Herkunft. In: Hinnenkamp, Volker/Meng, Katharina (Hg.) Sprachgrenzen überspringen. Sprachliche Hybridität und polykulturelles Selbstverständnis. Tübingen: Gunter Narr.

Auernheimer, Georg (1992): Der heimliche Lehrplan der Diskriminierung oder: Was macht die Schule gegen den Rassismus. In: Pädextra, 20 (1), S. 20-24.

Barkowski, Hans/Harnisch, Ulrike/Krumm, Sigrid (1980): Handbuch für den Deutschunterricht mit ausländischen Arbeitnehmern. Kronberg: Scriptor.

Baumert, Jürgen u.a. (Hg.) (2001): PISA 2000. Basiskompetenz von Schülerinnen und Schülern im internationalen Vergleich. Opladen: Leske + Budrich.

Belke, Gerlind (1999): Mehrsprachigkeit im Deutschunterricht. Baltmannsweiler: Schneider.

Boos-Nünning, Ursula und Ingrid Gogolin (1988): Sprachdiagnose bei ausländischen Schulanfängern: Resultate der empirischen Prüfung eines „Sprachtests". In: Deutsch lernen. Zeitschrift für den Unterricht mit ausländischen Arbeitnehmern. Jg. 13, Heft 3/4, S. 3-71.

Büchner, Inge/Dirim, İnci (2001): Spiel mit Sprachen. Hamburg: verlag für pädagogische medien.

Diehl, Erika/Christensen, Helen/Leuenberger, Sandra/Pelvat, Isabelle/Studer, Thérèse (2000): Grammatikunterricht: Alles für die Katz? Untersuchungen zum Zweitspracherwerb Deutsch. Tübingen: Niemeyer.

Dirim, İnci (1997): Außerschulische und außerfamiliäre Sprachpraxis mehrsprachiger Grundschulkinder. In: Gogolin, Ingrid/Neumann, Ursula (Hg.): Großstadt-Grundschule. Eine Fallstudie über sprachliche und kulturelle Pluralität als Bedingung der Grundschularbeit. Münster: Waxmann.

Dollnick, Meral (2000): Fachsprache und Schule. In: Grundschule konkret (hrsg. vom Berliner Institut für Lehrerfort- und -weiterbildung und Schulentwicklung), 16, S. 36-41.

Eisenberg, Peter/Spitta, Gudrun/Voigt, Gerhard (1994): Schreiben: Rechtschreiben. In: Praxis Deutsch, 21 (124), S. 14-25.

Fix, Martin (2002): „Die Rechtschreibung ferbesern" – Zur Orthografischen Kompetenz in der Zweitsprache Deutsch. In: Didaktik Deutsch, 7 (12), S. 39-55.

Givens, David B. (2001): The Nonverbal Dictionary of Gestures, Signs & Body Language Cues. Spokane, Washington: Centre of Nonverbal Studies Press.

Gogolin, Ingrid/Neumann, Ursula (Hg.) (1997): Großstadt-Grundschule. Eine Fallstudie über sprachliche und kulturelle Pluralität als Bedingung der Grundschularbeit. Münster: Waxmann.

Göhlich, Michael (Hg.) (1998): Europaschule – Das Berliner Modell. Neuwied: Luchterhand.

Harnisch, Ulrike (1992): Deutsch als Zweitsprache – Das Handwerkszeug in der Grammatik. Vortrag.

Hinnrichs, Jens/Valtin, Renate (1992): Sprachliches und schriftsprachliches Lernen in den ersten Schulwochen. In: Faust-Siel, Gabriele/Postmann, R. (Hrsg.): Die ersten Wochen in der Schule. Arbeitskreis Grundschule e. V. Frankfurt.

Hüttis-Graf, Petra (2000): Rechtschreiblernen unten den Bedingungen von Mehrsprachigkeit. Plädoyer für die Schriftorientierung im Unterricht. In: Valtin, Renate (Hg.): Rechtschreiblernen in den Klassen 1-6. Frankfurt/M.: Grundschulverband.

Jessner, Ulrike/Herdina, Philip (1999): Perspektiven der Spracherwerbsforschung. In: Ohnheiser, Ingeborg/Kienpointner, Manfred/Kalb, Helmut (Hg.): Sprachen in Europa. Sprachsituation und Sprachpolitik in europäischen Ländern. Innsbruck: o.V.

Kleber, Eduard W. (1996): Diagnose. In: Krüger, Heinz-Hermann (Hg.): Einführung in die Grundbegriffe und Grundfragen der Erziehungswissenschaft. Opladen: Leske + Budrich, S. 103-107.

Klein, Wolfgang (1984): Zweitspracherwerb. Eine Einführung. Königstein: Athenäum.

Klemm, Klaus (2001): Jugendliche ohne Schulabschluss. Zustandbeschreibung und Perspektiven. In: SchulVerwaltung MO Nr. 1/2001, S. 10-11.

Knapp, Werner (1997): Schriftliches Erzählen in der Zweitsprache. Tübingen: Niemeyer.

Knapp, Werner (1998): Lässt sich der gordische Knoten lösen? Analysen von Erzähltexten von Kindern aus Sprachminderheiten. In: Kuhs, Katharina/Steinig, Wolfgang (Hg.): Pfade durch Babylon. Konzepte und Beispiele für den Umgang mit sprachlicher Vielfalt. Freiburg: Fillibach, S. 225-244.

Kultusministerkonferenz (2002): Bericht der 298. Plenarsitzung am 23. und 24. Mai in Eisenach, v.a. 6. Konsequenzen der Zuwanderung für Schulen.

Luchtenberg, Sigrid (1995): Language Awareness. In: Fremdsprache Deutsch, Sondernummer „Fremdsprachenlerntheorie". Stuttgart: Klett.

Martin, Jean-Pol (1985): Zum Aufbau didaktischer Teilkompetenzen beim Schüler. Tübingen: Gunter Narr.

Martin, Jean-Pol (2000): Lernen durch Lehren: ein modernes Unterrichtskonzept. SchulVw. BY 3/2000.

May, Peter (2000): Handbuch für die Hamburger Schreibprobe (HSP): Diagnose orthografischer Kompetenz – Zur Erfassung grundlegender Rechtschreibstrategien. Hamburg: verlag für pädagogische medien.

Müller, Annette/Rösch, Heidi (1985): Deutschlernen mit ausländischen Kindern im Vorschulalter – ein Schlagwortregister. Berlin: Express Edition.

Nehr, Monika/Birnkott-Rixius, Karin/Kubat Leyla & Sigrid Masuch (1988): In zwei Sprachen lesen lernen – geht denn das? Erfahrungsbericht über die zweisprachige koordinierte Alphabetisierung. Weinheim und Basel: o. V.

Neuner, Gerhard (Hg.) (1998): Deutsch als Zweitsprache in der Schule. Grundlagen, Rahmenplanung und Arbeitshilfen für den interkulturellen Unterricht. Berlin u.a.: Langenscheidt.

Nové, Michael/Weil, Gerhard (2000): Die zweite deutsche Bildungskatastrophe. In: Berliner Landesinstitut für Schule und Medien (Hg.): Schilfblatt 10, S. 7-13.

Pochert, Andreas u.a. (2000): Bärenstark. Berliner Sprachstandserhebung und Materialien zur Sprachförderung für Kinder in der Schuleingangsphase. Berlin: Senatsverwaltung für Schule, Jugend und Sport.

Reich, Hans H. (2001). Verfahren zur Beschreibung der Sprachentwicklung zweisprachiger Kinder. In: DJI-Projekt „Kulturenvielfalt“ (Hg.): Treffpunkt deutsche Sprache, S. 77-82.

Rösch, Heidi (2001): Zweisprachige Erziehung in Berlin im Elementar- und Primarbereich. In: EliS_e (Essener Linguistische Skripte – elektronisch – www.elise.uni-essen.de), 1 (1), S. 23-44.

Rosemann, Bernhard/Bielski, Sven (2001): Einführung in die Pädagogische Psychologie. Weinheim und Basel: Beltz.

Roth, Hans-Joachim (2002): Das Hamburger Verfahren zur Analyse des Sprachstandes 4-jähriger Kinder. Vortrag, Hamburg 29. 8. 2002. Manuskript der Hamburger Behörde für Bildung und Sport.

Rupp, Gerhard (1988): Sprachliches Lernen und literarisches Schreiben im Unterricht Deutsch als Zweitsprache. In: Zielsprache Deutsch, 19 (3), S. 18-26.

Sassenroth, Martin (1995): Schriftspracherwerb – Entwicklungsverlauf, Diagnostik und Förderung. Bern, Stuttgart, Wien: Paul Haupt.

Selinker, Larry (1992): Rediscovery Interlanguage. London u.a.: Longman.

Siebert-Ott, Gesa (2001): Zweisprachigkeit und Schulerfolg: Die Wirksamkeit von schulischen Modellen zur Förderung von Kindern aus zugewanderten Sprachminderheiten. Bönen: Verlag für Schule und Weiterbildung.

Steinmüller, Ulrich (1981): Begriffsbildung und Zweitspracherwerb. Ein Argument für den muttersprachlichen Unterricht. In: Essinger, Helmut/Hellmich, Achim/Hoff, Gerd (Hg.): Ausländerkinder im Konflikt. Königstein/Taunus: Scriptor, S. 83-97.

Stölting, Wilfried (2001): Zweisprachigkeit, gesellschaftliche Mehrsprachigkeit und die Stellung der Migrantensprachen. In: EliS_e (Essener Linguistische Skripte – elektronisch – www.elise.uni-essen.de), 1 (1), S. 15-22.

Uçar, Ali (2000): Deutschkenntnisse der Schulanfänger nichtdeutscher Herkunftssprache. In: BIL: Schilfblatt 10, S. 14-18.

4. Index